AF092745

IGBO BỤ EZE.

ODE-AKWỤKWỌ

BỤ

MAAZI S. AHURONYEZE ABAKWUE

Gotham Books

30 N Gould St.
Ste. 20820, Sheridan, WY 82801
https://gothambooksinc.com/

Phone: 1 (307) 464-7800

© 2023 *Maazi S. Ahuronyeze Abakwue*. All rights reserved.

No part of this book may be reproduced, stored in a retrieval system, or transmitted by any means without the written permission of the author.

Published by Gotham Books (July 12, 2023)

ISBN: 979-8-88775-362-1 (H)
ISBN: 979-8-88775-360-7 (P)
ISBN: 979-8-88775-361-4 (E)

Because of the dynamic nature of the Internet, any web addresses or links contained in this book may have changed since publication and may no longer be valid.

The views expressed in this work are solely those of the author and do not necessarily reflect the views of the publisher, and the publisher hereby disclaims any responsibility for them.

USORO ỌGỤGỤ:

1 AHA – IGBO. 1

2 AMAMIHE NDI IGBO 11

3 IHỤ NANYA NDI GBO 29

4 ỌGANIRU IGBO 42

5 NTUKWASI OBI IGBO 76

6 NGANGA IGBO 97

7 IGBO N'ENYE NSỌPỤRỤ 117

8 IGBO BỤ OJE-MBA 133

9 IGBO TỤKWASIRI CHI HA OBI 146

10 NLETA NDI IGBO 160

11 IWA-ANYA IGBO 176

12 IDI N'OTU NDI IGBO 200

13 CHI IGBO MỤ ANYA. 214

14 NTACHI OBI NDI IGBO 228

15 IGBO BỤ ONYE NCHE NWANNE YA 244

16 IHỤ ỤZỌ 261

17 ỤBA DI N'UCHE ONYE IGBO 280

18 MGBAGWOJU ANYA IGBO N'OKPUKPERE CHI 312
    RASTAFERAI. 334
    URU NA AHỤHỤ DI N'OKPUKPERE CHI. 337
    ỌNWỤ DI N'OKPUKPERE CHI: 345
    OKPUKPERE-CHI BỤ IHE NLERE ANYA NKE IWU: 346

19 AKA MGBA CHERE IGBO NA MBA 348

OKWU NNABATA:

Anam ekele gi, ONYE-IGBO, n'ihi idi mma gi. Gi, onye na-agụ akwụkwọ nkea bụ onye agọziri-agọzi.

    Maazi S. Ahụronyeze Abakwue. (Ode-akwụkwọ).

AHA – IGBO.

Onye-Igbo nwere aha. Aha ya bụkwa ihe eji mara ya. Ezi aha ka ọbu. Ezi aha di nma karia akụ na ụba. Ọdi elu karia obosara nke elu-igwe. Ọbara uru karia ọla-ọcha na ọla-edo. Ọdi ụtọ; nezie, ọdikwa oke ọnụ-ahia.

Otu nwoke chetara, oge ọna-eje n'ụzọ, n'otu ụbọchi, ọnọdụ ya na uru aha ya bara n'ebe ọnọ. Nihi nkea, obi ya wee na-enye ya ańuri...Aha nwoke ahụ bụ Nkem Chibụdike.

Nkemakọlam nwere ọtụtụ enyi, Otu n'ime ha na-abia ụlọ ya, kwa mgbe, kwa mgbe, n'ụbọchi niile, n'etufughi oge. Orue otu ụbọchi, Nkem wee bilie jee ileta enyi ya nwoke. Ima ihe mere? Otu nwoke zutere ya n'ụzọ jụọ ya si *"Ọbụ Chibụdike mụrụ gi?"*. Ọzaa si: *"Ee, abụm nwa ya"*. Nwoke ahụ wee zaghachi: *"N'ezie, Chi kere nna gi bụ dimpka. N'ezie, nna gi bụ dike. Gini bụ aha gi?"* ka nwoke ahụ gara n'iru wee jụọ ya. Ọzaa ya si: *"Nkem"*. Nwoke ahụ kwue: *"Aha a, chi gi agaghi awọ gi oke; ọwọghi nna gi. Agbụrụ atụ mpia".*

Agbụrụ atụ mpia dika okwu ọkpara Chineke kwuru na ezi-osisi adighi ami ajọọ mkpụrụ---ya mere na ọlụ ọbụla mmadụ lụrụ n'elu-ụwa nkea, bụ ihe-ngosi nke ezi na ụlọ ya; orue ụbọchi ọzọ, Nkem wee jee ibiri ego site n'ọgbakọ ụmụ-okoro ndi enyi ya nwere.

Ha etufughi oge tutu ha ebinye ya ego ahụ---n'ihi na ha matara ndụ ya na omume nna ya nke ọma. Mgbe ụfọdu, mmadụ adighi amata uru niile ọna-enwe n'ihi ezi aha ya. Ezi aha na-eme ka mmadu bụrụ onye atụkwasiri obi, na onye ahụrụ na-anya:

    Aha igbo di ụtọ
    Ọbụ ihe chi nyere ya
    Ihe nketa ya ka ọ bụ
    Ọbụkwa onyinye ańachara.
    Ọdi elu karia ogologo
    Ọdikwa oke ọnụ ahia karia ọla
    Ọbụ nke onyeigbo idebe
    Ụbọchi niile ọ na adi ndụ.

    Ọbụrụ na mkpanaka pụnari gi
    Ipụrụ iweta ọzọ nọnọdụ ya
    Ma ntụpọ ọbụla na aha gi

Nwam, bụ ihe n'adighi ehichapụ
Ọdika akwa ọcha
Mgbe anyanwụ na eti.
Enyere gi ya dika onyinye
Were ekworo chedoo ya mgbe niile
Ọdi ọcha n'ụbọchi onyinye.
Ihe di elu ka ọbụ
Chedoo ya nke ọma.
Mgbe ọtụtụ oge gasiri
Ọga eju gi anya na,
Aha gi di ọcha.

Aha mmadụ bụ otu nzọ-ụkwụ na ugwu nke ọganiru ya. Ee, ọ bụkwa nzọ ụkwụ nye ndagwurugwu nke ọdida ya. N'ezie, aha mmadụ na agba ama nye ọganiru ma-ọbụ ọdida nwa mmadụ.

Ezi aha na ewetara mmadụ ọganiru, ya mere na onye kere ụwa tọrọ ntọ ala aha n'ebe ọkpara ya nọ. Eze Devidi ghọtara ihe omimi di na aha mmadụ mgbe ozutere nwunye Ehabụ n'ụzọ n'oke iwe nọnụma site na mkpasu iwe di nwanyi ahụ kpasuru ya site na ikwughachi ya ihe ọjọọ n'ọnọdụ ezi nlekọta olekọtara ndi ọrụ ya na igwe atụrụ ya. Juudasi, nwa Isikariọti, ghọtara ntụpọ onyere aha ya onwe ya wee dọkapụ ndụ ya n'ike tutu akpọgbue ọkpara Chineke n'obe.

Ọbụkwa aha mere ka ụfọdụ ndi Igbo siri hapụ inabata ọchi-agha anakpọ Amadi n'otu ọgbọ agha n'oge ọdi mkpa n'oge agha n'obodo anyi. Ọbụkwa mgbe Chineke nyere nwa chi-ọbụbọ aha ọhụrụ, bụ Ekwensu, ka omume ya niile gbanwere. N'ezie, aha na eweta ngọzi, na ewetakwa nkọcha nye ihe ọbụla ekere eke, n'igwe ma-ọbụ n'okpuru anyanwụ.

N'oge gboo, ndi Igbo adighi naani enye ụmụ ha aha nwere nkọwa di iche iche; kama, ụfọdụ n'ime ha na aza aha n'enweghi nkọwa ọbụla. Ndi na-enwe aha di otua karia bụ ụmụ okoro na agbọghọ, bụ ndi na enye onwe ha aha ndi–enyi ha ga na akpọ ha. Ka chi na abọ, amamihe Igbo ana amụwanye.

Ndi Igbo n'ogea na-arọpụtara ụmụ ha aha di mma karia nke ndi agba ochie nyere ụmụ ha. Otu nwoke aha ya bụ Ụka-egbu, ọmụtara nwa wee ọkpọọ ya Ụzọchi. Nwoke ọzọ aha ya bụ Ọnwụkwe, aha ọkpara ya bụ Chiemeka. Otu ọgaranya anakpọ Azikiwe mụtara nwa, ọkpọ ya Nnamdi. N'ezie, n'ezie, aha ọbụla enyere mmadụ na-enwe ihe irebe ama na ndụ ya.

Tulee aha ndi-ọchichi; tulekwa aha ndi-agha; lebakwa anya na aha ndi ogige ndi ọzọ na ndi mmadụ ụfọdụ bụ ndi imatara nke ọma. Tụgharia uche gi, ma werekwa enyo mkpụrụ obi gi sepụta omume ha. Tụa ha n'ihe ọtụtụ bụ nkọwa aha ha.

Ozọ, rọpụta mmadụ ole na ole. Mee nchọpụta n'ebe

ọganiru ma-ọ bụ ọdida ha di. Tua ha n'ihe ọtụtụ bụ nkọwa gi bụ aha ha. N'ezie, ọga eju gi anya na nkọwa aha nwa mmadụ na enwe ọnọdụ di ukwuu n'ime ndụ ya.

Ezi aha di-ka mmanụ añụ; ma, aha jọrọ njọ dika ọgbụgba ya. Mgbe ụfọdụ, aha mmadụ na-ewetara ya ọganiru, Ọdida mmadụ ụfọdụ na esite na aha ọjọọ ya. Ọbụghi naani n'etiti mmadụ ka aha nwere ọnọdụ na ebe ha nọ, kama, onwekwara n'etiti anụ ụfe, anụmanụ, azụ di n'ime osimiri, na osisi di nime ọhia.

Onwere otu nnụnụ; aha ya bụ ebelebe. Ọdighi ike dika nnụnụ ndi na-eri ibe ha. Obụghikwa ibu dika ha; ma aha ya na enye ya ntụpọ n'ebe ọ bụla ihe jọrọ njọ mere. Ọbụru na ụgbọ ala egbue mmadụ, ndi mmadụ etie "ebelebe egbue". Ndi -ji egbe aga-ori mee arụ, ndi mmadụ etie "ebelebe egbue".

Ihe ọjọọ mee n'obodo, ha etikwa: "ebelebe egbue". Nwa nnụnụ ahụ ana-akpọ ebelebe adighi egbu mmadụ nke ọna eri; ọ dighi eje ori, ọ dighikwa emeso mmụọ na mmadụ omume jọrọ njọ. Ihe oriri ya bụ naani mmiri okoko osisi, na mkpụrụ ya. Ma aha ya emewo ya arụ.

Ọzọ, onwere osisi di nta karia osisi ndi ọzọ. Aha ya bụ ụkazi. Obughi ibu dika ọji. Otoghi ogologo dika nkwụ. Ọbụ naani site na irigoro na abaka osisi ọbụla di ya nso ka ọna-anata ikuku.

Ọbụkwa site n'ebere osisi ndi buru ibu ka ihe-anyanwụ na-amụkwasi ya. Ma, otu ihe di: Onye di nta adighi arapụ ya mgbe ọbụla ọhụrụ ya n'ọhia. Ọbụrụkwa na nwanyi ejee ubi hụ ya, ọghaghi ighọrọ ya akwụkwọ-ofe n'ụbọchi ahụ. Ụkazi bu eze n'ebe akwụkwọ-ofe niile di.

N'etiti anụ ụlọ, na anụ ọhia, oke bụ anụ nwere aha ọjọọ karia ndi ọzọ. Ọbụghi oke niile na-ezu ori; n'ezie, otu ọdi, mgbe ọbụla akpọrọ aha ya, ihe na-abanye n'uche ụmụ-mmadụ bụ "onye ori". N'ezie, agwọ na-eme ka mmadụ cheta onye aghụghọ.

Ọzọ, anụ-ufe ana-akpọ okwukwu na-echetara ha onye na-agwọ nsi. Ọzọkwa, ihe anụ-ọhia ana-akpọ agụ na-ewebata n'uche mmadụ bụ idi ike. Nke kachasi, ụsụ nwere, ọbụghi naani aha jọrọ njọ, kama, ọnọdụ ya dika nke onye nọ n'etiti mmadụ na mmụọ. N'ihi na ụsụ abụghi anụ ufe, nke ọna-abụ anụmanụ.

N'obodo anyi, *"Onye Igbo"* na-echetara ndi-ọzọ onye nwere oke amamihe. Ọna-echetakwara ha onye na achụ nta-ego karia. N'oge ana ebu agha n'obodo anyi, akụkọ akọrọ *"ọbụrụ na igbaa onye Igbo egbe, were ego biarue ya nso, mepe anya ya ka ọhụ ya; werekwa ego ahụ dote nso na nti ya, ma ọ bụrụ na o meghi uńara, imata na ọnwụwo".*

"*Onye Igbo*" na-eme ka ndi ọzọ cheta ndi na-achụ nta mmụta; bụrụkwa ndi na eme ka ndi ọzọ mata ha karia... '*Onye Igbo*' na-eme ka ndi obodo anyi cheta agbụrụ na-achọ ka ha n'ọdụ n'isi n'ebe ọbụla. Ọna-echetakwara ha ndi nganga, na ndi nwere agba.

"*Onye Igbo*" na-eme ka ndi obodo ọdida anyanwụ nke ụwa cheta ndi were ntachi-obi lụa agha di egwu, na-adighi mma ma-ọbụ egbe, wee lụpụta nzọpụta nke onwe ha, n'ọdida anyanwụ nke Afirika. "*Onye Igbo*" na-eme ka echeta otu onye ọchichi, bụ Maazi Ụkpabi Asika.

Onye Igbo na-emekwa ka ha cheta ajụjụ nke ajụrụ onye ọchichi ahụ, bụ: "*Kedụ ndi bụ ndi Igbo?*". Otu aha ahụ na-emekwa ka ndi-Igbo cheta okwu nke Owelle-Mba-Afirika-gburu-gburu, bụ Maazi Nnamdi Azikiwe, bụ: n'ezie, "*onweghi ọnọdụ ọbụla nke na-adi rue ebighi ebi*", n'oge Ụkpabi nọ n'ọchichi.

Onye ube ruru, ka "ọrachaa" apụwo n'akwụkwọ ọgbụgba ndụ okwu ọchichi n'ala Igbo n'oge a. Ndi Igbo ugbua n'ọzi n'ọgbụgba ndụ ọhụrụ. Igbo adighi echefu onye rere ha afu. N'ezie, Igbo adighi echefu na ha bụ ndi-nche ụmụnne ha.

"*Ezigbo ndi ebe anyi ndi Imo Steti*" were ọnọdụ "*Onye ube ruru, ka ọraacha*" n'okwu ọchichi, n'ala Igbo. Emesia, "*ọtọriti*" ewere ọnọdụ n'oge ndi ọchichi tinyere ndi obodo anyi n'oke nhusi-anya....

Ngbanwe di iche iche na abata n'obodo anyi...Aha ọhụrụ na omume ọhụrụ na enwekwa ọnọdụ nke ha. "Ọbụkwa unu nwe aka" bụ egwu wiri ewi n'ala Igbo niile.

Ndi-Igbo kwenyere na onye nwere mmọọ ha, bụ "onye nche nwanne", kwesiri ka ekpupụrụ ya okpu. Ya mere, na onye ọchichi anakpọ Eze Samụweli Ọnụnaka Mbakwe bụ onye ahụrụ n'anya karia.

Aha ọma di mma: onye nwere okwukwe siri ike; onye di nwayọọ n'obi; onye obi ebere. Onye jikere mgbe niile inyere ndi ọzọ aka. Ọdighi achọ naani ihe nke aka ya. Onweghi mpako, ọfulighi onwe ya elu. Ọdighi achọ otito efu.

Ọna azụkwa ụmụ ya n'ụzọ ezi omume. Onye ikwu na ibe na agbara ezi ama banyere omume ya. Onye n'adighi achọ esemokwu. Onye anya udo. Onye di nwayọọ n'obi. Onye jikere mgbe niile inyere ndi ọzọ aka. Ezi mmadụ.

Mgbe ụfọdụ, aha na omume mmadụ na adika ọnọdụ di n'etiti ụmụ nnụnụ atọ anakpọ: egbe, chọrighiri, na udele. Kwa mgbe, egbe na-eje eburu ụmụ nnekwu ọkụkọ na-erikwa ha. Nnekwu ọkụkọ tie elu, tie ala, egbe anaghi atụpụrụ ya ọnụ n'ihi na ihe oriri di ụtọ ka ụmụ nnekwu ọkụkọ bụ nye ya.

Orue otu ụbọchi, akwa nnekwu ọkụkọ e wee metụ chọrighiri n'obi nihi na akwa nwanne ka ọnụma bụ iwe. Nnụnụ a wee kpebie na ya ga-akwụghachi egbe ụgwọ dika ọlụ ya si di. Ma nke kasi njọ bụ na egbe na udele di ojii, ha nhata, nweekwa mbọ di ogologo, ya mere na chọrighiri enweghi ike imata onye bụ onye. Okpebie n'obi ya si: *"Dika egbe na-eburu, na-erikwa ụmụ nnekwu ọkụkọ, otua ka m ga efopụ, na-ewerekwa abụba ya na-ewu akpa akwụm"*. Obilie, dọkasia akpa-akwụ ya, fepụ na-achụso egbe.

Udele di nwayọ. Ọdighi ezu-ori dika egbe. Ọdighi achọ nnekwu-ọkụkọ okwu. Ee, udele ahụ adighi ekwu okwu; ma lee, ihe egbe metara emewo ka chọrighiri were abụba udele wue akwụ. Ọbụna rue taa, obere nnụnụ ahụ adighi arapụ egbe na udele.

N'ezie, ọbụghi ọchichọ Maazi Udele ka agwọ ahụ jụrụ nnekwu-ọkụkọ ọdụdụ ka ọtaa ya aru. Ma lee, Maazi Nsogbu buru oche ya biakute ya na mgberede.

Onye mara ihe na-ewere ọganiru dika nwa-nne ya. Ọlụ di mma ka nkea bụ. Aha di mkpa na ndụ onye Igbo ọbụla. Ọbụ ihe ọna-achọsi-ike, bụ ezi aha na ndụ ya. Ọbụghi nefu ka ọganiru na ọdida na-abiaru ụfọdụ ihe ekere eke nsọ.

Cheta aha gi, tụọ ya n'ihe ọtụtụ, bụ ọganiru gi. Ọganiru

mmadụ na-amalite site na aka-mgba chere ya n'iru. Ọbụkwa ndi nwere ezi akọ-na-uche na-aghọta, n'ezie, na aka-mgba bụ uru, bụrụkwa ụzọ nke akụ-na-ụba.

Nezie, onye-nzuzu amaghi na aha ya na ọganiru ya na-alụkọ ọlu. N'ezie, n'ezie, aha-ọma bụ ezi-enyi nke ọganiru. Otua ka ọdi, nye aha nke jọrọ njọ. Ezi-aha bụ ori-ọna. Ọbụ ya ka eji-ama aha pụtara ihe. Omume mmadụ ka aha ya.

Aha ya butere ihe ọhụrụ na ihe ọnụrụ. Gi, onye ekere n'oyiyi onye-Okike, aha gi onwere ntụpọ n'ebe onyinyo-ọchichọ ọganiru gi di? Gbanwee ya; nara onyinye ọhọọ, n'ebe olile-anya ọganiru gi di. Aha mara mma dika ahia di mma, ọna ere onwe ya.

2

AMAMIHE NDI IGBO

N'ebe ọbụla n'ala Igbo, ọbụna n'obodo Afirika anyi niile, ruekwa obodo niile nke ụwa, ndi Igbo bụ ndi amara nke ọma n'ihi uru ụbụrụ isi ha bara. Amamihe ndi Igbo bụ ihe ọkọlọtọ ya di elu, ọbụghikwa ihe eji egwuri egwu.

N'ezie, amamihe ndi Igbo na omume ha mere ka ọtụtụ mmadụ na-ekwu na ndi Igbo si n'agbụrụ ndi juu pụta. Inye onye ọbia ọji, ibi nwata ugwu amụrụ mgbe ụbọchi asatọ gasiri, ikele ekele, imụ akwụkwọ ri nne, ire ahia, na ije obodo ndi ọzọ di iche- iche bụ ọtụtụ ihe mere ka ndi mmadụ niile si wee kwenye na ndi Igbo siri nagbụrụ ndi Juu.

Na mbụ, ka anyi tulee iru-ọma onye ọbia na enwe n'ụlọ onye Igbo mgbe onye ọbiara ụlọ ya n'ewepụta ọji. Ka anyi tuleekwa iru-ọma ndi-mmụọ-ozi nke Chineke nwere mgbe Maazi Ebiramu, bụ nna ndi Juu, bu onye n'abatara ndi-ozi, n'oge ha na-eje imebi obodo Sọdọmụ na Gọmọrọ.

Iru ọma Ebiramu abaraghi naani ndi ozi nke Chineke uru, kama, owetakwara ya na nwunye ya, bụ Seerayi, ngọzi ebighi-ebi. N'ezie, ọlụ-oma ya lụpụtakwara nzọpụta Lọọtu bụ nwa nke nwanne ya.

Ọtụtụ ndi-Igbo na anabata ndi-ọbia n'ewetara ha ọtụtụ ezi enyi n'ọtụtụ obodo di iche iche. Nke a kpatara na ọtụtụ ndi Igbo na arapụ obodo ha jee njem ileta ndi enyi ha n'obodo di iche iche nke ụwa. Site n'iru ọma ndia, ndi Igbo ebido irekọrita ahia di iche iche bụ nke n'eweta uru ri nne.

Ọzọ, ndi Igbo bụ ndi n'enwe iru ọchi ri nne. Iru ọcha ha abụghi ọchi-eze; kama, ọbụ obi ọma ha, na ezi omume ha n'amụwapụta na-ezi ekele ha, igosi iru ọma ha; na obi ọcha ha nwere n'ebe ndi Obodo anyi niile nọ, tụmadụ n'ebe ndi ọbia nọ.

N'okpuru Aba, ndi Igbo n'ekele ndi-okenye maazi, naawu, kaa-nka. Ma okenye ndia n'azaghachi: ndenne, (nnanwafọ), nnanwannem, nka mụ na gi. Idi aka mụ na-aka, gi akakam. Okwu ọma di otu ahụ, bụ nke na-esi n'ọnụ okenye pụta, na-egosi, nke-ọma, na okenye-Igbo ọbụla achọghi ka onye ya kariri mee agadi wee buru ya ụzọ nwụa. Kama, ọchọrọ ka mgbe ọbụla Chi ya kpọrọ ya, ka ndi n'esote ya wee soro ụmụ-okoro na ezigbo ụmụ-agbọghọ n'inye ya nsọpụrụ ikpe-azụ.

Ndi Juu n'oge ochie bụ ndi amara aha ha n'ebe ọmụmụ

akwụkwọ di. Ndi ode akwụkwọ, ndi Farisii na Saadusi bụ ndi ọmụmụ akwụkwọ ha pụtara ihe n'akwụkwọ nsọ. Ma n'ụbọchi taa, ọtụtụ ndi Juu pụtara ihe, waakwa anya n'ebe ọmụmụ akwụkwọ di.

N'ụbọchi ndia, ndi-Igbo azụpụtala ọtụtụ dibia di iche iche n'ime ọmụmụ ihe di iche iche, ọbụghi site naani n'ụlọ-akwụkwọ di n'obodo anyi bụ Nayijiriya ma sitekwa n'ụlọ-akwụkwọ di n'obodo ndi ọzọ.

Ugbua, ndi-Igbo enweela ọtụtụ dibia bụ akwaa–akwụrụ, n'ime ọlụ ụlọ-ọgwụ; nweekwa akwaa-eguzoro, n'ọmụmụ ọlụ-ubi, ide edemede, iwu-ụlọ, ikụ-egwu, ire-ahia, ije-mba, ikọwa okwu-Chineke, na ọtụtụ ọmụmụ ihe ndi ọzọ.

Obi inụ-ọkụ nke ọtụtụ ndi ọka-mmụta ndia nwere, tụkwasi nke ụmụ-okoro na ụmụ-agbọghọ, ụmụ-Igbo, bụ ndi ụbụrụ ha na-ekpo ọkụ nwere, emeela ka imụ-akwụkwọ bụrụ ihe ana-achọsi-ike, dika inyinya akpiri na-akpọ nkụ si achọ mmiri n'ọzara.

N'ezie, onye Igbo ọbụla were ọmụmụ ihe dika ihe di oke ọnụ ahia. Ụmụ-Igbo ndi n'abanyebeghi ụlọ akwụkwọ na-achọsi ya ike dika ọla edo.

Ndi-Igbo huru ọlụ-ọma na-anya, wee na-agbasokwa ya,

tụmadụ ọlụ ọma nke onye bidoro ya nwere ezi uru site na ya. N'oge ndi Biriteeni na-achi obodo anyi bụ Nayijiriya, ha webatara ọtụtụ ihe mgbanwe di iche iche. Omume ọhụrụ batakwara.

Ha wuru ọtụtụ ụlọ, lụzie ụzọ ụfọdụ, webata uwe di iche, zitekwa ụgbọ elu, ụgbọ ala, na ụgbọ mmiri ha. Ihe ndia niile gbagwojuru ndi Igbo anya. Ma n'ụbọchi taa, ndi-Igbo na ewu ọtụtụ ụlọ mara mma karia ndi ahụ bụ nke ndi-ọcha wuru n'oge gara aga.

Uwe ha na-akwapụta ugbua bụ anya bia lee; akpụkpọ ụkwụ ha bụ sọsọ mma. Ndi-Igbo ebidowo iwupụta ụgbọ-mmiri ma wee na-azụta igwe eji akwọ ya n'obodo Oyibo. Ọtụtụ n'ime ha ma ka esi alụzi ụgbọ-elu na ụgbọ ala. Ma n'ezie, ndi Igbo nwere ọlụ chere ha n'iru. Ee, onye Igbo nwere ọlụ ilụpụta ụgbọ-elu, ụgbọ-ala, igwe ụgbọ mmiri, igwe ntụ oyi, na igwe ndi ọzọ n'enyere ndụ mmadụ aka.

Ndi-Igbo pụrụ ilụpụta ihe ndia niile. Naani ihe ha chọrọ bụ igba-ume. Obodo Nayijiriya kwesiri idi-ike karia ọtụtụ obodo di iche iche n'ọdida anyanwụ nke ụwa, Ọtụtụ ndi-Igbo nwere ezi ụbụrụ karia ọtụtụ n'ime ha. Ebe ọdi otua, gini kpatara ụmụ-Igbo agaghi egosi ihe ọdụm jiri di ike karia agụ?

Ọtụtụ ụmụ-Igbo ndi gafere ofe mmiri ikponye akwụkwọ

n'ụbụrụ matara na nke a bụ ezi okwu. Ihe Igbo pụrụ ime enweghi ogwụgwụ. Naani kwadoo onye Igbo, ihụ ka ehi na ahihia na-eme.

Ndi-Igbo bụ ndi akọ na uche ha zuru oke mgbe ndi mmadụ gbakọrọ itụpụta arọ banyere ihe aga —eme. Ezi akọ na uche ha bụ nke n'apụta ihe karia mgbe ọ bụla enwere ọgbakọ di otua.

Mgbe ọ bụla ndi Igbo gbakọrọ, ma-ọbụ n'ime obodo, ma-ọbụ n'ime nnukwu obodo di n'ala anyi gburu-gburu, na ihe izizi ha na —aghaghi ime bụ iriọ Chi kere ihe niile ka ọbụrụ onye-isi oche n'ime ọgbakọ ha. Mgbe ha kpesiri kwee 'Amen', ha na enye onye kariri ha dum mee okenye ka obido okwu.

Ezi okenye Igbo a ga-anọ ọnọdụ dika nna n'etiti ha niile. Ọbụkwa ya ga- eme ka enwee ezi nghọta ma ọbụrụ na ha enwee nghọtahie dika mmadụ niile n'ime ụwa nke a na-enwe n'oge ụfọdụ. Ọga—enwe ezi ańụri na ọgbakọ ya onwe ya nọ ka nna. Obi ụtọ ya na-eru elu-igwe mgbe ha mezuru ụkpụrụ na mkpebi ha nwere na ya.

Ndi ọgbakọ ahụ niile na-enye ya nsọpụrụ pụrụ iche dika onye bụ nna otu ha. N'oge ụfọdụ, nna ma-ọbụ nne nke ọgbakọ agaghi abụ onye isi oche, onye ode akwụkwọ, ma-ọbụ onye nchedo ego. Ma ọlụ ya n'ọnọdụ okenye nke nzukọ bụ ihe pụrụ iche na-anya ndi Igbo, nke kasi nke, na-anya ndi soro banye na abamaba ahụ.

Amamihe onye Igbo n'ije ozi bụ ihe ọtụtụ ndi ọbia n'ala anyi n'ewepụrụ okpu. Mgbe ụfọdụ, mmadụ ole na ole bụ ndi si n'ezi na ụlọ n'emeghi ọgaranya n'ewere onwe ha rapara na-arụ ndi bụ ọkaa omee, ma-ọ bụ na-arụ ndi ọbia bụ ndi rijuru afọ, wee fee ha ofufe.

Ụfọdụ n'ime ndi ọbia ndi ahụ, bụ ndi nwere ezi akọ na uche, tụmadụ ndi neńomi omume ndi Igbo na-ebido chee echiche ọganiru nke ndia bụ ndi na-ejere ha ozi. Ndi ozi ndia na esite na ikpofu ahihia wee bụrụ ndi ebuliri elu. Ha adighi echefu ndi nyere ha aka.

Ọkụkọ adighi echefu onye tụpụrụ ya ọdụdụ n'oge udu mmiri. N'akụkụ nke ọzọ, ndi Igbo ụfọdụ di bụ ndi kwenyere na-onwe ha. Ha jikere, kwenye na ọlụ biara mmadụ n'oge okorọbia, chọrọ ikpatụ agụ aka n'ọdụdụ mgbe ọna-ararụ ụra.

Mmadụ di otu a jikere igbapụta onwe ha site n'ike nke aka ha. Ụfọdụ na-esite n'ilụ ọlụ oyibo, n'agbalikwa ilụzi ọlụ ha nke ọma. N'ihi na onweghi onye bụ ọka-amacha ihe niile, ya mere na mgbe ọbụla onye Igbo jehiere ozi ya, ọ na-ariọ mgbaghara. Wee werekwa nwayọọ riọ ka ọmụta, ma mee nke ọma karia. Ọbụ ezie na Igbo achọghi mkpari, ma ọ dighi afuli onwe ya elu mgbe ọbụla ọna-emezighi ihe achọrọ ka omee.

Ọna-egosi mwute ri-nne mgbe nke a mere ya na amaghi-ama. Ọna ewute onye Igbo, tụmadụ ndi jere obodo ndi ọzọ ka ha na-ahụ ụfọdụ mmadụ ka ha na achapụ anya ha n'oge ha mebiri ihe. N'ọtụtụ obodo di iche iche, ndi Igbo egosipụtawo amamihe ha site n'igosi mwute (n'ihi na ọbụ ihe kwesiri ka ihe ekere n'oyiyi Chineke mee) n'oge ha luhiere ọlụ ha.

N'otu ụlọ akwụkwọ di n'obodo oyibo, onwere otu onye-Igbo n'eje akwụkwọ n'ime ya. Aha ya bụ Eze. Otu ụbọchi onye Igbo a na onye ọcha bụ onye obodo a na alụkọ ọlụ n'ime ụlọ ebe ana-esi nri ụmụ akwụkwọ. Onye isi ụlọ oriri a wee kenyere ha ikwọri anụ tutu eghe ya n'ite mmanụ ọkụ.

Na mgberede, igwe mkwọri ahụ wee si n'aka ha gbụpụ, daa, dapụkwa site n'elu okpokoro ebe ha dotere ya n'akwọri anụ. Ụfọdụ n'ime anụ ndia ha kwọrọ akwọ wee fetọchaa onye nọ ha nso, bụ onye ha na ya na-alụkọ ọlụ. N'otu ntabi anya, nwa Igbo a wee bido riọwa ya ka ọgbaghara ha, na ha amaghi uma mee ya.

Onye bekee, bụ onye ya na onye Igbo ahụ lụkọrọ ọlụa wee bido gọwa onye ahụ omere arụ mmụọ: "*Ina-ahụkwa ụzọ? Isi okpuru gi, gi onye nzuzu a? Imaghi na ihea na ada ada ka izere onwe gi?*". N'oke iwe, nwoke nke ọzọ wee bilie ka ya mee ka onye-isi ọlụ ha mata mkpari ya na-anata, tụkwasi arụ emere ya.

Ọzọ, onye Igbo wee daa n'ala riọ ka udo di. N'ezie, n'ikpe azụ, udo wee di. Nwa Igbo a wee bụrụ onye mmadụ niile na-alụ ọlụ n'ụlọ-isi nri ahụ were ka onye nwere amamihe karia. Emesia, onye Igbo wee ghọọ ezigbo enyi mmadụ ahụ emere arụ.

Ezi-omume ya ewetawo ezigbo ndi-enyi, bụ ndi ọna-atụghi anya ha, nye ya. Ọbụghi naani nkea, n'oge ọzọ n'otu ụlọ-akwụkwọ ahụ, ihe mgberede ọzọ zutere ya. Onye Igbo a na ezigbo enyi ya si obodo Filipiini na otu onye ọcha na alụkọ ọlụ.

Na-mgberede, ajọọ-ọzụzụ enyere onye bekee ahụ wee pụta ihe. Owee malite ikwụtọ nwa Igbo ahụ si: *"Lee ka idi, gi enwe-ojii".* Ma nwa Igbo ahụ azaghachighi ya. Kama, ochetara na ya onwe ya bụ onye-ije n'obodo ndi ọzọ. Dika ndi-Ngwa na-ekwu: *'Onye-ije na-eri abirika-ọcha'.* Onye-Igbo ahụ dotere okwu ahụ n'obi ya, wee chere maka mgbe ha nwere oge ozuzu ike. N'oge ahụ ka Onye-Igbo ahụ biakutere ya. Ọriọkwara ya ka ha kpakọrita ụka.

Owee were nwayọọ riọ nwa oyibo ahụ kwutọrọ ya ka ọghara ikwụtọ mmadụ ma-ọbụru na onye ọna-ekwutọ emejọghi ya. Ezigbo mmadụ ahụ wee gaa n'iru kụziere ya ezi ndụ ndi Igbo.

Omekwara ka ọmata na omume di otu ahụ, bu ikwutọ mmadụ, ka ndi Igbo na–agbarụrụ iru. Ya mere na ekwutọghi mmadụ so buru ụzọ esi enye ndi ọzọ nsọpụrụ na ala Igbo. N'olu di nro, bụ nke n'egosi ihụ-nanya nke nwa Chineke, Onye Igbo ahụ wee mee ka onye ọcha ahụ chegharia.

Ezi ọlụ ahụ akwụsighi, n'ihi na ọlụ onye ọbụla, kwa ụbọchi, bụ ozi-ọma nke ọna-edegara ndi ọzọ ka ha gụa. Ka ụbọchi ole na ole gasiri, otu nwa akwụkwọ ọzọ nke si obodo Iraani wee were uwe dika onyinye wegara onye Igboa.

Tutu ọrapụ, onyere onye Igbo ahụ ndụmọdụ si: "ọbụrụ na ichọrọ ka idi ndụ n'obodoa, biko nwee ntachi-obi n'obodo nkea, bụ ebe ọtụtụ mmadụ bi bụ ndi n'enweghi nsọpụrụ". Onye-Igbo ahu wee kelee ya nnukwu ekele, n'ihi onyinye ya.

Oribekwara okwu ahụ ama, n'ihi na okwu bụ ụzọ mmadụ na ibe ya ji eme ka ha nwee nghọta site n'ihe di n'ime obi ha.

N'ikpe-azụ, owee cheta si, n'ezie, na nwa-akwụkwọ ahu, bụ nke si obodo ahụ di n'ime Esiya, emewo ka onye-onyinye ahụ mata ihe mere. Ọzọ, ochetakwara ibi-obi, bụ nke dika nke nkita-na-nwologbo di n'etiti obodo onye-onyinye ahụ, na ndi obodo ahụ ha nọ n'ime ya na agụ akwụkwọ di.

Amamihe Igbo mgbe enwere ọganiru abụghi ihe eji eti

epele. Nkwado ya n'ebe ahụ abụghikwa ihe eji agba bọọli. Onye Igbo bụ onye ihe ọma n'enye obi ańụri. Ọnaghi etufu oge igosi na ya n'akwado nye ọganiru. Igwe mmadụ n'oge ụfọdụ na agbakọta, kwado ọlụ ọma. Ha na-eme nkea site, n'inye onyinye dika ego, ji, ewu na atụrụ dika n'oge ada ha nwanyi mụrụ nwa n'ebe di ya.

> "Ihe ọma akaghi nwa n'elu ụwa
> Onyehụrụ ya yee.
> Ihe ọma akaghi nwa
> Onye hụrụ ya yee.
> Ihe ọma woo
> Ihe ọma woo...".

Ọzọ, mgbe nwa Igbo gafere ule ike akwụkwọ ya, ọna–enye obi ańụri. Ndi ikwu na ibe ya n'enye, ma-ọbụ zigara ya ihe onyinye ka obi tọọ ya ụtọ ka ụkpaka. Mgbe ụfọdụ ụmụ Igbo bụ ndi gafere ule igụ akwụkwọ n'ụlọ akwụkwọ di elu dika agụchaa-ọgwụ, bụ nke ana-akpọ Mahadum, ma- ọbụ Yunivasiti, ndi mmadụ na agbakọ, tụkọta ego ebe ọdi ukwuu, wee nye ya.

> "Ome ihe-ọma cheta Chineke, Ee,
> Ome ihe-ọma cheta Chineke
> Anyi lewa ihea.
>
> Ụmụ nwoke tiri tarawuza, Ee,

Ụmụ nwanyi eyiri tarawuza,
Ndi okpokpo akwụkwọ.

Chi kere ụwa kere otu nwoke,
Na mbụ...
Ya eke ọzọ kekwa otu nwanyi...
Si ka anyi lụwanụ"

Ha n'emekwa nkea karia n'ebe nwa-Igbo, nke na-akwado igafe ofe-mmiri ikponye akwụkwọ n'isi. Nkwado ha n'eme ka onye ahụ isi na-ekpo ọkụ maka igụ-akwụkwọ nwee obi ańụri, ri nne. Nke kasi, bụ na nkea ga-agba ya ume karia n'ihi igba-ume ọga-enwe na ya nwere otutu mmadụ, bụ ndi kwadoro ihe ọna-achọ ime:

"Onye nwere mmadụ ka onye nwere ego".

Ndi-Igbo bụ ndi amamihe ha chọrọ ọganiru. Onye-Igbo achọghi ihe mgbochi mgbe ọna-alụ ọlụ bụ nke ga-enye ya na ezi-na-ụlọ ya ọganiru. Mgbe ụfọdụ, dika ọbụ ihe-nketa mmadụ ka onwe ihe mgbochi n'oganiru ya, okwesighi ka mgbe mmadụ nwere ọnwụnwa, ka ọnwụa n'ebe ahụ. Mmadụ nke na-ewere oge niile nke ndụ ya n'ata onwe ya ụta na Chi kere ya kpọrọ ya asi bụ onye n'ekwesighi ka emere ebere n'ezie. Mmadụ ita onwe ya ụta di otua pụrụ ime ka oge niile nke ndụ ya bụrụ ihe ewepụrụ ụfọdụ n'ime ha.

Ọtụtụ mmadụ, tụmadụ, n'obodo ndi-ọcha, anwụwo n'ihi akọ na uche gbagọrọ agbagọ di otu a. N'ihi nke a, okwesiri ka mmadụ ọbụla nwee mkpachapụ anya banyere ihe ntinye nke ọ na- etinye n'ime akpa echiche nke obi ya. Oge ọnwụnwa ga-abia, n'ihi na oge diri ya. Ma ọgafee, chefue ya.

Leekwa anya n'iru maka ngọzi nke na-esote ya. Were ngọzi ndi a ka ụgwọ ọlụ gi, n'oge ọchichiri nke ọnwụnwa gi. Ọnwụnwa gafee, chefue ya. Ma legide anya gi n'iru n'ọńụ ngọzi ndia na-enye gi.

N'ime obodo, ndi Igbo na-enye iwu, gbasara ndi ọlụ ha na-ebu agha buso ọganiru. Onye Igbo bụ onye bụ onye amara ka ọchụ nta –ego. Ndi- Igbo agafeela osimiri site n'ụgbọ mmiri, Gafee ọzara site n'ụgbọ elu, ire ahia, ichụ-nta ego wee rapụrụ ụmụ ha okwu ebighi-ebi. Okwu igba ume ndi a emewo ka ụmụ okoro na agbọghọ Igbo tọpụ ngiga, pia ụta na akụ, wee gbapụ ichụ-nta ego.

Ọtụtụ ụmụ ọlọrọ ọhụrụ ndi a akpaala ike karia nna ha. Ee, ụmụ okoro na agbọghọ ndi a kwesiri ka akpọọ ha ụmụ ka nna ha. Ee, ndi Igbo na-achọ ka ụmụ ha kpaa ike karia ha. Ee, nke a pụtara ihe na ndụ ndi Igbo niile.

Ndi Igbo bụ ndi nwere obi ọma-iko n'ebe nwa-nna ha bụ onye ihe mnweta ya n'ebughi ibu. Igbo na-enwe obi ebere n'arụ nwanne ha nke n'abaghi ụba. Ha adighi echezọ nwanne ha nke Chi ya n'agọzighi dika ọ gọziri ibe ya.

Igbo adighi ahapụ nwanne ya mgbe ọnọ na mkpa. Ọ na-ewere ibu nwanne ya dika ibu nke aka ya. Ha niile were onwe ha dika otu ụmụnne. Onye Igbo nweta ihe nke ya, ọchọwa nke nwanne ya. Obi adighi ezu ya ike ma-ọbụrụ na orijuru afọ mgbe nwanne ya na-ebu ọnụ. Ụra adighi abanye ya n'anya mgbe onye Igbo nọ na nkpa. Nke a pụtara ihe karisia mgbe ndi-Igbo nọ na mba.

N'abiriba, naani mmadụ ole na ole nọ n'okpuru aka-ji-akụ n'ihi omume di otua. Ọbụkwa naani mmadụ ole na ole bụ ndi n'erubeghi ọnọdụ ekwu- eme n'ebe ichụ nta ego di. Lee dimkpa dika Maazi D.N Oji, Eze Nnanna Kalụ, Maazi Ole Kalụ, Maazi Ugọji Eke, na ọtụtụ ndi Abiriba ndi ọzọ, bụ ndi dika ndagwurugwu ebe ego n'eruda dika mmiri si eruda site n'elu ugwu.

Lee mmadụ dika Maazi Atọ Nzeribe, Dibia Nnubia, Dibia Mbuku, Dibia Nwagbara bụ ndi okpogho na ezokwasi dika mmiri ozuzo. Leekwa mmadụ dika Ode-akwụkwọ n'asụsụ-Igbo, bụ Maazi Fediriki Chidozie Ọgbalụ, Maazi Chukwuemeka Ike, Maazi Chinụa Achebe, Maazi Jọọnii Munonye, Ọchi-agha Alighizanda Madiebo, na ọtụtụ ndi Igbo ndi ọzọ, bụ ndi n'ewere mkpisi-akwụkwọ ha tinye n'amamihe ha, ọbụghi naani n'okwu Igbo, kama, n'ime asụsụ oyibo, ka mba niile nke ụwa wee nwee ihe nketa site n'amamihe ndi-Igbo niile.

Ọbụ ọlụ diri mmadụ ka o were onyinye ọbụla Chi nyere ya lụpụta nye onwe ya ihe oriri, ihe ọṅụṅụ, akwa mgbochi na ụlọ obibi. Ya mere na onye Igbo ọ bụla na-agbali ichọpụta akara aka ya.

Ụfọdụ n'ime ha achọpụtawọ nke ha site na-ire ahia. Ha kwenyere na ire ahia bụ ọlụ di mma, tụmadụ mgbe ana-edote iwu ahụ bụ "onye emegbula ibe ya". Mgbe ana-ere ya. Igbo achọghi mmegbu mgbe ha na-ere ahia. Onye Igbo chọrọ dika esi mere Nwogwugwu, Ka ewerekwa otu a mere Nwaọnọsike.

Mgbe ọ bụla onye Igbo na-achọpụta na aghụghọ abanyela n'obi onye ọ na-azụ ahia. Ka onye a na-eme nke a, n'uche onye Igbo na-enwe ntamụ si : "*Gini ga-abụ uru gi n'obere aghụghọa, bụ nke ina-etinye n'izu-ahia, bụ nke mụ na-azụ gi?* " Emesia, onye Igbo ga-akpọ ya na nzuzo, dụa ya ọdụ ka o wepụ aka enwe n'ofe.

Ọburu na ọkachie nti nupu isi, ihe onye igbo a ga-eme bụ irapụ izụ ahia n'ebe ọnọ ọzọ. Nke a n'egosi na ndụ onye Igbo achọghi aghụghọ. Igbo bụ ndi nwere agba n'ichi ọchichi. Nkea pụtakwara ihe n'oge ndọrọ ndọrọ ọchichi. Ha bụ ndi wara anya.

Ha so na-eme nchọpụta na ntụpụta n'ọchichi nke obodo anyi, (enyi nke Afirika), bụ Nayijiriya. Iwa anya ha na amamihe ha n'ebe ichi ọchichi di emeela ka ọtụtụ obodo nke Afrika nwere onwe ha. Kpakpando nke Afrika, bụ Nnamdi Azikiwe bụ onye amara aha ya n'ụwa niile n'ihi amamihe n'ebe ichi ọchichi di. Ọbụkwa site n'ọlụ ọma ya ka obodo anyi nwetara ọchichi nke onwe ya.

Ndi isi nke ụwa, tụmadụ nke obodo niile nke Afirika na-ekpupụrụ ya okpu n'ihi akara aka ya. Chi kere ndi Afirika matara ọlụ di iche onyere ndi Igbo. Ya mere na ositere n'agbụrụ nkea rọpụta kpakpando nke Afirika. N'obodo anyi bụ Nayijiriya, ọbụ mgbe Ziiki pụtara izọ ọchichi ka ndi mmadụ niile kwenyere na ichi-ọchichi nke obodo anyi ga—adaba adaba. N'ihi na ọbụrụ na ugo ebeghi n'elu osisi ọji mgbe ụmụ-nnụnụ nwere nzukọ, amata na eze nnụnụ anọghi n'ụlọ.

"Biri ka m biri" bụ mkpanaka onye Igbo. *"Kwe kam biri"* bụ ọfọ oje mba ji eje n'ụzọ. Onye emegbula ibe ya bụ iwu siri ike n'ala Igbo. Akwukwọ nsọ kwuru: *"Ihe ọbụla ina-achọ ka mmadu mere gi, buru ụzọ mere ha otu ahụ"*. Nkea bụ ọgbụgba ndụ ihụ-nanya, bụrụkwa iwu kwesiri ka mmadụ niile, n'ebe niile, n'ime ụwa niile wee dobee.

Ọbụ ihe na-ewute onye Igbo karia, mgbe ọna-ahụ ka

ana-emegbu ihe ekere n'oyiyi ọbasi di n'elu. Ọna echeta na n'ọnọdụ ya niile na okwesiri ka ya nwee obi izu ike. N'ihi nkea, ọna-ewezuga onwe ya n'ọgbọ n'emegbu mmadụ ibe ya. Ha na-ewezugakwa onwe ha n'etiti ndi-aghụghọ, wezuga onwe ha n'okwu ọjọọ, wezuga onwe ha n'ikwa emo dum n'ihi na ha matara na ihe kere ha wepụtara ha dote ha iche.

Omume ndia apụtaghi na ha adighi ike. Kama, ọbụ n'ihi nchọpụta ha nwere na ọbara uru ri nne ka akwa ọcha ghara inwe ntụpọ.

Ndi Igbo hụrụ udo n'anya. Ihe izizi ha na-emekwa n'ebe enwere esemokwu bụ ikpezi ka udo di. Nkea putara ihe mgbe ndi ikwu na ibe na agbakọta idozi okwu n'etiti di na nwunye ya n'oge ha na-enwe nghọtahie. Igbo adighi achọ ka ọgbụgba ndụa Chineke nyere n'etiti di na nwunye bụrụ ihe akọtọrọ akọtọ.

Igba alụkwaghim n'ala Igbo bụ ihe arụ. Ha were ọkpụkpọ oku a di n'etiti di na nwunye dika ihe di nsọ nke ukwuu. Ime ntusa ana —eme n'ọlụlụ di na nwunye n'obodo ndi ọcha na-eme ka Igbo tie: "Ihiem-kwa". Idọkapụ ọgbụgba-ndụ ahụ abụghikwa ihe arụ n'ebe ha nọ ma-ọli. N'oge ụfọdụ, dika mmadụ ụfọdụ na-ejehie n'ọnọdụ ikwa-iko, nkea adighi eme ka ọtụtụ mmadụ n'ala Igbo ketọ ụdọ ahụ jidere ha n'ọlụlụ di na nwunye. Ọbụ ezie na akwụkwọ-nsọ nyere obere ohere ka nwoke ma-ọbụ nwanyi gbaa alụkwaghim n'ihi obi etili ha.

N'ezie, ndi-Igbo bụ ndi nwere amamihe karia. Ha matakwara uru ọbara bụ eketọghi eketọ n'etiti di na nwunye. Ha chọpụtakwara nke a n'otu akwụkwọ nsọ ahụ n'ọgbụgba ndụ ochie mgbe Jihova n'ewere nwunye Hozuwaa bụ onye amara aha ya dika nwanyi ọkụ elu mee ihe atụ.

Ime nchọpụta bụ otu ihe n'ewuli ndi-Igbo elu dika ụlọ elu. Ọtụtụ ọnọdụ di nye nchọpụta n'ebe ndi Juu nke Afirika nọ. Ugbua, n'obodo anyi, ewuela nnukwu ụlọ -ọmụmụ ihe di iche iche nye nchọpụta. Ụlọ ọlụ ugbo ma-ọbụ ọlụ-ubi di iche iche ka ewukwara n'ala anyi.

Mgbe ana-abanye n'ụlọ akwụkwọ di otu a dika nke di n'ụmụdike n'Ụmụahia ahụ ka ụmụokoro na nchọpụta na-eme. Ha na –achọpụta ụmụ arụrụ di iche iche bụ ndi na-enye ihe ọkụkụ ubi nsogbu. Ha nwere mgwomgwo eji achọpụta ụmụ-arụrụ ndi ahu niile. Mgbe ụfọdụ, ha na-agbasa nchọpụta ha n'ime obodo dika ozi.

Nchọpụta ha di iche iche na- emekwa ka ndi na-alụ ọlụ ubi n'ala Igbo nwee nkpachapụ anya maka ụmụ-arụrụ ndi ahụ, bụ ndi na-enye ihe ọkụkụ nke ubi nsogbu.

Chi onye Igbo ọ bụla na-eche ya nche oge niile. Chi ya

adighi arapụ ya aka n'ebe ọbụla ọnọ. Igbo bụ ndi oriri, Chi ha adighi agbawa ha aka. Ihe kere ha matara nke ọma na ndi Juu nke Afirika bụ ndi iru ọma. Ndi n'ekele ekele, tụmadụ mgbe enyere ha onyinye. Chi Igbo matara na ọbụ iru ọcha na obi ekele ka mmadụ ji anata onye Eze ihe.

Ndi Igbo na-egosi obi ekele mgbe ọbụla Chi ha nyetụrụ ha ihe. Obi ekele ha emewo ka Chi ndi Igbo na-agọzi ha mgbe niile. Ndi Igbo adighi ekwutọ onyinye ọma ọbụla Chineke nyere ha. Nkea pụtara ihe n'aha ụfọdụ ndi-Igbo na-enye ụmụ ha, bụ nke dika ndia: Chukwuemeka, Chi-na-edum, Chi-ọma, Chi-amaka, Chi-awolam-oke, Chi-di-mma, Chinyere, Chi-emeka, tụkwasi aha ndi-ọzọ ha ji egosi ekele n'ebe Chi ha di.

3

IHỤ NANYA NDI GBO

Oji ọfo ga-ala. Ihụ-nanya bụ mkpanaka nke ori-ọna nke Afirika ji ewepụta onwe ya dika ọpụrụ iche n'ebe ndi ọzọ nọ. Ọbụkwa ya ka oji egosi na ya bụ ụlọ ewuru n'elu ugwu. Omume di otu a bụ mkpanaka oji achara ndi ọzọ ụzọ. Ihụ nanya ya n'ebe mmadụ ibe ya nọ bụ ihe ana anara nke ọma.

Ọbụghi nke iru abụọ di n'ime ya. Kama, ọ bụ nke sitere n'ime obi ya pụta. Ọdighi achọ naani ihe nke aka ya, n'ihi na Igbo kwenyere na: *"Mgbe mmadu kwara ibe ya, ka ọkwara onwe ya"*. Mgwere rapụ ukwu osisi, nwa-ologbo ewere anụ ya mee ọnụ mụrii mụrii. Ihụ-nanya dika oke osisi mgwere na adabere.

Ọdighi arapụ ya mgbe ọna-ekwe nwa-ologbo ọgụ. Ihụ-nanya Igbo adighi ekwenye "anya lara anya; isi lara isi". Kama ọna-enyeghachi ezi ihe n'ọnọdụ ihe ojọọ. Ọdighi ańụri ọnụ n'ebe nsogbu na-abiakute nwanne ya, n'ihi na ọ bụ onye nche nwanne ya. Ihe ọna eme bụ inye aka wee gboo mkpa nwanne ya.

Ọdighi achọ ka nwanne ya n'ọdụ na mwute mgbe ya onwe ya na ańuri ọńụ. Ihu-nanya onye Igbo n'ebe nwanne ya nọ bụ ihe na eju ndi agbụrụ ọzọ anya karia; bụrụkwa ihe kwesiri ka ha ńomie. Ihu nanya ndi Igbo gbagwojuru ụwa dum anya n'oge alụrụ agha n'obodo anyi.

Ọbụkwa ihe itụ-nanya nye ha ka ndi Igbo si n'abata ụmụ-nne na ụmụ-nna ha, ụmụ ha, ndi enyi ha, bụ ndi gbara ọsọ ndụ site n'ugwu Hausa rudata n'ala Igbo dika igwe oji na mmalite nke agha bụ nke alụrụ n'obodo anyi.

Mgbe ana alụ ọgụ a, Igbo n'ọgidesikwara ike n'ihụ nanya ha n'ebe ikwu na ibe ha nọ. Omume ha mere na ndi ọcha biara n'ala Igbo n'oge ahụ kwenyere na onye Igbo bụ onye nche nwanne ya.

Ihụ nanya Igbo n'ebe onye agbata obi ya nọ abụghi ihe eji agba bọọli. Ọdighi arado onye agbata obi ya ụra mgbe ọna akwa akwa. N'ihi na Igbo kwenyere na agbata obi mmadụ bụ nwanne ya.

Onye Igbo adighi ahapụ ije nleta n'ebe onye agbata obi ya nọ, imata ma arụ dikwa ya ike. Ọna ezigakwara ya ihe onyinye, igosi ihụ-nanya o nwere n'arụ ya. N'oge ụfọdụ, ọna-eje nleta ka ha tụgharia uche na mkpa ya.

Nkea n'eme ka onwee obi añụri na ya nwere mmadụ, onye ihe banyere ya na-emetụ n'obi. Igbo kwenyere na onye nwere mmadụ kariri onye nwere ego. Kedụ uru ego bara ma-ọbụrụ na onweghi mmadụ ga-ewere ya jee ozi ga aba uru?

Ndi-Igbo bụ ndi hụrụ oje mba na-anya. Ha na agbalisi ike ihụ na ihe gara ha nke ọma, tụmadụ mgbe ha nọ n'ala Igbo. Igbo kwenyere na mgbe ọ bụla mmadụ hapụrụ ụlọ ya pụọ ezi, na ọghọwo onye ije. Ha adighi achọ ka onye ọbụla mejọọ oje mba, n'ihi na ha kwenyere na Chi onye ije ji ihe abụọ n'aka: ihe ọma na ihe ọjọ, ikwụghachi onye ọbụla dika omume ya si di n'ebe oje mba nọ.

Igbo kwesiri ike na Chi oje-mba agbaghi ha aka. Ha n'echetakwa ngọzi Ebiramụ, na nkọcha obodo Sọdọmu na Gọmọro, dika mmeso ha mesoro ndi-ije si di. Igbo na echetakwa na naani ọlụ mmadụ ka eji echeta ya. Oje mba dika akwụkwọ.

Omume ndi mmadụ mesoro ya bụ ozi-ọma edere n'ime ya. Ka ọna eje njem, ka ọ na atughe iberibe akwụkwọ ya. Ka ọna-ezute ndi mmadụ, Ka ha na-edenye ozi-ọma nke ha n'akwụkwọ. Ka ọna-ala obodo nke aka ya, ka ọna eweputa akwụkwọ ọhụrụ ahụ ka ikwu na ibe ya gụọ.

Ileta ọbia anya nke ọma bụ otu n'ime omume na ewetara mmadụ ngọzi. Ọmume di otu a bụkwa ihe na-ewuli mmadụ elu. Wulie ndi agbata obi ya elu. Wuliekwa obodo ya elu. Site n'oge gboo, Igbo matara uru ọbara bụ ileta ndi ọbia anya nke ọma. Ha were omume ahụ ka otu n'ime omenala ha. Ha chọpụtara na ome-na-ala ha bụ otu n'ime iwu enyere ka edebe n'ime akwụkwọ nsọ bụ: *"Dika isi chọọ ka mmadụ mere gi, werekwa otu ahụ mere mmadụ ibe gi"*.

Dika Igbo chọrọ ka ndi mmadụ leta ya n'oge ọbụ onye ọbia, otu a ka onye Igbo na-agbali ime ka ọbia nwee afọ ojuju n'ụlọ ya. Kwa mgbe, onye Igbo na-eje ileta ndi ọzọ. Ọna-aga nleta a tụmadụ n'ụlọ ndi agbata obi ya, ụmụnne na ụmụnna ya, ndi enyi ya, na ndi nzukọ ụka ya. Igbo adighi achọ ka emejọọ onye ọbia. N'ihi na onye na achi akpa dibia ọchi, na achi dibia bụ ya.

Ụmụ-ntakiri bụ otu n'ime ndi Igbo na-enye nsọpụrụ di iche. Ihụ-nanya ha n'ebe ụmụ nta nọ bụ ihe di elu karia. Igbo kwenyere na ụmụntakiri pụrụ iche, bụrụkwa onyinye mmadụ niile. *"Kwe ka ụmụ-ntakiri biakutem; unu egbochikwala ha, n'ihi na ala-eze elu-igwe bụ nke ndi di otua"*. Eee, nkea bụ ihe ọkpara ihe kere mmadụ kwuru.

Ndi Igbo were ụmụ-nta dika ndi pụrụ iche, n'ezie. N'ụlọ

ụka di iche iche, ana-enye ha ọnọdụ pụrụ iche. Eee, ana-akụzikwara ha ihe n'ụzọ pụrụ iche, dika ndi ga-abụ ndi-isi, n'oge gaje ibia abia.

N'ụlọ akwụkwọ, nne na nna ụmụ-nta na ewere ụmụ ha tinye n'aka ndi nkụzi ha, ka ha nwekwue amamihe. Ndi nkụzi na-agbali ikuziri ha ihe, na ime ka ụmụ-nta ndi ahụ mụta ihe, ọbụghi naani akwụkwọ, kama ka ha ńomiekwa ezi omume ha. Ka ndi mụrụ ha nwee obi ańụri banyere ego niile ha mefuru site n'ọmụmụ akwụkwọ ha.

Ọzọ ndi ọchichi obodo anyi amatala uru ụmụnta bara wee na-ewepụta nnukwu ego ka azụ a ha n'ụlọ akwụkwọ.

Ndi ọzọ nwere nsọpụrụ nke ukwuu bụ ndi okenye. Ewere ha dika ndi di nsọ. Bụrụkwa ndi n'ọchitere ọnọdụ ọbasi di n'elu. Okwu ha ka ụmụ okoro na ańa nti. Iwu ha ka ana-edebe.

Ụkpụrụ ha ka ana-adighi ewezuga n'ọnọdụ ya. Igọ ọfọ ha na-echedo ụmụ ha na Mba. Iju ogu ha na eweta mgbanwe n'obodo. Ọbibia ha n'ọgbakọ ụmụ okoro na-eme ka ha dere duu ka osimiri. Ụmụnta zute ha, ha erudata isi ha, kelee ha: "Dede ndeewo".Ndụmọdụ ha ka ikwu na ibe na erudara isi.

Adighi eji ụka ndi okenye emecha aka, n'ihi na ha bụ ndi edoro nsọ. Ime agadi bụ onyinye pụrụ iche nke ihe kere mmadụ nyere mmadụ ole na ole. Ọbụghi mmadụ niile pụrụ igbagbu nnụnụ aha ya bụ ovo wee chekpọ anụ ya…Ee, *"Agwọ nche akụ chedoo onwe ya, ọghọọ uwi agwọ".* Otua ka ndi Enyimba tụrụ n'ilu.

Ee, nnam ukwu, ikwue na ime okenye abụghi onyinye pụrụ iche, biko tụgharia uche, n'ihi na, dika ekwuru na oge mbụ, na ọbụghi mmadụ niile na-egbu ovo wee chekpọọ anụ ya:

> "Nabali gara aga, otu nime ndi okenye
> n'ala Igbo kpọrọ oku ka ụmụ
> okoro na agbọghọ tiwanye obi
> inụ-ọkụ n'ebe okpukpere Chi di.
> Dibia Akanụ Ibiam jekwara n'iru wee
> riọ ka ndi-Igbo niile-ọnọ n'ụlọ
> na ọnọ na-mba, were ikpere ọbasi
> di n'elu ka ihe kachasi ihe niile
> n'ime ndụ ha…..(I B S. Owere)"

Ọkpụkpọ-oku di otua bụ igba-ume; ọna-emekwa ka ndi-Igbo dọkapụ, tiwanye isi ha n'okpukpere-chi, ri nne. Okwu nna ndi Igbo ahụ bụ igba ume di ukwuu. Ezi mmadụ ahụ ewepụtawo onwe ya dika ewepụtara Maazi Pita, ka ọbụrụ onye ndụ nke ndi ozi, n'oge ndi na-eso ụzọ Jisọsi malitere ife Chineke ofufe na Jerusalemi.

Ndi-Igbo abụghi ndi hụrụ naani obodo nke aka ha naani n'anya. Ha hụkwara obodo ndi ọzọ di iche iche, na asụsụ di iche iche, na omenala di iche iche, na ọganiru di iche iche na-anya. Ndi-Igbo hụrụ ndi mba ọzọ n'anya nke ukwuu. Ha na-anabata ma na-eńomikwa omume ha. Ha na-enwe ihe ikpa nganga mgbe ha jere mba ndi ọzọ wee lọghachi.

Ha na enwe obi ańụri mgbe ha na-ewebata ihe si obodo ọzọ dika ọpụrụ iche, n'ala anyi. Igbo na-eje mba di iche iche izụ ahia, igụ-akwụkwọ, ilụ-ọlu, na ime-nchọpụta. Ha na-amụkwa asụsụ ndi ọzọ di iche iche. Ndi-Igbo n'eme ha enyi mgbe ha rutere n'obodo ndia. Ha na-amụta, na-asụkwa asụsụ ọhụrụ nke ndi obodo ndia, mgbe ha lọtara n'ala Igbo.

Omume ha n'eme ka ụfọdụ ụmụ agbọghọ mba ọzọ ndia wee makụa ha. Igbo bụ ndi n'eme ndi mmadụ enyi ri nne. Ha na-agbali mụta isụ-asụsụ ndi ebe ha jere obodo ha. Ọna-enye ha obi ikpa-nganga na ha nwere ike isụ, ọbụghi naani asụsụ Igbo, kama, na ha nwekwara ike sụa asụsụ ndi ọzọ. Ọbụ naani mmadụ ole na ole na-ala Igbo na-asụ naani otu asụsụ, bụ ụfọdụ ndi na-ejeghi ụlọ-akwụkwọ, ma-ọli.

Ihụ-nanya ndi Igbo n'ebe ndi mba ọzọ nọ n'eme ka onwunwe enyi ndi a nọ-tee aka. Ndi Igbo adighi achọ ka ha nwee ndi-iro. N'ihi nkea, ha na-achọ, ọbụrụ na ọga ekwe mee, ka ha na mmadụ niile bụrụ enyi, ma birikwa n'udo.

Ha adighi achọ esemokwu. Nkea apụtaghi na Igbo adighi ike. Onye Igbo bụ ọdụm di egwu n'ọgbọ agha. Ọdi nwayọọ dika nduri. Onwere ezi akọ na uche dika mbe di ọgụ. Nwekwa ume dika enyi.

Ndi Igbo na anabata omume ndi mba ọzọ n'eme bụ nke na-eweta ọganiru. N'oge ndi a, Igbo anabatawo ụzọ okpukpere Chi pụrụ iche; n'anabata ụzọ ọlụlụ di na nwunye mba ọzọ; n'abata asụsụ ndi ọzọ; n'abatakwa ihe mmepụta nke mba ọzọ di iche iche n'ala anyi.

Igbo kwenyere na mmekọrita mmadụ na ibe ya bara uru nke ukwuu. N'ihi ya ka ha na-eje mba ndi ọzọ, otu a ka ha na-ariọ ndi mba ọzọ ndi a ka ha bia n'ala Igbo; ka enyi ha daba adaba, bụrụ kwa kpọm kwem.

Elee anya gburu gburu obodo anyi, aga ahụ ndi mba ọzọ di iche iche dika ndi si: Biriteeni, Amerika, Rọshiya, India, Gaana, Chayina, Itaali, na ọtụtụ ndi obodo ndi ọzọ nke ụwa.

Igbo bụ ndi na-agbaso ọlụ-ọma. Ọlụ jọrọ njọ n'eme ka ha gbarụ a iru. Ha achọghi ihe n'ebute ọdida. Ha chọrọ ọganiru. Ha na-eso ndi Chi ha gọziri ńụria ọńụ. Ha kwenyere na oke-osisi nwee nnukwu abaka, na ọtụtụ akwụkwọ di obosara, n'ezie, ọbụghi naani na ọga-ekpuchite osisi ndi di nta, kama, na ụmụ-nnụnụ ga-enwe ike izere mmiri-ozizo na anwụ otiti n'arụ ya. Ọgaranya abụghi naani nke ya onwe ya; ọbakwara ọha na eze uru.

Onwere otu nwoke, aha ya bụ Maazi Chinyere Adindu. Nwoke ahụ bụ mmadụ Chineke gọziri-agọzi. Ọbụ ọgaranya n'ebe akụ na ụba di, burụkwa onye amara aha ya nke ọma. Ụlọ obibi ya di n'isi obodo Imo bụ Owerri.

Otu nwa-okoro dikwa, bụ nke ana-batara igụ akwụkwọ n'obodo Amerika. Ma n'ihi na ndi mụrụ nwa okoro ahụ enweghi nnukwu ego, ọkpara nne ya jere rio Maazi Adindụ ka onyere ha aka, site n'inye ha akwụkwọ na-egosi nnukwu ego onwere n'ụlọ nchedo ego. Ezigbo mmadụ a nwere obi ọma ri nne.

Owee kwue ka ozite nwanne ya ka ọbia lete ya echi. Nwoke ahụ wee were obi ańụri laa. Ka chi echi na-abọ, okorọbia nke ga agafe ofe mmiri wee gbaa ụgbọ ala jee ileta eze Chinyere.

Mgbe orutere, Eze Chinyere Adindụ were obi ańụri n'abata ya, nyekwa ya akwụkwọ ngọzi ahụ, bụ nke ọna achọsi ike. Ọbụrụ na nwoke ahụ abaghi ụba, meekwa ọgaranya, eleghi anya, nwa-okorọbia ahụ ga-anọgide n'ichọ onye ga-enyere ya aka, inweta akwụkwọ ngọsi ahụ, nkata wee kpudo ya. N'ezie, nwa-okorọbia ahụ agaghi echefu ihe ọma di otua, n'ihi na ọkụkọ adighi echezọ onye fopụrụ ya ọdụdụ n'oge udu mmiri.

Igbo bụ eze bụ okwu di omimi, bụrụkwa okwu ana-anara nke ọma. Adighi agwa ochi nti na ahia esula, n'ihi na ihe ọna-ahụ anya ka ọna ekwenye. Dika ime okenye, ọbụghi mmadụ niile ka Chi ha nyere onyinye ka ha bụrụ eze.

Amamihe Solomoni enweghi aka mgba nye ime agadi nke Metusela. Chi Eze Solomoni nyere ya amamihe na akụ na ụba. Ma nye Metusela ọtụtụ arọ ka o mee agadi ri nne. Onyinye ha di iche iche. Chi onye adighi agbawa ya aka.

Onye ọbụla nwere akara aka nke ya. Ibụ eze bụ onyinye si na Chi. Mgbe ụfọdụ, ndi mere ya n'ala Igbo bụ ndi esitere n'ikpofu ahihia wee bulie ha elu. Ụfọdụ bụ ndi ekpunyere okpu eze n'ọnodụ nna ha.

Ibụ eze bụ ihe ndi Igbo na ahụ na-anya ri nne. Ma ọbụghi mmadụ niile na abụ ya. Ọna-atọ mmadụ niile ka osisi nkwụ ha mipụta akwụ ọsụkwụ, ma ọ bụghi ha niile pụrụ ime ya.

Nsọpụrụ Igbo na-enye ndi eze ha mere ka ụfọdụ ndi ọcha biara n'ala Igbo wee kwue na ndi Igbo na-ekpere ndi eze ha dika Chi. Ha ghọtahiere ndi-Igbo n'ihi na ha enweghi ezi nsọpụrụ nye ndi ọchichi n'obodo ha.

Ndi eze Igbo bụ ndi ana-enye ọnọdụ pụrụ iche n'oge ana-eme omume. Dika ndi juu si ewepụta ezi ọnọdụ nye ndi isi ala ha, otu a ka ndi Igbo na-enye ndi eze ezi ọnọdụ n'ebe ọbụla enwere nzukọ pụrụ iche.

Amamihe bụ otu n'ime ihe ana-achụsi ike. Amamihe n'eme ka mmadụ dọkapụ onwe ya site n'ọchichiri. Ọna-emekwa ka ndi nwere ya bụrụ ndi pụrụ iche; bụrụkwa ndi ọnụ na-eru n'okwu; bụrụkwa ndi ana-asọpụrụ asọpụrụ. Akwụkwọ-nsọ kwuru si:

"Jekwuru ndanda
Gi onye ume mgwu.
Nke nenweghi onye isi
Ma-ọbụ onye-nduzi n'ọlụ.
Ọna-edozi nri ya n'oge ekpom ọkụ.
N'achikọtakwa ihe-oriri ya n'oge ọkọchi....".

Amamihe na-eti mkpu. Onwere akụ na ụba. Onwere akwa mgbochi, nweekwa ụlọ obibi. Onwere ihe niile n'eme ka ndụ mmadụ nwee ańuri.

Ọdika nwanyi eze. Ọbụghi ike ike ka eji enweta ya. Ọbụ nwayọọ ka ọchọrọ, ọbụkwa ya ka eji enweta ya.

Chọọ ya, n'abata ya, hụkwa ya na-anya. Ihe niile onwere aghaghi ighọ nke gi. Ọbụ naani onye nzuzu na-asi na ọdụm nọ n'ọnụ ụzọ. Ee, nnem ukwu, ọbụ naani onye ume ngwu na afado aka ya abụọ n'ụkwụ wee na-ebeku Chi ya na ọkpọrọ ya asi. Chi kere Igbo chọrọ ka ha niile baa ụba. Ọbụ ezie na onyeghi ha niile ọnọdụ ibụ eze.

Igbo bụ agbụrụ arọpụtara arọpụta. Asụsụ ha pụrụ iche; omume ha pụrụ iche. Omenala ha di iche. Nkwanye ugwu ma-ọbụ nsọpụrụ ha na-enye ndi ọzọ bụkwa ihe di iche. Igbo achọpụtawo na ụlọ akwụkwọ bụ akpa amamihe. Onye chọrọ ya aghaghi itinye aka ya n'ime ya.

Ụmụ Igbo, tụmadụ ụmụ okoro, agbọghọ na ụmụnta ebiliwo na achuso ọmụmụ akwụkwọ dika nwa ologbo si achuso oke. Ha adighi ezu ike, ma ọbụrụ na ha eruteghi n'ụlọ akwụkwọ nke kachasi elu.

Ọbụrụ na ọga ekwe mee ka ndi nnanna anyi si n'ọnwụ bilie ugbu a, ha ga-enwe ihe ikpa-nganga n'ebe ụmụ ha rutere na ntọ ala ahụ ha tọrọ ka ụmụ ha chuso amamihe.

Ihụ-nanya ndi Igbo na-ebe Chi ha di bụ ihe kachasi na ndụ ndi Igbo niile. Igbo hụrụ Chi ha na-anya. Ha na-emekwa ihe ga atọ ya ụtọ site n'idobe iwu ya. Ha kwenyere na enyi n'ebe Chineke nọ di mma karia enyi nke ụwa.

"Ọ-dighi enyi nke dika Jisọs
Ọ-dighi otu; ọ-dighi otu
Ga-agwọ ọria niile nke obi anyi:
Ọdighi otu; ọ-dighi otu".

Jisọs na Chineke bụ otu. Nkwenye di otua banyere n'ụmi-ọkpụkpụ ụmụ-mmadụ niile, n'ala Igbo. Site naani n'aha Jisọs ka ha na-ariọ Nna-nke-igwe n'ekpere, mgbe ha nọ n'ọria.

Ọbụkwa site na ya ka ha na enye ihe kere ha ekele mgbe ha nwere ahụ ike. Ha na akpọku ya mgbe ha nọ na nkpa. Ha na etokwa ya n'oge ha nwere ngọzi. Ha were ya dika onye n'edu ha n'ụzọ niile nke ndụ ha. Ha kwenyekwara na ọbụ ya ga agbaghara ha njehie ha niile. Ha adighi arapụ ikpọku ya n'ihe ọbụla ha n'eme.

Igbo hụrụ Chi ha n'anya n'ezie. Ha kwesikwara ike na otu ụbọchi na ọbasi di n'elu ga-ezite ọkpara ya ka ọbia kpọrọ ha laa n'elu-igwe, bụ ebe ha ga enwe ndụ ebighi-ebi. Ọnwụ na ahụhụ nke ụwa wee ghọrọ ha ihe akụkọ.

ỌGANIRU IGBO

Ọbu ihe na-enye ndi Igbo obi ańụri ka ha na-ahụ na ọganiru di n'agbụrụ ha. Ọganiru na-eweta nsọpụru nye, ọbụghi naani onye nwere ya; kama, ọna-ewetakwa nkwanye ugwu n'ebe ndi agbata obi ya nọ. Igbo bụ ndi mara ihe karia, ya mere na ha na-agbaso ụzọ amamihe.

Ha matara na amamihe na-ebute ọganiru, bụrụkwa enyi nke onye ji obi kwesiri ekwesi na-achọ ya. Igbo na-achụ ọganiru dika nwa mba si achuso oke. Ka chi na-abọ, ụmụ akwụkwọ ebilie, jikere gawa. Ndi na ere ahia akwadoo gbapụ.

Ndi ọlụ oyibo eyiri uwe na akpụkpọ ụkwụ ha gbapụ. Ndi na-alụ nwanyi akwadobe, bilie jewe izụta ihe ha ji eje ebe ndi ọgọ ha. Ndi na-eti egwu ebido na-akwado maka otiti egwu ha.

Ndi hụrụ omenala n'anya karia etipụta dika anyanwụ wee na-atụli mma ha elu. Ndi na-achụ nta ego ebido, chiri ụta na akụ ha gbapu, jewe ichụ-nta ya.

Igbo nwere ọganiru n'ebe mmụta di. Ichụ nta mmụta emeela ka ụlọ-akwụkwọ gbaa tum n'ala Igbo niile. Ewuola ọtụtụ ụlọ-akwụkwọ site na ụlọ-akwụkwọ dikarisiri nta, rue na nke bụ agụchaa ọgwu. Ụmụ akwụkwọ na-agba kata kata ka ijere n'ichuso ihe a n'eweta ọganiru.

Ụmụ Igbo n'esite na nwata mụta ije, ọbụghi naani n'ukwu ala, kama n'ụgbọ ala, n'ụgbọ mmiri, na n'ụgbọ elu ijewe ụlọ akwụkwọ ha. Ụfọdụ na ahapụ nne na nna ha, ikwu na ibe ha, na agaghi ahụ ha anya n'ọtụtụ arọ n'ihi ichụ nta mmụta.

N'ụlọ akwụkwọ, ha n'enweta ndi enyi ọhụrụ, bụ ndi ha na-amataghi site na mgbe ọmụmụ ha. Ndi na agafe ofe mmiri jee obodo oyibo na-ejekuru ndi na-ahapụ omenala na-emezi omenelu. Ma lee, n'obodo ndi-ọcha, ụfọdụ mmadụ bụ ụmụ-nwoke, bụ ndi na-ekwu na ọka-mma ka nwoke lụa nwoke ibe ya; ụfọdụ ụmụ-nwanyi ha bụkwa ndi na-arapu ọlụlụ-di-na-nwunye wee na-alụ naani ụmụ-nwanyi ibe ha. Ma, ndi mba-ukwu nke Afirika na-ekwu na ome-na-elu ndi ahụ bụ naani ihe-arụ n'anya Chineke, Onye-Okike nke ụwa na elu-igwe.

Ojere-mba ahụwo nti ya. Ọtụtụ n'ime ha ahụwo ihe anya-ihe kere-ụwa na mmadụ na-asọ nsọ. Ee, ọbụghi naani ihe-jọrọ njọ jupụtara n'obodo ndi-ọcha, ihe-ọma di iche iche dikwa n'ime ya.

Oje-mba ahụzuwo ha. Ee, ọbụghi mmadụ niile, n'obodo ndi-ọcha, na-akwado ome-na-elu ha. Oje-mba matara na nkea bụkwa ezi-okwu.

Oje-mba na-enweta, ọbụghi naani ndi enyi ọhụrụ, ha n'enwetakwa ndi-iro ọhụrụ. Ụfọdụ mmadụ na emeso ha mmeso ọhụrụ, ụfọdụ na eleda ha anya kpọọ ha asi, ma mesokwa ha mmeso jọgburu onwe ya. Ụmụ Igbo, n'oge a awala anya karia ndi ọgbọ gara aga.

Ndi na-aga obodo oyibo adighi ekwecha ka ụmụ agbọghọ bekee duhie ha n'ọlụlụ di na nwunye. Nrafu mbekwu rafuru azụ, ndi banyere n'ite mmanụ ọkụ ya emeela ka azụ ndi ọzọ mata izu karia. Ndi Igbo ụfọdụ na-eje ụlọ-akwụkwọ n'obodo oyibo n'eburu ụzọ chọpụta onye inye-aka tupu ha ahapụ ụlọ.

Izụ ahia bụ ụzọ ọzọ na-eweta ọganiru n'ala Igbo. Akwụkwọ azụ-ndụ kwuru si: *"Izụ ahia bụ ezi ọlụ, ma-ọbụrụ na mmadụ ewere ezi okwu, na egwu Chineke na azụ ya"*. Igbo hụrụ ezi okwu n'anya, hụkwa izụ ahia na-anya. Ha kpọrọ okwu-ụgha asi; n'ezie, ha kpọkwara imegbu mmadụ asi; n'ezie, mmadụ nke na-achọ ka ndi-igbo gbakute ya azụ n'egosi ndi-Igbo aghụghọ n'omume ya.

Ee, mmadụ di otua bụ onye ndi-Igbo na-ajụ ajụjụ si: Gini bụ uru gi n'omume di otua, bụ nke ina-eme?. N'ezie, n'ezie, onye na-achọ ka onye Igbo gbakute ya azụ na egosi ya aghụghọ.

Igbo na atụ egwu Chineke, ya mere na onye ọbụla nke n'egosi ha aghụghọ ka ha na-ewere dika nwa ekwensu. Igbo dika akwa ọcha, ọchighi unyi. Igbo dika mmiri na agbapụta n'oke nkume, ọchọghi onye na agbarụ mmiri. Igbo dika nwanyi ana-alụ ọhụrụ, ọchọghi mkpari.

Iwu obodo bụ ebe ọzọ ndi Igbo na akpa ike. Ụlọ ụmụ okoro na agbọghọ n'oge ugbu a na-ewu di mma karia nke nna ha wuru n'oge gara aga. N'ime obodo, owuwu ụlọ ọma na-ewere ọnọdụ ụlọ ochie nke ewuru n'oge gara aga.

Ndi otu ụfọdụ na akwado owuwu ụlọ ihe oriri na ihe ọńụńụ. Ụfọdụ na ewu ụlọ ọgwụ, na ụlọ-akwụkwọ. Ndi-enyi ụfọdụ na ezukọ, gbaa izu tuọ arọ wee kwado ihe ga-eweta ihe ọma n'ime obodo. Ndi Ọnitsha na-eme omume di otu a ri nne.

Ndi-Abiriba bụkwa dimkpa na dike n'ọnọdụ ezi ọlụ di otua. Ndi Owerri na-amakwa ọlụ-ọma nkea aka-mgba. Ndi Igbo bi n'Enugu na Abakaliki abụghi ndi aga-agụpụ agụpụ n'ezi ọlụ di otu a. Ndi Enyimba na agbasokwa omume ọma ahụ.

Na Ọhanze Isiahia, ụmụ okoro na agbọghọ ha gbakọrọ nwee otu mwuli obodo. Ndi otu a akpala ike di iche iche. Ha ewuela ụlọ-ọgbakọ ọhụrụ di nso n'ahia-eke Ohanze.

Ha wukwara ụlọ akwụkwọ nye ụmụ ha. Ha na-etinyekwa aka iwuli ụlọ-ọgwụ ebe ana-amụ nwa. Ụmụ nna ha nọ na mba na-enyekwa ha otito. N'Umuahia, ọtụtụ abamaba di iche iche jupụtara bụ ndi na enye aka wulie obodo elu. Ha na ewu, na-akwadokwa ụmụnne ha n'ọlụ ọma nke a. Dika ihe otu, otu nwa Igbo amara aha ya n'ụwa niile,

Dibia M.I. Ọkpara kpara ike di egwu tutu ọlaa ụlọ ebighi ebi. Ezi nwoke a kpara ike di egwu n'ime ka ụlọ ọlụ aka bata, ọ bụghi naani n'ala Igbo, kama o mekwara ka ewue ụlọ mmepe ndia n'ebe ndi agbata-obi ya di. Igbo bụ ndi na asụ asụsụ Efik, Ejaw na Ogoja.

Nwoke ahụ wukwara ụlọ ọgwụ mgbe ositere ọsọ agha lọta, tinyekwa ụmụ Igbo ilu-ọlụ n'ime ya. Omume ya niile tọrọ ndi Igbo ụtọ. Ma ugbua, ọnwụ apụnarawo Igbo onye-ndụ kwesiri ntụkwasi obi, bụ mmadụ nke bụ onye Igbo n'ezie.

Ọlụ niile nwoke a lụrụ na agba ama ntụkwasi obi Igbo nwere n'ebe ọnọ. Nsọpụrụ ya abụghikwa ihe aga ehichapụ n'obi onye Igbo ọbụla. Ndi Igbo niile nyere ya nsọpụrụ n'ihi ọbụ ọkaa, omee. Ọhụgidere ha na-anya, rue ọnwụ ya. Ihe banyere ndi ya metụkwara ya n'obi mgbe niile. Ojighikwa ha rijue afọ.

Igbo bụ ndi hụrụ ihe di ọcha na-anya. Ha na-achọkwa ihe di mma mgbe niile. Nime obodo n'oge ndia, ndi mmadụ achọkwaghi inụ mmiri sitere n'osimiri na-arigopụta, kama, ha chọrọ nke sitere n'ime ala, bụ nke nkume ntọ ala ụwa, ayọchara ayọcha.

Igbapụ ala n'ebe di iche iche na-ezo dika mmiri. Ndi ọchichi Igbo, tutu ndi agha ewerekwa ọchichi, kpara ike ri nne. Otu nwa okoro Igbo bụ Dibia Akataobi emeela ka igwe mmadụ n'ime Obi-Ngwa nweta ezi mmiri ahu na-esite n'okpuru nkume nke ntọ ala ụwa rigopụta. Ezi mmadụ a egosila na ya bụ dimkpa site n'ezi ọlụ.

Ndi Igbo niile hụkwara ya na-anya. Ọlụ-mmepe na-atọ Igbo ka ụkpaka. Ha na-achụso ya ri nne. Ụfọdụ n'ime ha na-awapụ jee ofe mmiri ime nchọpụta. N'ụzọ di otu a ka ha na-esikwa nwee ike iwebata ụgbọ ala di iche iche n'ala Igbo.

Ụgbọ-elu abatakwala, Ọtụtụ n'ime ha jupụtakwara na-ebe ana edote ha. Tụkwasi ụgbọ-mmiri di iche iche, bụ nke na-abanye n'oke-mmiri di iche iche, n'obodo anyi.

Ụgbọ-ala nke na-agba n'okporo-igwe di iche iche di mma. Ihe ọma ndia adighi n'obodo anyi n'oge ochie. Ma ugbu a, amamihe ọhụrụ abatala. Omume ọhụrụ abiakwa. Omume di iche iche ejupụtawo n'ala Igbo. Ugbu a ụmụ mmadụ arapụwo egwu anakpọ brass band n'olu bekee ka ihe ọgbụgba ndụ ochie.

Iwa anya ha ewebatawo egwu ọhụrụ, dika nke ana-ezipu site n'ụlọ igwe na-ekwu okwu. Ụfọdụ na-akpọ egwu sitere na rikọd ri nne. Ọbụ ezie na ndi Igbo hụrụ egwu ndi obodo ọzọ na-anya, ha hụkwara karia bụ egwu ụmụ nna ha gụpụtara.

Ndi egwu anakpọ "Ikenga" akpala ike. Ha tibe egwu di otua, ndi-Igbo ayọba egwu. Ọzọ, egwu "Oriental" dikwa ụtọ ri nne. "Ọlara iche" sokwa na-etipu egwu na-eme ka ụmụ-Igbo yọba egwu, n'ike n'ike.

"Mmere gini bụ ogu", egwu ndi "Apostles" na-egosi mkpa n'aka onye Igbo ọbụla. Okwu ndi egwu ahụ di omimi bụ "mmere gini?". Ọbụghi naani ndia na-etiri Igbo egwu di ụtọ di iche iche; kama, onwekwara onye ọzọ aga-akpọtụ aha ya. Nwoke ahụ si obodo Kameruuni. Ma amara ya nke ọma dika onye Igbo. Ya onwe ya bụ onye isi egwu "Rọkafil Jazz". Aha ya bụ Prince Nikko Mgbarga.

Ọna—etipụrụ Igbo egwu ike. Amakwara aha ya n'ọnọdụ iti egwu. Kedụ ndi aga akpọ? kedụ ndi aga-ahapụ? Ndi egwu di iche iche na arigopụta site n'ala Igbo.

Ọkụkụ ọlụ ugbo di mma karia. Ndi Igbo na-elebatakwa ya anya nke ọma. Mma na ọgụ, bụ ngwo-ngwo nnanna anyi were lụa ọlụ ubi na ewezuga onwe ha. Igwe eji akọ ọlụ ugbo na ewere ọnọdụ. Ihe oriri nke ihe ọkụkụ ubi anakpọ "Fatilaiza" n'olu bekee abatakwa.

Igbo na-emekwa nchọpụta di iche ka ha mepụta nke aka ha. Ha achọkwaghi ka obodo anyi na-adabere ndi ofe-mmiri. Igbo chọrọ ka ọchia onwe ya-n'omume ya, na mmepụta ya, na ime-nchọpụta ya, n'ije ozi ya, n'ikpa-ike ya, na n'ima mma ya.

Igbo achọghi ka ndi ọzọ n'emepụtara ha ihe ha pụrụ imepụta n'onwe ha. Kama, ha chọrọ ka ha mụta, wee werekwa ezi akọ na uche Chineke nyere ha tinye, nke ga-eme ka ihe mmepụta ha gbaa ọkụ ka ọzara.

Ndi Igbo bụ ndi amara nke ọma n'ebe ọlụ siri ike di. N'obodo anyi, adighi ewere ha emecha aka, n'ihi na amatara ha dika mkpụrụ nke amamihe. Amamihe Igbo bụ ihe ndi na-asụ asụsụ ọzọ di iche iche na ekpukpụrụ okpu.

Ndi Igbo na eleda nzuzu anya, ya mere na ha na agbakute omume di nzuzu azụ, kpọọkwa ya asi, ri nne. Ka onye Igbo na-ahụ onye n'eme nke ọma, ime ka ibe ya mere agụwa ya. Ọna–agbaso ezi ọlụ. Omume di njọ ka ọna-agbakute azụ.

Iwa anya Igbo n'ogụgụ akwụkwọ bụ ihe amazuru n'ụwa niile. Izụ ahia ha ka amatara n'ebe niile. Iwa anya ha n'ebe ichi-ọchichi di bụkwa ihe amara nke ọma. Ikwu ezi okwu ha bụ ihe na-agba ndi mba ọzọ gharii mgbe onye Igbo na-ekwu ihe ka osiri hụ ya.

Ọdighi achọ okwu agbarụrụ agbarụ. Ọchọghi aghụghọ; kama, ọbụ ezi okwu ka ọna-asọpụrụ. Ọbụkwa ndi na-ekwu ya ka ọna-atụkwasi obi, n'oge niile.

Ilụ ọlụ di mma, ma ọbụrụ na mmadụ ewere nrube-isi, na obi nke iru-abụọ na-adighi n'ime ya na-alụ ya. Onye ọbụla nke na-adighi egosi nrube isi n'ọlụ na-enwe esemokwu na nghọtahie n'ebe onye-isi ọlụ ya nọ, ọna-enwekwa ibu iro n'ebe ndi ọlụ ndi ọzọ nọ.

Udo, idi n'otu, na ihụ-nanya na eweta ọganiru n'ebe ana-alụ ọlụ. Ọgba aghara, esemokwu, okwu ụgha na aghụghọ na-ebute ọdida. Igbo achọghi nkea; kama, ha chọrọ nke mbu.

Ya mere n'ebe ọ bụla ana-alụ ọlụ, tụmadụ na mgbe ana-ewere mmadụ n'ọlụ na otu n'ime ihe onye nwe ọlụ na ebu ụzọ chọpụta bụ omume, ọchọọ-ọlụ a: ma-ọbụ onye na adọ esemokwu ma-ọbụ onye okwu ụgha, ma-ọbụ onye aghụghọ, ma-ọbụ onye ihe mmadụ ibe ya na-agbawa obi dika onye anya ukwu, ma-ọbụ onye iru abụọ, ma-ọbụ onye ekworo nke akpiri ihe ojoọ na-akpọ nkụ. Ma-ọbụ onye na-eme aka abụọ dika onye-ori. Ihe ndia ka onye Igbo bụ onye isi ọlụ na-elebara anya tutu owere mmadụ n'ọlụ. Ọzọ, ọ bụrụ na mmadụ egosipụta onwe ya dika onye kwesiri ntụkwasi obi, onye nwere iru ọcha, onye na-atụkwa egwu Chi kere ya, bụrụkwa onye na-enwe nwute mgbe ọ bụla o mehiere; ọ na- enwe nnabata n'ebe onye-Igbo nọ bụ onye-isi ọlụ. Ihe mmadụ di otu a ga-natọkwa ya ụto.

Ọlụlụ di na nwunye bụ ihe nwere ezi ntọ ala n'akwụkwọ nsọ; ọbụkwa otu n'ime ihe ndi Igbo na-enye nsọpụrụ. Dika ndi Igbo na-akwanyere ndi- okenye na ụmu-ntakiri ugwu, ọtụa ka ha na-edote ọlụlụ di na nwunye nsọ. Ha na ewulikwa ya elu dika ụlọ. Ha adighi ka ndi ọcha, bụ ndi na-enwe ihe ikpa nganga n'igba alụkwaghim, Kama, ha nwere nsọpụrụ di ukwuu n'ebe ihe a ihe kere ha dotere nsọ site n'okike ụwa.

N'oge gboo, ọbụ naani dike ka aka na-eru n'ọnụ nwanyi. Ma, ugbu a, ọbụghi naani ha na-alụ nwanyi kama, ndi-ogbenye na alụkwa. Ọganiru Igbo n'ọlụlụ nwanyi bụ ihe Chineke gọziri agọzi. Ndi Igbo ụfọdụ na-alụ otu nwunye, ụfọdụ na-alụ abụọ ma ụfọdụ na-alụ ọtụtụ.

Ọlụlụ ndia di iche iche sitere na mkpebi nke onye na-alụ alụ. Ụfọdụ na-alụ ọtụtụ nwunye n'ihi na ha mere ọgaranya. Ụfọdụ, n'ihi na ndi nwunye ha nke mbụ amụtaghi ụmụ dika ọchichọ ha si di. Ụfọdụ na-enwe mkpebi lụa n'ihi iwu nke okwukwe ụka ha.

Na mgbe ọchie, ọbụ nne na nna nwa-okorọbia na-arọpụta nwa-agbọghọ nwa ha nwoke ga-alụ. Omume di otua nwere ọtụtụ ihe isụ-ngọngọ n'ime ya. Otu nwata nwanyi nne na nna na-arọpụta nwere ike bụrụ onye megidere mkpebi nke nwoke. Abụọ, oke nrube isi ka nne na nna na-achọ site n'aka nwa ha nwoke.

Ọzọ, mgbe ụfọdụ, ọ ga-abụ na ana-amanye ya amanye ka ọlụ a n'ihi na nke a bụ mkpebi nke ndi mụrụ ya. Ma ugbu a, nwa okoro na-eme mkpebi nye onwe ya. Ọbụ ezie na ndi mụrụ nwa okorọbia na-enwe ọnụ mgbe ụfọdụ n'ọlụlụ nwunye nke nwa ha nwoke, ma iwu ha adikwaghi dika ọdi na mgbe ochie.

Ụmụ okoro na agbọghọ na-alụ onye di ha mma. Ọlụlụ di na nwunye ejupụtala; kwa ụbọchi, ụmụ okoro ahapụ, tụmadu n'ụbọchi jee ichọpụta onye inye aka kwesiri ha. Ụmụ-agbọghọ ndia nwere ike bụrụ ndi na-alụ ọlụ oyibo, ma—ọbụ ndi na-eje ụlọ akwụkwọ.

Ndi-Igbo na-agba mbọ chọpụta, maka ụmụ-nwanyi ha ga-alụ, ma ha bụkwa ụmụ-agbọghọ mma zuru ahụ. Ya bụ ụmụ-agbọghọ azụrụ azụ. Nwa okoro Igbo adighi achọ ka ọlụa nwanyi na-ewere esemokwu dika ihe oriri. Ọchọrọ *"odozi akụ"*.

Ee, ọchọghi "ori akụ" na "ọtapia-akụ ọnụ mmanụ". N'ihi nkea, ọna agbali ichọpụta site n'inye aka nke ndi-enyi ya, banyere ezi-na-ụlọ nwa agbọghọ ahụ si pụta, ma ha bụ ndi na-eme aka abụọ; ma ha bụ ndi aghụghọ; ma ha bụ ndi na-anwụ ọnwụ ike; ma ha bụ ndi ihe mmadụ ibe ha nwere na-agbawa obi dika ndi anya ukwu.

Ndi-Igbo na-ezere ajọọ omume ndia ndu. Ha achọghi ka ha nwee ntụpọ di otua site n'ọlụlụ nwunye. N'otu aka ahụ, ndi ebe nwanyi aga-alụ na agbakwa mbọ ichọpụta banyere ezi- na ụlọ nwa okoro a bụ onye na-achọ ka ha kpọọ ya "ọgọ anyi", tutu ihe adaba nke ọma.

Ọlụlụ di na nwunye di mma ri nne. Chineke tọrọ ntọ ala ka ụmụ mmadụ mụa ọmụmụ jupụta ụwa site na ya. Imụta ụmụ na-atọ ụmụ-mmadụ ụtọ nke ukwuu, tụmadụ ụmụ nwanyi Igbo n'ihi na n'oge a ha mụtara ụmụ ka ha na agụnye onwe ha na nzukọ nke "ndi nwunye-ụmụ-okoro Igbo".

Mgbe odozi akụ mụtara nwa nwoke, ọ na-enwe obi ańụri ri nne. Mgbe ụfọdụ, ụmụ okoro na-ajụ onwe ha ajụjụ si: "ọbụ ezie na ụmụ agbọghọ ha na-achọ ilụ nwere obi ańụri n'ebe nzube ha di?". N'ihi na ọtụtụ oge, ụmụ-agbọghọ ndia ga n'eme ka aga-asi na ọdighi atọ ha ụtọ ma-ọli. Ma eleghi anya, dika ndụ ụmụ nwanyi si di, ọga-abụ na ha achọghi ka ndi na-achọ ilụ ha mata obi ụtọ ha.

N'ezie, ụmụ nwoke na-ajụ onwe ha ajụjụ ahụ ri nne. Ka ana-alụ ha, ihere ga na-eme ha. Mgbe ana-akpọ ha ka ha bunye nne na nna ha ihe-ngosi-nke nkwenye ọlụlụ di na nwunye si n'ebe ụmụ nwoke na-achọ ilụ ha pụta, ha adighi apụta n'oge.

N'ebe ụfọdụ, ha na-anọ ọdụ, nọ tee ya aka, nke ga-eme ka obi gbaba ụmụ okoro n'afọ. Otu ọdi, ọ bụ ihe kwesiri ka ụmụ nwanyi Igbo kọwara ụmụ nwoke ihe na-ebute ha si eme omume di otu a. Igbo na-aga n'iru n'ọlụlụ di na nwunye.

Ihe ha na atọkwa Chi kere ha ụtọ. Aha Igbo di ụtọ, ọlụlụ di na nwunye ha dikwa mma. Ihụ-nanya ha n'ebe ihe omimi a di abụghi naani nke otu nwoke na otu nwanyi bụ ndi ejikọrọ n'ọlụlụ. Mkpagbu ha bụkwa ihe ndi agbata obi ha na elebara anya.

Mgbe okwu na-adapụtara di na nwunye, ndi ikwu na ibe na agba mbọ wee gboo ya, meekwa ka udo di n'etiti ha.

Ọlụlụ di na nwunye ndi Igbo adighi ka nke ndi-ọcha, n'ofe mmiri, bụ nke ha na-alụ n'ụbọchi taa, echi ha agbaa alụkwaghim. Ndi Igbo adighi enwe iru ọma n'ebe ọlụlụ di na nwunye, bụ nke na-esite n'ikwa iko.

Igbo bụ ụlọ ewuru n'elu ugwu, ya mere na ọ na –

ewezuga onwe ya n'ihe rụrụ arụ. Otu abụ nke ndi ụka bụrụ si:

"Wezuga onwe gi n'ime ọgbọ ndi a niile
N'ọnọdụ gi dum, chetakwa izu ike
Mee ka uche gi di ọcha na-anya chukwu.
Mgbe ina-eme nke a, iga-enwe izu-ike".

Iwezuga ihe di ọcha site n'ebe ihe rụrụ arụ di bụ ihe kwesiri ekwesi. Ihe na-enye aha mmadụ ntụpọ bụkwa ihe kwesiri ka mmadụ sọọ oyi. Onye Igbo na-echeta na mgbe ya na-enwe afọ ojuju karia bụ oge ya lụrụ ọlụ ọma. N'ihi nkea, ọna-enwe ezi ndabere n'ebe ezi ọlụ di. Ọdighi akpa nganga n'omume di njọ. Ọna–edote akọ na uche ya ọcha.

Ọzọ, ọdighi achọ ka aghụghọ ndi-ọzọ na-eweta merua ezi akọ na uche ya. Ndụ onye Igbo ọbụla na enwe afọ ojuju n'ihi aha ahụ o nwere, bụ aha Chi ya buru ụzọ rọpụta. Aha nke di oke ọnụ ahia. Ọganiru ndi Igbo bụ ihe amakwa nke ọma n'ụwa niile.

Ndi Igbo bụ ndi Chi ha rọpụtara ka esite n'ezi uru nke sitere na akpa ụbụrụ ha wepụta ezi ọchichi chia mba Afirika niile---wee sitekwa n'omume ha nwee ezi nkwado nye ụwa niile.

Dika Chineke kwere ndi Hibru nkwa inye ha Messaya, bụ onye ga ewere ọchichi n'ọnọdụ eze Devid, otu a ka Ọbasi di n'elu rọpụtara ndi Juu nke Afirika nye ha mkpa-naka, ime ka mba niile nke Afrika guzozie. Ndi Igbo na-enye ndi isi obodo anyi ezi nkwado. Nkea pụtara ihe mgbe ndi na-achi achi na eme ihe ga-ebute ọganiru nye obodo anyi.

Ha na-akwadokwa ha mgbe ha na-enwe nchekube inyere mba Afirika ndi ọzọ aka, tụmadu ndi chọrọ idọpụta onwe ha site n'ọchichi nchigbu anya ike nke ndi oyibo. Mba Afirika niile kwesiri inwere onwe ha. Ha etoruwo ikwuru chim, chia onwe ha.

Oge eruwo ka mba Afirika niile jikọta ọnụ, dọkapụta ụmụ nna ha site n'ọchichi aka-ike nke ndi mba ọzọ kenyere ha dika agbu. Ọganiru Igbo eruwo mba niile nke Afrika. Amamihe ha erutewo ụwa niile nti. Akọ na uche ha enyewo aka bulie obodo anyi elu. Adighi eji ndi Igbo emecha aka n'ihi na amatara ha dika ndi amamihe.

Omenala bụ ihe were ọnọdụ site na ntọ-ala Igbo. Ndi nnanna anyi mgbe ochie emewo ka iti egwu, igba mgba, ichi-echichi, igọ ọfọ, na inye onye ọbia ọji bụrụ ụfọdụ n'ime omenala ndi ana-asọpụrụ asọpụrụ.

Ndi ọlọrọ ọhụrụ n'ala Igbo ewezugawo ụfọdụ n'ime ha, wee na-ewulikwa ndi fọdụrụ elu. Egwu-otiti alawo elu karia. Ichi-echichi nwekwara ezi ọnọdụ. Igba-mgba bụ ihe na-ada n'oge ndia. Igọ-ọfọ na ebili ka okpukpere ụka n'odụ n'oche. Inye ndi ọbia ọji bụ omume Igbo bụ nke ndi mba ọzọ na eńomi. Ọbụkwa site n'iru ọma ya ka Igbo na-enweta ọtụtụ ndi enyi karia. Ichi echichi ewerewo ezi ọnọdụ n'ala Igbo.

Ndi obodo Ọnisha na echi ya karia. Ụfọdụ n'ime ha na-echi lọlọ ukwu na lọlọ nta. Ndi na-eme nke a bụ ụmụ nwanyi bụ aka ji-akụ. Ichi ọzọ na-ewere ọtụtụ ego. Ji, ebule, ewu, oke ọkpa, na ehi ka eji eme ihe mripia n'oge di otu a. Owelle bụ echichi kachasi n'Ọnisha niile.

Eze nke di niime obodo na-enwe aha echichi pụrụ iche bụ nke eji ama ya. Nke a na-egosi ebe ọkpadebere ike n'ọchichi eze ya. Ụfọdụ n'ime ha bụ: Enyi, ekwu-eme, ọkaa omee, enyi-na ọbiangwo, eze ukwu ikemba wee gawazie.

N'okpuru ọchichi ime obodo Ọhanze na Ọwọ-Ahia-afọ, ha nwere nnukwu ezigbo mmadụ ha nyere ọnọdụ ahụ pụrụ iche. Aha echichi ya kwesiri ya n'ihi na nwoke ahụ bụ onye na-achọ udo mgbe niile. Onwekwara akụ ri nne, nwekwa ezigbo ezi na ụlọ. Aha nwoke ahụ bụ Maazi M. Ọhia. Aha echichi ya bụkwa Eze Udo.

Chọọ udo, udo ga-agbaso gi. Akwụkwọ-nsọ mere ka anyi mata nkea n'iberibe akwụkwọ Matiyu, isi ise, ama okwu nke iteghite na: *"Ngọzi nadiri ndi na-eme ka mmadụ na ibe ha di n'udo..."*.

Eze udo chọrọ udo. Mmadụ ndi dika ya ka ana-akpọ ụmụ Chineke. Ee, onyenwem, mmadụ ndi dika ya bụ ụmụ Chineke n'ezie. Onwere otu nwoke amara aha ya n'Ọnisha, Aha ya bụ Ụkọ-chukwu Onyeabọ. Nwokea na-atụkwa egwu ihe kere mmadụ, bụrụkwa onye na-agbaso udo.

Ọzụpụtara ụmụ ya n'ọnọdụ itụ-egwu onye kere ụwa. Otu n'ime ụmụ ezi mmadụ a jere akwụkwọ n'ụlọ akwụkwọ kachasi elu di na Ibadaani. Ọbụkwa onye isi ọlụ n'ụlọ ọlụ nke ana-akpọ "Lever Brothers" n'asụsụ oyibo.

Ezi ọlụ ya emewo ka ebulie ya elu site n'ibụ otu n'ime ndi isi nke ụlọ ọlụ ahụ di na Aba, wee ziga ya na nke di na nnukwu obodo anyi bụ Legọọsi. Nwoke a akpala ike n'ilụzi ọlụ ya nke ọma.

Ọhụrụ ndi ọlụ ụlọ ọlụ a niile n'anya. Omume ya na-atọkwa ha niile ụtọ. Aha dike ahụ bụ Maazi I.K. Onyeabọ. Kedụ nke aga-ekwu? Kedụ ndi aga ahapụ? Ndi Igbo chọrọ ọganiru. Ọganiru ha bụkwa ihe Chi ha nyere ha.

Ndụ mmadụ ọbụla Chi ya kere chọrọ oge ozuzu ike. Otu ezigbo nwanyi Igbo, Odozi akụ Nwa-odo Abakwue, mere ka nkea pụta ihe site na ezi nnukwu amamihe ya: *"Ọbụrụ na arụ mmadụ achọọ izu ike ma ọhụghị; ọna ebutere ya ọria"*. Nkea pụtakwara ihe na nchọpụta ndi dibia ụlọ-ọgwụ mere.

N'ihi nkea, ndi Igbo ewuwo, na-ewukwa ụlọ nkpọri ndụ, dika nke oriri na nkwari. Ha na ezukọ n'oge abali, tụmadụ n'ụbọchi ọgwụgwụ izu ka ha nwee izu ike nye ọlụ ha n'ụbọchi ndi a niile gafere agafe n'izu ahụ.

Irute Owerri, ụlọ di otu a jupụtara. Ha dikwa n'Enugu, Ọnisha, Enyimba, Ọkigwe, Abakiliki. Ụmụahia, na obodo niile nke di n'ala Igbo. Ụlọ ozuzu ike dikwa ri nne.

Olulu ogwugwu mmiri abatawo. Ụfọdụ mmadụ adighi ejekwa na mmiri buru ibu dika iyi na osimiri igwu mmiri. Kama, ha na-egwu olulu ogwugwu mmiri, werekwa okporo igwe mmiri mee ka mmiri na-agbabata, ma na-asọpụkwa site n'olulu mmiri ndia.

Okporo igwe ndi a na-eme ka mmiri ogwugwu di ọcha mgbe niile. Ndi mmadụ na-enwe obi añụri ka ha na-ahụ ka ihe ọma ndi a na abata n'obodo anyi.

N'ebe ụfọdụ, dika Enugu, enwere ebe edotere anụ-ọhia di iche iche n'ime ọgba. Ndi mmadụ na-eje lee anụmanụ ndi a n'oge arọpụtara maka ya. Ụfọdụ n'ime ha bụ agụ, ọdụm, ehi, ọzọ-di-mgba, enwe, mbekwụ, na ọtụtụ anụmanụ ndi ọzọ Chineke were mee ka okike ụwa zue oke.

Anụ ufe nke elu-igwe dikwa n'ebe ahụ. Ahihia na-eto, naamiputakwa ezi okoko osisi di iche iche juputara n'ebe ahu agbara ogige gburu gburu. Ka mmadu na-ewepu ufodu n'ime oge ya ka olee ufodu n'ime ihe Chineke kere, o na-eme ka mmuo ya, mkpuru obi ya, na anu aru ya nwee idi nwayoo na itu-egwu nye onye Okike.

Omume anumanu ufodu na-eme ka isi bue mmadu kalii. Ufodu n'ime ahihia ndu na egosi ihe iribe ama, dika ahihia –ndu, bu ndi na-ewere umu aruru dika ururububa ijiji, na aruru ndi dika igurube eme ihe oriri.

Ahihia ndu ndi a na-ewepụta okoko di mma dika ihe iman'onya. Ka aruru dika anu na-eme osiso feba ka orachaa ufodu n'ime mmiri okoko ahihia-ndu di otu a, ma lee, oghowo ihe oriri.

Ulo oriri na nkwari na-eweta obi anuri. Ebe mkpori ndu di iche iche na-emekwa ka obi mmadu nwee izu ike. Ndi Igbo na echebara ndu ha ezi echiche.

Chi kere Igbo goziri ya agozi. Ufodu mmadu na-ewepu ufodu n'ime oge ha jee gbara anya ha Kristmas. Ha na-eje n'ulo ebe ana-eme ihe ngosi n'onyonyo bu nke anakpo "sinima" Ha na-ele, ha na-amutakwa otutu ihe n'ime ha. Dika ezi okwu si di, mmadu obula Chineke kere bu ihe owere anya ya abuo hu, na ihe owere nti ya abuo nu.

Okwukwe, nkwenye na omume onye ọbụla bụ mkpụrụ nke ihe ọhụrụ na ihe ọnụrụ.

Ọganiru Igbo na amụwanye dika anyanwụ. Ọna-agbape ụbụrụ ha dika igodo, meekwa ka ọganiru ha mụbaa ụbọchi niile. Amamihe na-akpọ oku, ndi Igbo na-aza ya. Nwanne ya nwanyi bụ ọganiru na esokwa ya n'azụ.

Ọbụghi naani na Igbo na-aza oku amamihe na-akpọ, kama, ha na ejekwurukwa nwanne ya wee lua ya ka nwunye.

Ọganiru dika eze nwanyi, ọ bụ nwayọọ ka eji anabata ya. Mgbaru iru ka ọ na-asọ nsọ. Ọbụkwa iru ọcha ka ọ na-amakwuru, Ee, n'ezie, were olu di nro jekwuru amamihe, iru ọcha gi ga-eme ka ọkọnye gi nwanne ya bụ ọganiru. Ọganiru na-atụ egwu ebe ihe ụjọ di. Ọdika agbọghọ na aputa n'ụlọ ọmụgwọ, ọ chọghi mkpari. Ee, onye nwem, amamihe na ọganiru bụ ụmụnne abụọ.

Ichụ nta ego emewo ka ndi Igbo jee ọtụtụ obodo nke di n'okpuru anyanwụ. Omewokwa ka ha lụrụ nwanne amamihe n'ọlụlụ nwunye. Ndi na-ere ahia na-ebili jee ire ahia. Ụfọdụ na-ere n'ime obodo; ụfọdụ, n'obodo ndi ọzọ. Ire ahia ha na-enye ha uru. Ha na-ewerekwa ụfọdụ n'ime uru ahia ha tinye n'ibu ahia.

Ụwa nkea mmadụ nọ n'ime ya chọrọ ọganiru. Ya mere, na otu n'ime onyinye amamihe na-enye mmadụ bụ nwanne ya nwanyi. Amamihe hụrụ ndi Igbo n'anya.

Ọchọghi ka ndi ọhụrụ n'anya ghara iga-n'iru. Ọbụ ihe inye ezi ekele na Chi ndi Igbo rọpụtara onyinye kachasi mma wee nye ha. Ọchọkwara ha mma n'ụzọ niile. Ha na egosi ngọzi ha nke Chi ha gọziri ha n'ụzọ di iche iche. Ha na-ewere ụfọdụ wue ụlọ, zụa ihe mgbokwasi, lụa nwunye, zụa ụmụ ha, zụa akwa oyiyi, leta ndi ọbia, ma nye kwa ndi mmadụ dika ihe onyinye. Ha na ewerekwa ụfọdụ n'ime ego ha tinye n'ụlọ akụ, ka ha mụtara ha mwa.

Ụlọ akụ bụ ebe kwesiri ka mmadụ tinye ego ya ri nne. Ụlọ akụ na echedoro ndi mmadụ ego ha, na etinyekwa ya mwa, maọbụ uru-ego. Ana-ewukwa ọtụtụ n'ime ha n'ebe di iche iche n'ala Igbo niile. Ndi Igbo na alụkwa ọlụ n'ime ha.

Ego na-enye nwoke obi ụtọ. Ọna-enyekwa nwanyi, agadi, na nwata. Onye nwere ya ka ọnụ na-eru n'okwu. Ee, ekwere m, onye nwere ego bụ bọbọ. Onye nwere ego pụrụ ime ihe di itụ n'anya. Ego na ekwu ụka. Ụfọdụ mmadụ ga-ekwu na inwe ego ri nne di njọ, Ma were akpa ego nye mmadụ di otu a, leekwa anya ma ọga-arapụ inara.

Ọzọ, ụfọdụ mmadụ ga-ekwu na inwe ego ri nne bụ ihe

jọrọ njọ. Ha na-ekwenye nke a site n'ihe ha gụrụ n'akwụkwọ Chineke "Ihụ ego n'anya bụ mgbọrọgwụ nke ihe ọjọọ niile", ya mere na okwesighi ka mmadụ nwebiga ya oke. Ka anyi ghara ighọtahie akwụkwọ nsọ. Ka anyi gharakwa ikasi onwe anyi obi.

Ọzọ, ka anyi gharakwa iwere aka anyi fanye n'ụkwụ na-ata Chineke ụta na ọhụghi anyi n'anya. Chi kere mmadụ kere ya ka omee ọgaranya. Ọchọghi ka ihe okere n'oyiyi ya bie ndụ, bu nke ita-naani-ọka-kpọrọ-nkụ juru niime ya: n'ihi na-ọdụm di n'ama, ogologo ụbọchi niile nke ndụ ya. Kama, ọchọrọ ka owere ike ya dụm, nuda ihe okike ya, buda ya werekwa ya mee ka ndụ ya nwee ọnọdụ di ụtọ.

Chi kere Igbo chọrọ ka ọlụpụtara onwe ya ihe ọga-eri. Otinyere ọla edo n'ime ala, nyekwa mmadụ ọgụ na mma ka ogwupụta ya. Agadi nwanyi gosi nwata nwoke ji n'ubi, ọbụzi ọlụ diri nwata iwere mma ya piri mbazu gwuputa ya.

Ụfọdụ mmadụ aghaghi ikasi onwe ha obi site n'akụkọ Jisọs kọrọ na ọga-adi mfe ka ehi site na anya agiga gafee karia ọgaranya ibanye n'ala eze elu-igwe. Okwesikwara ka mmadụ ndi di otua chetakwa na ọtụtụ n'ime okwu niile Kraist gwara ndi mmadụ bụ naani n'ilu.

Ụfọdụ bụkwa ndi dika akụkọ n'egosi ihe ndi ọzọ di iche. Jisọs ekwughi na ọgaranya niile ga-ala n'ọkụ mmụọ. Kama, ọbụ naani ọgaranya bụ ndi nwere ntụkwasi obi ha niile n'ime ego ha. Ka anyi tulee ụfọdụ n'ime ndi enyi Jisọs: Josef onye Aramatia bụ onye bara ụba ri nne.

Zakiyọsi, onye ọna-ụtụ bara ụba. Nwoke a nwere ezi ncheghari, wee kwue si ọ bụrụ na o nwere onye ya nara nra karia, na ya ga-akwụghachi ya okpukpu anọ. Okwenyere n'ime onwe ya na o nweghi onye omegburu emegbu n'oge ọbụ ọna-ụtụ.

Nekọdimọsi, onye isi ndi Juu, bụ onye biakutere ya n'abali iju ya ajụjụ ụzọ nzọpụta bara ụba ri nne. Akụ na ụba ya emeghi ka ọrapụ ichọ ụzọ igwe. Devidi, ezi enyi nke Chineke mere ọgaranya. Ebirihamu, nna nke okwukwe, bụrụkwa onye adabere n'obi ya n'ala eze igwe, nwere akụ ri nne.

Ụfọdụ ga-ekwu na Jisọsi nyere nwa-ogbenye ahụ tinyere naani fadini abụọ n'ihe ntinye-onyinye otito karia ndi ọzọ. Ma, nke ahụ bụ onyinye nke ya n'ihi na ọbụ ogbenye ọnụ-ntụ. Ma kedụ maka ụlọ. ọgbakọ nke nzukọ? Gini ka fadini abụọ pụrụ ime n'owuwu ụlọ ụka bụ ebe achọrọ ka ewue ụlọ gbam gbam, bụ nke ntụ oyi, na oche di mma di n'ime ya? Kedụ maka ụgwọ ọnwa onye nkụzi?

Ọbụ nani fadini abụọ ga-ezuru ya na ezi na ụlọ ya? Kama, ọ bụ mmadụ, bụ ndi kpadoro nnukwu ego, tinyekwa nke di ọkpụrụkpụ n'ihe ntinye onyinye pụrụ ikwado ezi ọlụ di otua.

Ọbụkwa mgbe ndi Israel webatara nnukwu ego na nnukwu ihe di iche iche ka Eze Solomon nwere ike tụa izu iwuru Ọbasi kere ya ụlọ. Ọbụghi fadini abụọ ka onye ọ bụla n'ime ha webatara.

Chineke achọghi ka ụmụ ya otinyere n'ime ụwa bụrụ ụmụ ogbenye. Eze Devid nwere ezi mkpughe mgbe okwuru na ya ahụbeghi nwa onye tụkwasiri Chineke obi ka ọnọ na ariọ nri.

Mgbe ụfọdụ, ọbụ nghọtahie ụfọdụ mmadụ na-eme ka ha ghọọ ogbenye. Chineke achọghi ka onye Igbo ọbụla bụrụ ogbenye ọnụ ọla. Ihe kere Igbo kpọrọ ita ahụhụ asi.

Otu nwoke na-enye nwa ya ndụmọdụ ka ọmụta ka esi alụ ọlụ:"Ilụ ọlụ ga-eme ka idi ike, nwee ume, rijuekwa afọ. Achọghim ka itaa ahụhụ n'ime ndụ gi".

"Ewo!", ka nwa ya zaghachiri nna ya. "Achọrọm ita ụmụ-ahụhụ mbge niile, n'ihi na onweghi ọkpụkpụ di n'ime ha".

Nna ya ewelie iru ya, lee ya, gbasa iru ya n'ọchi zaghachi nwa ya: *"Ighọtara ihe mkwuru, ma izataghi ya".* Chi kere Igbo achọghi ka ha n'ọdụ n'ụkọ. Nkea pụtara ihe na ngọzi niile ọ na-agọzi ndi ya ọhụrụ na-anya:

"Rio, unu ga ariota.

Chọọ, unu ga-ahụ.

Kụa, aga emeghere unu.

Onye ọ bụla nke na-ariọ ga-ariọta.

Onye na-achọ, ga-achọta.

Onye nke na-akụ ka aga emepere"

Iriọ Chi gi ụba, ọga enye gi. Ka ina-eche na-ariọ, ka mkpụrụ obi gi na-etinye uche n'ụzọ ọga-esi wee mezue nzube gi. Ihe mmadụ na-eche, ka ọbụ. Onye na-eche ihe ọma, bụ onye ọma, ihe ọma ga-agbasokwa ya.

Jisọsi tụrụ ilu banyere otu nwanyi jegidere n'ụlọ onye eze, ka okpepụta ya n'aka ndi iro ya. N'ihi igba ume, n'ewepụghi aka ije n'ụlọ onye eze ahu, n'ikpe azụ, onye eze ahu wee kpepụta ya.

Mgbe ụfọdụ, Chi mmadụ na achọ ka mmadụ kwụsi ikpe ekpere, ma mee ihe banyere ọnọdụ ya.

Onwere otu nwoke nwere nnukwu ihụ-nanya n'ebe enyi ya nwanyi nọ. Ka ọna-eche echiche ilụ nwa-agbọghọ a, ka ọtụtụ ọnwụnwa na adakwasi n'ụzọ ya. Ma, nwa-agbọghọ ahụ enweghi obi ebere na-arụ ya. Kama, ọnọgidere na-ata ya ụta, n'ime mkpagbu ya. Orue otu ụbọchi, enyi ya nwanyi wee malite ọlụ ya.

Iwe wee jupụta nwoke ahụ obi. Ọnụma ya dikwa ukwuu. Mmiri juru awọ ọnụ wee gbụkapụ. Ima ihe mere? Enyi ya nwanyi ahụ wee tụa izu tụbanye ya n'ime mkpagbu karia.

Omekwara ka onwee nsogbu ri nne n'ebe ọna-alụ ọlụ. Ka nwoke a na-enwekwaghi ike inagide ha niile, ọgbapụrụ site n'ụlọ ọlụ ya, jee obodo ọzọ wee n'ọdụ.

Ọnọrọ ebe ahụ ọnwa asaa na-ebu ọnụ n'oge ụfọdụ. N'otu ụbọchi, owee jee ụlọ ụka. Onye nkụzi nzukọ ahụ wee kwue na mgbe ụfọdụ, na Chineke na-achọ ka mmadụ kwụsi iriọ ya n'ekpere; ma, mee ihe banyere ọnọdụ ya. N'otu mgbe ahụ, anamagbara-nsogbu-ọsọ, ya ewee cheta ọnọdụ ya, nhuju anya ya, ita ụta ọnatara site n'aka enyi ya, na mgbapụ ọgbapụrụ esemokwu site n'ụlọ ọlụ.

Ka onye nkụzi kwụsiri okwu, owee bilie jekwuru ya gwa ya ka okpere ya ekpere n'ihi na o were onwe ya dika onye mmehie n'ihi ahụhụ niile dakwasiri ya. Ka onye nkụzi kpesiri, owee mee ka ha mata na ya ga-alaghachi ebe ya si bia.

Ka ọlaruru, onye isi ọlụ nabatara ya. Ọmalitekwara ọlụ ya. Tutu ọloghachi, nwa-agbọghọ ahụ apụọla. Mgbe ụbọchi ole na ole gasiri, owee degara enyi ya nwoke ahụ akwụkwọ-ozi, kọtọchaa ya dika onye nzuzu. Ma nwoke a gbachiri ya nkiti.

Onwere okorọbia ọzọ, onye Igbo. Ọmụtara nke ọma na onye na-enweghi ntachi-obi apụghi ilụ ọlụ di ike. Dike na dimkpa ahụ buru ụzọ gbasaa okwu Chineke tutu ọmalite ichọ ụzọ nke aka ya.

"Buruzọ chọta ala eze nke Chineke nke-igwe.
Ihe ndi a niile ka m
Ga-atụkwasiri gi……"

Ọlụ ya niile gbara ama na-onwere ihe Chi kere ya dotere n'ụlọ, na-akpado ya, bụ nke ọga-enye ya. Ma onwere ọnwụnwa di iche iche, na ọtụtụ nsogbu, n'ihi okwu onye nwe anyị. Emesia, owee nwee mkpebi na ya ga-agafe osimiri igụ-akwụkwọ.

Ọbụna mgbe ọna-akwado, ọnwụnwa ọzọ zutere ya. Ọtụtụ ihe nkwado ya ka ndi ori pụnariri ya. Owee lụa ọlụ njikere ugboro abụọ. Ka ọna-eme nke a, ndi enyi iru abụọ wee malite inye ya ndụmọdụ ka ọhapụzie ije obodo oyibo. Ma ọgbachiri ha niile nkiti n'ihi na ọ matara uche obi ha niile. N'ikpe azụ, okwe wee gbazue. Mgbe oge ole na ole gasiri, okpebie na okwesighi ka naani ya nọdụ.

Ọgbara mbọ mee ka ọkpara ya biakute ya. Ọzọ, omekwara ka ezi odozi-akụ ya rute obodo oyibo. Ha niile wee na-etinye akwụkwọ n'ụbụrụ. Nikpe-azụ, owee meekwa ka ọlụ nwa ya na ada ya biakute ha. Ihe ndi a niile wee ju ndi mmadụ anya. Nwoke ahụ bụ dimkpa n'ezie.

Ọbụkwa Onye Igbo amara aha ya. Ọganiru Igbo dika ọkpa agbuzu, ekote ya, ya ekote nwanne ya. Ụmụ-nwanyi n'ala Igbo bụkwa ọkpọnkụ. Nwa-agbọghọ, Onye Igbo anakpọ Chinyere Onyenucheya akpawo ike di egwu n'ime Afrika niile. Ọlụ ya mere ka onye isi ala anyi niile kpupụrụ ya okpu. Ikpa-ike ya mekwara ka ndi-isi niile nke Igbo gbakọzue.

Ntachi obi ya mere ka mba niile nke Afirika nwee ihe ikpa nganga. Nwa-agbọghọ ahụ bụ nwanyi mbụ mụtara ka esi anya ụgbọ-elu n'ụwa, n'ime Afirika niile.

Ọzọ, aghaghi icheta Maazi Diiki Ihetu, onye ana-akpọkwa Maazi Diiki Taayiga. Ọnwụ dimkpa nwoke nwụrụ bu ihe na-ewute mba Afirika niile. Omere ka ebulie Afirika elu site na iti-ọkpọ.

Ọlụ ya mere ka ndi isi ala anyi niile kpupụkwara ya okpu. Ikpa ike ya kpọkọtakwara ya ọra na eze niile nke Igbo. Ntachi obi ya bụkwa ihe inya isi nye mba Afrika niile. Gini mere na amamihe Igbo na-amuwanye n'ebe niile? Gini mekwara ka ha di iche, n'omume ha? Ọbụkwa gini mere ka okwu ọnụ onye Igbo na-egosi naani amamihe?

Ọbụ ihe na-eju ndi mmadụ anya na ndi Igbo bụ agbụrụ

eweputara dote iche. Obukwa ihe na-agba ha gharii ka Chi ha si gozie, na-agozikwa ha n'uzo niile.

Kpakpando nke Afirika ga-n'enwu enwu. Akwa ocha ga-adiwanye ocha karia. Ori ona nke edotere n'elu ugwu ga-n'enyewanye ihe nye mmadu niile. Obodo ewuru n'elu ugwu ga-anogide dika ihe atu nye mba niile. Otu nwoke amara aha ya n'ala Igbo kwuru *"mgbe mmadu na arapu inye gi ihe ina-ario ya dika aririo".* Ekwela ka nkea sogbue mkpuru obi gi; Kama, "were ya na ochoro ka inweta nke aka gi, bu ihe nke kariri nke ya".

Okwu di otu a nke Maazi Nwosu Elesi Ike kwuru bu okwu ebighi-ebi. Mmadu obula nke nwere ezi uche adighi ekwe ka *"agaghi m enye gi"* sogbue ya ma-oli. Kama, ona-ewere ya dika okwu igba ume.

Ona-eme ka obilie, dokapu ichu-nta mnweta ihe nke aka ya. Ma n'ebe onye nzuzu di, okwu nke a bu itogbo ozu nkita na-ala. N'ihi na okwenyere na ebe obula mmadu daruru ka nwa Meri kwaturu ya.

Onye obula nke na-eche na ya na eguzo mgbe ona-enweghi ezi ntukwasi obi n'ime onwe ya na eduhie onwe ya. Mgborogwu nke okwukwe na olile-anya na-amalite site na ihe okuku nke mkpuru obi, bu ntukwasi obi mmadu nwere n'ime onwe ya.

IGBO BỤ EZE.

Ghaa mkpụrụ di otua n'ime obi gi; n'ihi na ọga-eme ka mgbe ọbụla ichọpụtara akara aka gi, ka ibụrụ akwaa-ọkwuru n'ebe akara aka gi di. Itụ egwu di n'ebe idi ike di. Ma idi ike bụ inwe mmeri n'ọgụ ana-ebuso itụ egwu. Inwe mmeri bụ mnwapụta nke ntachi obi mmadụ nwere n'ime onwe ya.

Aka mgba abụọ chere mmadụ n'iru mgbe niile bụ ndia: mmadụ nke na-enweghi mkpebi nye onwe ya aghaghi ichọpụta ya onwe ya n'ọnọdụ ihe ọlụ nke akpa uche ndi ọzọ. Mmadụ di otua ka ndi ọzọ na-enwe mkpebi banyere ọganiru ya ma-ọbụ ọdida ya.

Ọzọ, ọbụrụ na mmadụ abụghi onye ana-edu edu, eleghi anya, ọ ghaghi ibụ onye na-edu ndi ọzọ. Ma otu ọdi, mmadụ na-achọ ka ndi ọzọ nwee nsọpụrụ n'ebe ọnọ na alusi ọlụ ya ike igosi na ya enweghi isụ-ngọngọ n'ime onwe ya.

Mgbe ụfọdu, ụjọ na-atụ mmadụ n'ihi ihe ndi ọzọ na-eche banyere ọganiru na ọdida ya. Otu ọdi, mmadụ aghaghi inwe nchekwube banyere ọlụ ọpụrụ ilụ.

Ọbụ naani mmadụ nke nwere ntachi obi pụrụ ilụ ọlụ di ike; bụ mmadụ nke nwere igba ume na ntụkwasi obi n'ime onwe ya. Ọganiru na esite na igba-ume. Igba-ume na amipụta idi ike.

Ihe mmadụ jiri mụa akọ bụ ihe mere ya. Ihe obodo anyi

jiri mụa akọ, bụ agha. Ọbụrụ na ihe emeghi mmadụ, ọdighi amata ihe ụfọdụ, n'ihi na ihe ụfọdụ bụ nke na-abiakute nwa mmadụ na mgberede bụ ụzọ kwesiri ka onwee amamihe nime ya.

Mgbe ụfọdụ, onye mara ihe na-ewere uche ya niile, na ike ya niile, tụgharia okpukpu-ụgbọ ụwa ọma ya, owee ghọrọ ya ngọzi di egwu dika "igirigi ndụ". Nnamdi Olebara, onye akikọ di mma n'ọnụ, bụ onye amara nke ọma n'ala Igbo.

Igbo adighi echefu ezi ọlụ ya n'oge abali, n'oge igirigi ndụ. Igbo jikerenụ, n'ihi na ọlụ chere anyi bụ ọganiru. Ogu Igbo ka, ya mere na mmeri bụ nke anyi.

Ngọzi na-adiri Igbo, n'ihi na ọ bụ onye nche nwanne ya. "Mụ na mmọghọ gba obi n'efu ma adighi m anụ okwu ha" bụ okwu jọgburu onwe ya. Igbo kwenyere na agbata obi mmadụ bụ nwanne ya.

Ihe ọjọọ gafere agafe ekwesighi ka mmadụ were ya mee uwe oyiyi mkpụrụ obi ya n'ụbọchi niile. Kama, okwu Igbo, aha Igbo, na nkwenye ndi Igbo na nzube ha kwesiri inọ ọnọdụ okwu nrọ. Onye Igbo ọ bụla n'oge abali niile.

Okokon Ndem hụrụ Igbo na-anya n'ezie. Ọbụ ọkpọnkụ. Onweghi onye Igbo ọbụla toruru ihe eji mmadụ eme n'oge agha pụrụ ichefu ọlụ ezi mmadụ a n'akụkọ mgbasa ozi.

"*Ogbu ọchu isi udele*" apụwo n'obi ndi ọwụwa anyanwụ nke Nayijiriya. Okwu ahụ bụ okwu iro n'oge ana-ebu agha n'obodo anyi. Ugbua, ihụ-nanya ewerewo ọnọdụ n'ime obi ndi obodo Nigeria niile.

Ndi-Igbo adighi echefu ọlụ Ọchi-agha Filipu Ifiọng na Eze-ọgụ Achibọng lụrụ banyere nzọpụta ha. Mmadụ ndia gosiri onwe ha dika ndi kwesiri ka Igbo tụkwasi ha obi n'ezie. Eze-ọgụ Achibọng were ndụ ya chụa aja ka agbapụta ndu ndi-Igbo niile.

Ọchi-agha Ifiọng bụkwa ọchi-agha nyere ndi ọwụwa-anyanwụ nke Nayijiriya nsọpụrụ ikpe azụ, n'oge agha ahụ biaruru na njedebe. Ọlụ ọma ezi nwoke ahụ gbara ezi-ama nye ya n'ụbọchi mbụ ojere Aba n'oge agha ahụ gwụsiri.

Ọzọ, Eze-ọgụ Chukwuma Nzeọgwu abụghi onye ana-echefu n'ihi idi ike na inye obodo anyi ezi ọnọdụ kwesiri ya. N'oge ana-ewepụ ndi ọchichi agba ochie, okwu Eze-ọgụ ahụ pụtara ihe n'omume ya.

Mgbe ọna-agba ndi-agha obodo anyi ume, banyere nzube ya, okwue si: "Obodo anyi bụ Nayijiriya nwere mmadụ karia iri nde ise; anyi aghaghi iwere nde abụọ chụa aja, ma ọbụrụ na nkea bụ ụgwọ anyi na-aghaghi ikwụ wee nye ya ọnọdụ kwesiri ya".

Mgbe agadaga nwoke ahu na Ọchi-agha Alighizanda Madiebo na akparita nkata banyere ọnọdụ ọhụrụ ahụ, okwukwara si: "Ikuku ọjọ kue, okwesiri ka onye ọbụla huda isi ya n'ala; onye ma onyinye ifufe di otua na-eweta?".

Ọnwụ napụrụ obodo anyi mmadụ ahụ wutere ndi Igbo niile. Abụ ana-abụ n'ala Igbo site n'oge ọnwụrụ rue taa na-egosi iri uju banyere ọnwụ ya:

"Ọnwụ gburu Nzeọgwu
Emesielam ike.
O mesielam ike.
Ọnwụ ahụ
Emesielam ike...".

Ọtụtụ ndi Igbo kwenyere na nwanna ya rere ya afu. Ya mere na abụ ọzọ banyere omume di otu a bụ nkea:

"Ewo, mụ na nwanne soro jee agha.
Akpiri ego, Ifeajuna ere nwanne.
Ewo, mụ na nwanne soro jee agha,
Njọkụ apụta n'ụzọ ree nwanne".

Agha alụrụ n'obodo anyi bụ ihe kwesiri ekwesi. Uru o wetara obodo anyi buru ibu ri nne. Omepewo anyi anya.

Omewokwa ka anyi nwee ihụ-nanya n'arụ ndi obodo anyi karia. Obodo anyi enwewo ọnọdụ kwesiri ya n'ihi aja achụrụ banyere mgbapụta ya. Mmụọ nke ọchi-agha Nzeọgwu bụ mmọ nke kwesiri ncheta mgbe niile. Mmụọ onye nwụrụ anwụ na-agba ya gburu-gburu ụbọchi atọ.

N'ụbọchi nke anọ, ọlakwuru onye nwe ya; ma, mmụọ ọchi-agha Nzeọgwu bụ mmụọ kwesiri ncheta mgbe nile. N'ihi na ọbụrụ na ikwafu ọbara adighi, ọbụ ihe rara ahụ igbapụta mkpụrụ obi mmadụ site n'ohu nke adighi-ike, site n'ọnya nke amaghi ihe, na site na agbụ nke ndi mba ọzọ kere, na-ekekwa, na achọkwa ike obodo anyi niile.

Mmụọ ọchi-agha Nzeọgwu bụ mmụọ nke ngbanwe; bụrụkwa mmọọ nke wetere obodo anyi ezi ọnọdụ ọnọ n'ime ya ugbua. Ugbu a agha ahụ alụwo ọlụ diri ya. Ugbu a obodo anyi ahụwo onwe ya n'anya karia.

Ugbu a obodo anyi ga-ejikere ibuso obodo ọzọ agha (ma ọbụrụ na nkea aghaghi idi ire) karia na ọga-ekwe ka ndi mba ọzọ tinye ọgba-aghara n'ime ya.

N'oge ana-adọ ndọrọ ndọrọ ọchichi n'ala anyi, n'oge onye-isi-obodo anyi, bụ Maazi Shehu Shagari nọ n'ọchichi; Maazi Atọ Nzeribe kwuru si: *"Ugbua, apụtawom"*...Ee, onye Igbo apụtawo. Obodo anyi apụtawokwa.

NTUKWASI OBI IGBO

Ntụkwasi obi bụ ndabere mmadụ nwere, ọ bụghi naani ebe ya onwe ya nọ, kama, n'ebe mmadụ ibe ya na Chi ya di. Dika akwụkwọ Chineke mere ka anyi mata na okwukwe bụ ndabere nke ihe ana-ahụ anya. Bụrụkwa mnwapụta nke ihe ana-adighi ahụ anya.

Otua ka ntụkwasi obi bụ ndabere n'ebe mmadụ ọzọ nọ; mnwapụta ndabere ahụ na-egosi na onye ahụ adabere na ya bụ mmadụ kwesiri ka atụkwasi ya obi bu.

Ndi Igbo na-atụkwasi onwe ha obi nke ukwuu. Ha kwenyere na onye kwe, Chi ya ekwe. N'ihi nkwenye ha nwere n'ime onwe ha, ha na-agbali igosi na ha bụ ihe ha kwenyere n'ezie.

Onye Igbo ọbụla nwere n'ime onwe ya ọtụtụ ihe ọga-eme bụ ndi ga-abara ya uru. Ọna-agbali ime ihe ndi a, ka ọga-abụ mgbe oge gasiri, ka onwe afọ ojuju n'ime onwe ya.

Ụfọdụ n'ime ha na abanye n'izụ ahia. Mgbe ụfọdụ, onye Igbo na-esite n'obere ego wee mụbaa ka mmanụ. Mgbe ọna-ere ahia, ọna-enwe ntụkwasi obi na ya aghaghi iwuli abọ ahia ya elu.

Ndi agbata obi ndi Igbo na-ajụ ajụjụ ọtụtụ oge banyere ọganiru ndi-Igbo na ire ahia. Ha na atụgharikwa uche na ntụkwasi obi ndi Igbo nwere n'ime onwe ha.

Ọzọ, ha na-eṅomikwa ezi omume ndi a ejiri mara ndi Igbo. Ma ajụjụ ana-ajụ bụ "Gini mere na ana-atụkwasi mmadụ obi?." "Uru gini ka ọbara, bụ itụkwasi ndi ọzọ obi?" Mmadụ okwesiri itụkwasi ndi ọzọ obi karia?".N'ezie, ndi Igbo matara na ntụkwasi obi dika ego anyi bụ naira na kobo Otu n'ime ha nwere iru abuọ.

Otu n'ime iru abuọ ndi a adighi ka ibe ya. Otua ka ọdi bụ ntụkwasi obi. Ntụkwasi obi ụfọdụ di bụ ndi bara uru. Ma ntụkwasi obi ụfọdụ dikwa bụ ndi na-eduga mmadụ n'ọnwụ. Ma otu ọdi, ndi Igbo anaghi eleda uru ha na-enweta site n'itụkwasi mmadụ ibe ha obi; tụmadụ, ndi Igbo ibe ha.

Ọtụtụ mmadụ atulewo ọtụtụ uru ndia, hụ na ha bara ụba nke ukwuu karia nsugbu ole na ole ana-enweta site n'itụkwasi ndi ọzọ obi. Uru ndi ahụ na-enye ndi Igbo obi inụ ọkụ nke ukwuu.

Ọganiru bụ otu n'ime mkpụrụ ntụkwasi obi na amipụta. Ebe enwere ntụkwasi obi ka idi n'otu na adi. Ọbụkwa site n'idi n'otu na ntụkwasi obi ka ụmụ Chineke gbara izu, wee wue ụlọ-elu toro-ogologo, bụ nke anakpọ Tawa nke Babeli, ka ọga-abụ, ọburụ na Chi-kere-ụwa ekpebie, chọọ ka ya mebie ụwa, ka ha site n'ulo-Babeli ahụ, rigokute Chineke na mbara elu-igwe.

Ọbụkwa na ntụkwasi obika ụmụ Jekọbu anyi gụrụ ihe banyere ha n'akwụkwọ ụka gbakọrọ izu wee jide ọkọ nrọ bụ Josefu tinye ya n'ime olulu. Sitekwa n'idi n'otu ka atọ n'ime otu gbakọrọ izu wee kee ihe okike. N'idi n'otu ka ndi Juu gbakọkwara izu wee kpọgide Jisọs n'obe. Ọbụkwa site n'idi n'otu ka ụmụ Izireeli kwere ka Chi kere ha nye ha iwu iri site na aka Mosisi.

N'ezie, ọ bụ idi n'otu ka eji ewuli obodo elu. Ee, idi-n'otu bụ ike. Nke ọzọ, ọ bụrụ na ntụkwasi obi adighi, nkewa na ọdida na eso ya na azụ. Ha atọ bụ ụmụ nne. Otu na-eso ibe ya. Ọbụ site n'igbarụ-asụsụ ndi-owuwu ụlọ-Babeli ahụ ka Chineke lara idi-n'otu, na ntụkwasi-obi ha n'iyi.

Ọbụkwa site na ya ka idi n'otu nke ọganiru ha biarutere na njedebe. N'oge ụmụ nne abụa ndia batara ka ọdida-ndi-owuwu ụlọ-Babeli rutere ha nso. N'oge Rubeni n'ekwenyeghi ụmụ nna ya ndi ọzọ ka ha hapụru igbu ọkọ-nrọ nwa Jekọọpụ, dika nzube ha siri di.

Ọbụkwa na-ekwenyeghi ekwenye ya mere na ha rere ya ere n'ọnọdụ ogbugbu. Sitekwa n'idi n'otu ka ha kwenyere gwa nna ha okwu ụgha na anụ ọhia dọgburu Josefu wee rie anụ ya. Ọbụkwa mgbe Chineke na-enweghi nkwenye n'aririọ nke ọkpara ya, bụ ka iko ahụ gabiga ya, ka Jisọsi kwuru si: *"Nna, ka emee uche gi".*

N'oge obi ụfọdụ ndi kpọgidere Jisọsi n'obe na-adighi n'otu ka ụfọdụ n'ime ha malitere ikwu si "n'ezie, onye a bụ ọkpara Chineke".Mgbe ụmụ Isreli, Mosisi zipụrụ iledo ala ekwere ha na nkwa bidoro inwe obi abụọ n'ime ha ka adighi n'otu biakutere ha na mgberede dika onye ori. Ka Jọshua na Kelebu nwere idi n'otu n'ime ha ka nzọpụta ụfọdụ n'ime ndi Juu rutere ha.

Ọbụ n'idi n'otu ka ndi Juu tiri opi ha mgbe ha gbasiri Mgbidi nke Jeriko gburu gburu, ugboro asaa, owee daa n'iru ha. Ọbụkwa n'idi n'otu ka obodo nta Ai meriri ha n'agha mgbe ha mehiere. N'ezie, ọ bụ naani mgbe ndi ọchichi nnukwu obodo Rom nwere adighi n'otu ka obodo ha nwere nkewa di ukwuu, tụkwasi ọdida ya.

Ọbụkwa mgbe ọgba-aghara batara ka nwa-chi ọbụbọ na

ọchi-agha mmụọ-ozi gbara okiri kiri bue agha di egwu, kwafuekwa nnukwu ọbara tutu ọchụda ya n'ụwa.

Mgbe ndi obodo anyi wepụrụ anya ha n'idi n'otu ka esemokwu na ekworo, ọnụma na ime nkewa, ọgba-aghara na ibu-agha, biakutere anyi niile na mgberede. N'ezie, adighi n'otu n'ebute ume mgwu.

Mkpụrụ ọzọ nke ntụkwasi obi na amipụta bụ ihụ-nanya. Ọbụrụ na agbaa ama mmadụ dika onye kwesiri ntụkwasi obi, ndi mmadụ na-ahụ ya n'anya. Ama agbara mmadụ na emekụta ya, ri nne...

Ihụ-nanya Igbo na amụwanye dika anyanwụ. Ọbụghi naani n'ala Igbo ka ha na ahụkọrita onwe ha n'anya; kama, ha nwekwara ihu-nanya mgbe ha nọ na mba.

Onwere otu mgbe, otu nwa akwụkwọ Igbo nwere mkpa ego. Owee kpọkọta ụmụ Igbo ndi ọzọ bụ ndi ya na ha nọ n'otu ụlọ akwụkwọ. Ha niile wee kpebie bue ibu nwanna ha ka ibu-anyighi-da-nda, wee rue mgbe onwetara ego site n'aka ndi mụrụ ya, wee kwụghachi ha niile n'otu n'otu. Ọzọ, onwere onye Igbo na-eje mba ire ahia.

Ka ọnọ n'uzọ, ndi na apụnara mmadụ ihe zutere ya, mesokwa ya mmeso ọjọọ. Ha ahapụrụghi ya ọbụna otu kobo n'ime ọtụtụ puku naira ojiri jee mba. Ka ọnọdụrụ ala, nọọ n'oke mwute, ọhụrụ ndi ugbo ala ka ha na agafe. Owee rịọ ha ka ha kwụsi.

Ka ha na-akwụsi, o were olu di nwayọọ jụa ha ajụjụ ma ha matara Onye Igbo ọ bụla n'ebe ahụ gburu gburu. Otụ n'ime ha wee tie na ya bụ Onye Igbo. Ọjụkwara ya ihe mere na ọnọdụru na mwute.

Owee lee ya naani anya, ma anya mmiri naani jupụtara ya anya. Ezi onye Igbo a wee mata n'ezie na onwere ihe mere nwanna ya. Owee si n'ụgbọ ala ahụ rigopụta. Owere nwayọọ rịọ ya ka ọkọrọ ya ihe mere. Owee mee ka ọmata na ndi aka ike pụnariri ya ego ya niile. Ezi onye Igbo a wee nwee obi ọma-iko na-arụ ya. Ọkpọkwara ya laa n'ụlọ ya. Onyekwara ya aka ri nne. Iru ọma di otua dika nke onye Sameriya ọma.

Ihụ-nanya bụ mgbọrọgwu nke ọlụ ọma niile. Iweta ihụ-nanya, iweta idi n'otụ, iweta ọganiru. Ha niile bụ enyi nke ntụkwasi obi. Ọlụ ha niile dikwa ka nke ụmụnne. Ka nke ọkpara na-apụta, ụmụnne ya na-eso ya na-azụ.

Ntụkwasi obi na-ewetere mmadụ nsọpụrụ. Ọbụkwa ya ka ndi mmadụ n'ebuli elu. Na ndi Filipayi, isi abụọ, ama-okwu nke iri abụọ na iteghete, Pọọli onye-ozi wepụtara Epafọrọdayitọs ka onye kwesiri nsọpụrụ. Ndi Tesalọniyika nke mbu, isi ise, ama-okwu iri na abụọ, rue na nke iri na atọ: Emere ka ụmụ Chineke mata mkpa ọdi bụ inye ndi ezi ndụmọdụ nsọpụrụ n'ihi ọlụ ha kwesiri ekwesi.

Ee, n'akwụkwọ Timoti nke mbụ, isi ise, ama okwu nke iri na asaa. Emere ka amata na ndi okenye bụ ndi na-ekwu okwu Chineke, bụrụkwa ndi ozizi, kwesiri ka enye ha nsọpụrụ di okpukpu abụọ. "Gee-nti n'olu ndi isi. Nyekwa ha nsọpụrụ, n'ihi na ha na-eche mkpụrụ obi gi nche, bụ mmadụ ga-enye nguzi n'iru Chineke banyere mkpụrụ obi gi".

N'akwụkwọ Hiburu isi iri na atọ, ama okwu nke asaa mere ka okwu ndia pụta ihe: Nsọpụrụ abụghi ihe di nta. Igbo adighi ewere ya emecha aka. Nwata sachaa aka, osoro eze rikọọ nri.

Onwere otu ụbọchi, otu nwoke na ọkpara ya jere ahia izuta ihe oriri n'ihi na nwunye ya mụrụ nwa ọhụrụ. Ọkpara nwoke a bụ onye enyere ezi ọzụzụ. Ọna-enyekwa ndi okenye nsọpụrụ... Ka ha na-eje n'ụzọ, ha rutere ebe ụzọ wara abaka anọ.

Ha hụkwara otu agadi nwoke n'ọdụrụ ala, ojikwa mkpanaka n'aka nri ya. Agadi nwoke ahụ enweghi onye inye, aka ma-ọli. Ụmụ ya niile nwụsiri n'oge agha. Ebere emee ọkpara onye-ije ahụ mgbe ọhụrụ agadi ahụ... Owee riọ nna ya ka ya jekuru ya, Owee kwe.

Ọhapụ nna ya, jekwuru ya. Ka orutere, okelere agadi ahụ n'olu di nwayọọ. Nwoke ahụ wee zaghachi ya. Ihe nwa-okorobia ahụ tọkwara ya ụtọ, ri nne. Owee jụa ya ihe bụ mkpa ya. Ọzaghachi na ya na-aga ahia, ma n'ihi ike-ogwụgwụ, na ya enwekwaghi-ike ibili jerue. Nwa-okorobia ahụ wee riọ ya ka ọnọdụ ala, meekwa ka ya mata ihe ọchọrọ izụ n'ahia.

Agadi ahụ wee nye ya ego, gwakwa ya ihe ọchọrọ ka ọzụtara ya. Nwa-okorobia ahụ wee laghachi, gbakwuru nna ya, gwakwa ya wee kwọpụ ọsọ. Ọgbarue ahia, zụta ihe ndi a ọsọ ọsọ, gbaghachi wee nye okenye ahụ ha niile.

Kwa oge, ọna-ejekwa n'ụlọ agadi ahụ imata mkpa ya. Ogbokwara ụfọdụ n'ime mkpa ya...mgbe ọna-alụ ọlụ ndia niile, onwere iru ọma n'ebe agadi nwoke ahụ nọ. Agadi ahu mekwara ka onwee ihe nketa ya tutu ọlakwuru ihe kere ya.

Onwekwara onye ọzọ, Onye igbo, bụ nwata nwanyi mara izu.

Ọna–ewezuga onwe ya nọnọdụ ndi na-akwa emo. Onwere ọnụ ekele. Nsọpụrụ ya n'ebe ndi-okenye nọ bụkwa ihe ụmụnna ya ji anya isi.

Orue otu ụbọchi, Ọlụchi wee jee ka ọsụọ akwa ya.

Ọmataghi na ezi ama ya eburula ya ụzọ gaa. Orute, bido sụwa akwa ya. Na mgberede, otu nwoke wee nyara ụgbọ-ala ya rute n'ọnụ mmiri ebe nwata nwanyi a nọ na-asa akwa.

Ka ọna-esite n'ime ụgbọ ala ya na-apụta, owee kele ya. Nwoke ahụ jụrụ ya ajụjụ banyere ndi mụrụ ya. Ọnọgidere n'ebe ahụ tutu Ọlụchi asacha akwa ya, wee jikere ka ọlaghachi n'ụlọ nne na nna ya. Nwoke ahụ wee buru ya n'ụgbọ ala ya rute n'ụlọ ha.

Omekwara ka ndi mụrụ nwa-agbọghọ ahụ mata na ya bụ onye dibia na elekọta ụlọ ọgwụ buru ibu. Na mmechi, omere ka ha mata na akụkọ banyere ada ha rutere ya nti. Ya mere na ya biara ka ya ghọrọ ụkpaka ahụ bụ nke chara n'elu osisi ụdara ha. Tutu ekwubie okwu ọlụlụ nwagbọgh a, onye dibia ahụ gara n'iru kwe nkwa iziga ya ụlọ akwụkwọ buru ibu ka okponye akwụkwọ n'ụburu.

Okwekwara ndi mụrụ Ọlụchi nkwa iwuru ha ụlọ ọhụrụ, zuọkwa ụmụ ha nwoke abụọ n'ụlọ akwụkwọ. Ezi omume Ọlụchi alụpụtawo nzọpụta nye, ọbụghi naani ndi mụrụ ya, kama nyekwa ụmụnne ya. Ọnwekwara nwa Igbo ọzọ, ezi nwoke, bụ onye enyere ezi ọzụzụ.

Mgbe ọpụtara n'ụlọ akwụkwọ, owee malite ilụ ọlụ. Omume ya na-atọkwa ndi ya na ha na alụkọ ọlụ ụtọ. Ihe naatọkari ha ụtọ na ndụ ya bụ na ọdighi anabata aghụghọ ma-ọli.

Otu ụbọchi, onye isi ọlụ ha wee kpebie ka ya nwaa ya ọnwụnwa. Oweputara nnukwu ego nye ya ka ojee tinye n'ụlo akụ. Owee jee, tinyekwa ha niile, ma n'atakwa akwụkwọ na-egosi na ya tinyere ego ahụ niile site n'aka onye isi ụlọ akụ, wee were ya lọghachi. Onyekwara onye isi ọlụ ha akwụkwọ ahụ.

Ọnwụnwa nke mbu ejughi nwoke ahụ afọ, o wee kpebie inwa ya ọnwụnwa ọzọ. Owee wepụta ego buru ibu karia maka ụgwọ ndi ọlụ, nye ya ha niile ka ọkwadebe maka ụgwọ ọnwa ndi ọlụ. Nwata ahụ gbaliri hakọọ ego ha niile. Burukwa ha niile kwụa ndi ọlụ. Mgbe nke a na-eme, onye isi ọlụ na-atukwasi ya obi karia. Emesia, ọlụ ọma ya buliri ya elu. Owee jee mụa akwụkwọ, ọ bụna karia nke onye isi ọlụ ahụ.

Ọbụghi naani ndi a, onwekwara nwa-ogbenye tụkwasiri Chi ya obi. Ọna-ekwu ezi okwu mgbe dum. Ma ọ bụ ihe mwute na ndi mụrụ ya hapụrụ ya oge ọdi na nwata.

Otu agadi nwoke wee kpọrọ ya zụa. Mgbe ọ na-etolite, Chi agadi nwokea wepụkwara ya n'ụwa. Ụwa nwa-ogbenye ahụ wee ju ya afọ. Orue otu ụbọchi, nwa-ogbenye ahụ wee site n'ibu ogbenye ọnụ ntụ, wee ghọọ eze ọnụ ọla.

Ima ihe mere? Eze na-achi obodo ha nyere iwu ka ndi

niile nọ n'okpuru ọchichi ya ga-ezukọta n'obi ya. Eze nyekwara iwu ka ha jegharia bọchaa ụzọ niile di gburu gburu obodo ha.

Onyekwara ha ụbọchi anọ ka ha kwadobe maka ọbụbọ ụzọ. Ụbọchi akara aka wee rue, ha niile wee biazue. Mgbe ha lusiri ọlụ, ha niile wee laa n'ụlọ ha di iche iche. Ma eze lara n'oke mnwute n'ihi na mkpanaka ya funariri ya.

Omeghi ka ndi ọ na-achi mata n'ụbọchi ahụ bụ ihe mere ya. Mkpanaka ya na-egosi ya dika onye eze. Emesia, o wee kpọọ oku ọzọ. Okwekwara nkwa si, na onye ọ bụla ga-achọta mkpanaka ahụ, ga-esite n'ụbọchi ahụ ghọọ onye-nketa akụ na ụba ya.

Ọzọ, onye ahụ ga-anọdụ n'oche eze ya mgbe ya ga-alakwuru Chi ya. N'ụbọchi abọrọ ụzọ, nwa-ogbenye ahụ hụrụ mkpanaka tụrụ agwa ka ọtọgbọrọ n'okpuru osisi.

Ọmataghi na ọbụ ihe bara uru nke ukwuu. Ma owere ya jee zote n'okpuru nkume bụ ebe ndi mmadụ kpokọtara ahihia. Ọnụkwara nkwa ahụ eze kwere. Na mgberede, n'otu ntabi anya, onwee nribe ama n'ime obi ya "eleghi anya, mkpara agwa ahụ ga-abụ nke eze na-achọ".

Mgbe nke a na-eme, ndi mmadụ na-achọghari ebe niile maka mkpanaka onye eze. Mgbe olile anya niile gwuru, eze wee nọdụ n'oke mnwute. Nwata nwoke ahụ wee bilie jee n'ụlọ onye-eze ha.

N'oge ọna-ajụ eze ajụjụ, na mbụ, eze ledara ya anya. Ma ometụrụ ya n'obi, onye ma ebe nzọpụta ga-esi bia. Owee kọrọ ya ka mkpanaka ya di. Mgbe ọkọchara, nwata nwoke ahụ wee gwa ya ka osoro ya pụa.

Ugbua, eze amakwaghi ihe ọga-eme, n'ihi na uche ya buzi: *"ihe onye gwaram kam mee"*. Owee kpọrọ eze pụa, jee n'okpuru nkume, bụ ebe odotere ya.

Ugbua, onye eze wee jua ya ka osi chọta ya. Ọkọrọ ya. N'oke obi añuri, Eze ahụ wee kulie nwata ahụ elu. Ọkụa ekwe ka ndi ya niile gbakọta. Omekwara nwa-ogbenye ahụ onye nketa ya, n'ihi na onweghi, ọbụna otu nwa nke aka ya.

Nwata nwoke ahụ wee site n'ọnọdụ ogbenye ya, wee burụ onye nketa nke ihe niile, bu nke eze nwere. Nwata nwoke ahụ nọgidesiri ike igosi onwe ya dika onye kwesiri ntụkwasi obi. Omekwaghi ihe na ebute iru mgbarụ n'etiti ya na eze. Emesia, eze wee dinarue ala, lakwuru Chi ya. Nwa-ogbenye ọnụ-ọla ahụ wee burụ eze. Ọnọgidere n'ikwesi ntụkwasi obi n'ebe ndi obodo ahụ nọ.

Chi ya rọpụtakwara ya ezi nwa agbọghọ mara mma ka

ọbụrụ nwunye ya. Chi ya gọziri ya ri nne. Onye Igbo a pụtara ihe dika ihe atụ n'ezie. Mgbe ana-ere ohu n'ala Igbo, ụfọdụ mmadụ tara ahụhụ ọkpụkpụ di n'ime ha n'ezie.

Ahụhụ mmadụ ụfodu n'ọgidere rue ugbua, bụ mmadụ ndi ebugara nnanna ochie ha n'ala ndi ọcha. Adighi agwa ochi-nti na ahia esula. Chi nwa-ogbenye ọnụ-ọla achọghi ka ọghọọ nwa-ogbenye ọnụ ntụ. Chi onye Igbo nyere ya uche ikwesi-ntụkwasi obi. Ọzụtaghi ya n'ahia, kama, ọbụ onyinye Chi nyere ya.

Onwekwara akụkọ ọzọ: Otu nwanyi na di ya so na-alọta ọso agha mgbe alụsiri agha n'obodo anyi. Nwanyi ahụ kwesiri ntụkwasi obi, bụrụkwa nwanyi mma zuru ahụ. Ọna-atụkwa egwu Chineke. Ihe ya na-atọkwa ndi ezi na ụlọ ebe di ya ụtọ.

Mgbe ya na di ya so na-alọta ọsọ, ndi agha obodo anyi jidere ha. Ha kpebiri na ha ga-egbu di ya n'ihi na ha chọpụtara mkpụrụ ọgwụ n'ime ibu ya. Ha kwenyekwara na nwokea bụ onye dibia ndi agha, bụ ndi emeriri emeri. Nwoke ahu wee bekue Chi ya.

Ka nwunye ya hụrụ na onye-isi ndi-agha ahụ ekpebiwo ka agbagbue di ya, owee makụa ya, riọ ya ka ọhapụ di ya ndụ. Onye-isi ha wee mere nwanyi ahụ ebere.

Ọhapụghi di ya n'oge ahu ọnọ n'ọnụ ọnwụ; kama,

ọnọgidere, wee zọpụta ya site na mkpụrụ-mgbọ nke ndi-agha. Nzọpụta ozọpụtara di ya wepụtara ya ihe dika nwanyi kwesiri ntụkwasi obi, n'ezie. Ọghọwo, dika akwụkwọ nsọ si kwue "Onye kwesiri ntụkwasi obi rue ọnwụ".

Ugbua, ezi nwanyi ahụ amụtarawo di ya agadaga ụmụ mara mma. Di ya bụkwa dimkpa n'ebe amamihe na akụ na ụba di. Ndi obodo ya n'ekpupụkwara ya okpu n'ihi akọ na uche ya. Igbo n'atụkwasi onwe ha obi n'ihi na ọ na-eweta ọganiru. Ọna-eweta ihụnanya.

Ọna-eweta udo. Ọna-eweta idi n'otu, n'ihi na idi n'otu bụ ike. Ọna-enye mmadụ nsọpụru. Ọna-ewuli aha mmadụ elu.

Ikwesi ntụkwasi obi di mma ri nne. Mmadụ nke Chineke kere kwesiri iwepụta onwe ya dika onye kwesiri ntụkwasi obi. Ntụkwasi obi n'ọlụ, ntụkwasi obi n'ebe ndi enyi ya nọ, ntụkwasi-obi n'ikpere Chineke, ntụkwasi-obi n'ihụ mmadụ ibe ya n'anya, ntụkwasi-obi n'idote okwu nzuzo, ntụkwasi-obi n'imeru ihe n'oke, na ntụkwasi-obi n'ihe niile.

Onweghi mma agha, onweghi egbe agha, onweghi ike ma-olụ idi-ike ọbụla nke pụrụ imeri mkpanaka nkea, bụ ikwesi ntụkwasi-obi.

Igbo mara onwe ha. Ya mere na onye Igbo ọbụla na-egosi onwe ya dika onye kwesiri ka atụkwasi ya obi. Ikwesi ntụkwasi obi onye Igbo ọbụla apụtaghi na onweghi ihe ikpa nganga n'ime onwe ya.

Ọpụtakwaghi na ọna-afuli onwe ya elu. Kama, ọbụ onye nwere obi rijuru afọ n'ihi ọnọdụ Chi ya nyere ya. Mgbe ụfọdụ, ndi mmadụ na-aghọtahie ndi Igbo dika ndi mpako, n'ihi ikpa-nganga ha n'ebe ikwesi ntụkwasi-obi ha di. Ma n'ezie, kpakpando nke Afirika nwere ụdọ jikọrọ ya na Chi ya. Onyinye di iche-iche ka Chi ya nyekwara ya; ya mere na ikpa nganga, na ikwesi ntụkwasi obi bụ ụfọdụ n'ime ha.

Igbo bụ eze n'ezie. Ee, onye nwem, Onye Igbo ọ bụla bụ onye Chi ya rọpụtara ka ọ bụrụ oriọna nye mba niile nke Afrika. Onye Igbo ọbụla nke chọpụtara akara aka ya kwenyere n'ezie na ya bụ eze n'ezie.

Chineke kere mmadụ chọọ ya mma, ma okwesiri ka mmadụ Chineke kere nwee ntụkwasi obi n'ebe ihe kere ya di? Okwesikwara ka mmadụ nwee mkwado na ihe inya-isi n'ebe onye bi n'igwe di? Ka okwesiri ka ha tụkwasi naani onwe ha obi site n'ụbọchi rue n'ụbọchi, ụbọchi niile nke ndụ ha?

Ajụjụ ndia ka ndi mmadu na ajụrita onwe ha ri nne, tụmadụ ndi bi n'ọdida anyanwụ nke ụwa. Ma ndi Igbo matara ọziza okwu ndia niile site na nwata. Ha na-ezipụtakwa amamihe ha ka ndi ọzọ nwee ihe nketa site n'ime ha.

Mgwere rapụ ukwu-osisi, nwa-ologbo ewere ya mee ọnụ mụri mụri. Otu mgbe, nwa Igbo n'akụzi ihe n'otu ụlọ-ụka di n'obodo Amerika. Owee kọwaa ọnọdụ di n'etiti mmadụ, ekwensu, na Chineke. Owere mmadụ mee ihe-atụ dika mgwere; were ekwensu dika nwa-ologbo; wee werekwa Chineke dika ukwu nke oke-osisi.

Owee kọọwa na tutu mgwere agọọ nwa-ologbo mmụọ, na ihe-izizi mgwere ahụ ga-eme bụ inọ nso n'ebe ukwu oke-osisi, dika ọji di; ka ọga-abụ, ọchụba ya, ka onwee ike igbanari ya site n'irigo n'elu osisi ahụ. Otua ka ọdi.

Mmadụ adighi ike dika mgwere n'ebe ekwensu dika nwologbo di. Mmadụ na-ebuso ekwensu agha mgbe ọbụla owere Chineke dika ihe ndabere ya. Mgbe okwusiri okwu ndi ahụ, ọtụtụ ndi ụka ahụ wee kwue n'ezie na okwu di otu ahụ bụ egbe isi, adighi awa ya awa.

Nwa ọkụkọ rapụ nku nne ya n'oge mmiri na-ezo, ikuku eburu ya. Agbọghọ torue ilụ di, rapụ di chọwa ọkụ elu, ọkụ-elu kwọpụ ụgbọ, ọgbọ ya ahapụ ya kwọpụkwa ụgbọ nke ha.

Ọbụ ehihie ka mmadụ ji achọ ewu di ojii. Ọchọrọ ụdara na-achọta ya n'ukwu osisi ya, ọbụghi n'ụkpaka. Ọchọ mma adighi arapụ ezi na ụlọ ya jee biri n'elu.

Ọgba-ọsọ adighi agbanwere nku nnụnụ, kama, ọbụ ụkwụ ya ka oji eme ihe. Ọnọ ma-ọbụ ụna rapụ ebe akọrọ ya, ọtaa akụ. Ihe ọbụla nwere usoro okike ya dika Chi ya si chọọ. Ụkpụrụ ọbụla arọpụtara kwesiri ka ndi ya niile rubere ya isi.

Mgbe ọbụla otu n'ime ha dahiere ụzọ, ọbụrụzie na ihe emebiwo. Ọkụkọ mara izu adighi arapụ ụmụ ọ bụrụ ọhụrụ wee bere n'elu. Omee otu ahụ, ọbụrụ na ala arụọla...Mgbe ụmụ Israel nọ n'ọzara, Chineke gwara ha ka ha legide agwọ ahụ nke Maazi Mosisi kpụrụ bụ nke oweliri-elu anya.

Naani mgbe ụfọdụ n'ime ha wepụrụ anya site na ya ka ha bidoro nwee ihe mkpagbu... Agwọ ahụ diri ha ka ihe-ndozi. Ee, okwu Chineke bụ ezi-okwu. Ọbụkwa ya ka ha legidere anya maka nzọpụta. Ndi lepụrụ ya anya n'atara ọnwụ dika ụgwọ ọlụ. Ọbụkwa naani ndi rubere isi lụpụtara nzọpụta nke onwe ha. Otua ka ọdi n'etiti mmadụ na Chi kere ya.

Okwesighi ka mmadụ tụkwasi naani onwe ya obi. Okwesiri ka mgbọrọgwụ ya nwee ezi ntọ ala na nkụme ahụ bụ Chi okike. Ihe kere ya agaghi arapụkwa ya ma-ọli. Ọbụ ezie na mgbe ụfọdụ na mmadụ na-ajụ ajụjụ si, ọbụ ezie na Chi kere m hụrụ m n'anya?

Ọbụrụ na ọkpọghi m asi, gini mere na ọnọdụ m di njọ karia, ọbụna mgbe m na-agba mbọ ka m fee ya? Ọbụ ezie na ihe kere mmadụ kpọrọ ndi n'efe ya ofufe asi ma hụ ndi na-agbakute ya azụ n'anya?

Ọbụrụ na ọdi otu ahụ, ọbụ ezie na Ọbasi di n'igwe adighi ele mmadụ anya n'iru? Ọbụrụ na ọdighi ele, gini mere na ụmụ ya, bụ ndi na-efe ya ezi ofufe na-ahuju anya karia? Chineke ọna-enwe obi ụtọ mgbe ọ na-ahụ ka ụmụ ya na-ahụsi anya?

Chineke, ọkpọrọ akụ na ụba asi, wee na-ewere ha na-ezipụrụ ndi mmadụ bụ ndi n'adighi akpọrọ ya isi ala ma-ọli? Olee ụdi añụri Chi kere mmadụ na-enwe n'oge ihe okike ya na-ata ahụhụ, tụmadụ n'inwa ike ya ka ofee ya ofufe?

Ọbụ ezie na Chi-okike kpọrọ ha ụgwọ?Ọbụrụ na onwere nkwa di ụtọ, bụ nke ọkwadoro maka ndi na-efe ya ofufe, olee mgbe ọga-abụ? Ọga-emezu nkwa ya? Ọgaghi adi ka ofufe Mosisi fere ya site n'ala Ijipt wee rute nso ala nkwa ma Chineke wee gosi ya naani obodo ahụ n'ekweghi ka ọbanye n'ime ya?

Ọgaghi adi mma ka mmadụ nupụ isi dika Jona, gbaso Chineke mgba dika Jekọb karia na orubere ya isi n'ihe niile wee bụrụ onye ajụrụ ajụ n'oge ụgwọ ọlụ dika Mosis? Ọga-abụ na ntụkwasi obi Mosisi eruteghi dika ihe kere ya siri chọọ? Ọburu otua, gini mere na ọrọpụtara ya site n'ọnụ mmiri ada fero wee mee ka ofee ya ofufe naani ma rapụ ya n'oge izu ike site n'ije ozi ya niile? Onwere otu nwoke, nwoke a nwere akụ ri nne. Otu ụbọchi ọnọdụrụ ala, ya na ndi-enyi ya. Owee kọrọ ha ụfọdụ n'ime akụkọ ndụ ya. Omekwara ka ha mata na ya bidoro site na nwata na-ekpere Chineke.

Onwekwara otu ihe di ya mkpa karia. Mkpa di otua achọghi "amara m ezuworo gi" dika ọziza. Ọnọgidere n'iriọ ihe kere mmadụ, ma ọzaghi ya ma-ọli. Owee kpebie na ya ga-ariọ onye-iro nke Chineke. Dika akụkọ ahụ si kwue, nwoke ahụ n'atara ọziza ya ọsọsọ.

Onye-iro nke Chineke gbokwara mkpa ya. Owee kpebie na ya ga-efe enyi ọhụrụ ahụ ofufe n'ihi na uru mmadu na-enweta site n'inwe enyi bụ ntụkwasi-obi na enyi igborita mkpa enyi ya. Ọrapụkwara Chineke wee gbakutekwa ya azụ.

Onwekwara otu nwanyi arụsi ndi ebe nne ya na-enye nsogbu. Agbọghọbia ahụ nwere ezi ntụkwasi obi na Chineke. Ọtụtụ mgbe, ọriọrọ Chineke ka onyere ya aka chụpụ ekwensu. Ojegidere ụka, riọ Chi kere ya ọtụtụ aririọ, ma Chi kere ya azaghi ya. Arụsi ahụ nyegidere, ọbụghi naani ya nsogbu n'ebe di ya. Kama, obidokwara inye ụmụ ya mkpagbu. N'ihi na mmadụ n'atụkari egwu ihe n'ọmataghi, egwu ọnwụ atụwa ya. Onweghikwa onye n'esitewo n'ọnwụ bilie kọrọ ya ka ala mmụọ di. Naani ihe nwanyi ahụ matara banyere ọnwụ bụ ihe ọgụtara n'akwụkwọ-nsọ. Egwu ọnwụ tụkwara ya ri nne.

Kwa ụbọchi, arụsi ahụ ana-eme ya ihe ụjọ di iche iche. Ọnaghi ekwe ya ńụa mmiri dote iko. Oyi-egwu na-eme ka arụ mmadụ maa jijiji. Ọkpara ihe kere mmadụ suturu itụ egwu ọnụ tutu odetụ ọnwụ ire.

Nwanyi ahụ wee kpebie si "kama isi bie mgwere" na ọka mma ka ọdụdụ kwopụ ya. Ojekwara lụa ụlọ arụsi, bido fewa ya ofufe dika Chi. N'oge di otua, ụmụ mmadụ na-ajụ si "Chineke ijere mba, rapụ ụmụ gi ka ha daba n'aka onye iro gi?". "Ina-araru ụra, ka-ọ bụ na iwezugara ihe-okike gi ka ọbụrụ onye ọlụ nke eze ụwa?". Ọbụrụ na ihe di otu a bụ uche gi, gini mere na ichụdara ekwensu site n'igwe ka ọnọgide mmadụ ikere n'oyiyi gi n'emekpakwa ha arụ?

Ọbụrụ na ọdi otu a, omume di otu a ọ na-egosi ihụ-nanya site n'onye okike nke ụwa na igwe? Ajụjụ ndi ahụ bụ ihe-omimi nke ihe kere mmadụ ga-eme ka ha mata n'oge ikpe azụ.

Ọnụma na-eju ụmụ mmadụ obi mgbe onye ha tụkwasiri obi na-adighi eguzosi ike. Ndi Igbo adighi achọ ihe n'ebute iru mgbarụ n'ọlụ ha niile. Ha chọkwara ka mgbe ha na-atụkwasi mmadụ ibe ha obi, ka Chi ha ghara igabiga ha.

Emerụla onye Igbo iru. Igbo achọkwaghi mkpari. N'ihi na ahihia di iche iche juputara n'ọhia tupu ahọọ nhuhọ wee họrọ ụkazi. Eze akwụkwọ nri adighi elukwa ilu n'ofe, n'ihi na okporoko na egusi chọrọ ụkazi. Emekwala ka onye Igbo sụa ude mgbe ọtukwasiri gi obi.

Ekwekwala ka mkpụrụ obi ya si: "Mmakwara" mgbe onwere nchekube n'ebe inọ. Gosi onwe gi onye kwesiri ntụkwasi obi mgbe niile, iga-abụkwa enyi onye Juu nke Afirika rue ọnwụ.

6

NGANGA IGBO

N'obodo ndi-ọcha, ọtụtụ mmadụ na-ajụ onye na-afụli onwe ya elu ajụjụ si: *'Gi onye na-afuli onwe ya elu karia ndi ọzọ, ibu anụ-ufe ana-akpọ toro-toro?'* Toro-toro bụ nnụnụ na-afụli onwe ya elu karia anụ-ufe niile, n'ihi na abụba-ọdụdụ ya mara-mma nke ukwu.

Ndi-Igbo kwenyere na *'nkụ di na mba na-eghere mba ji'*. N'ezie, omume ndi-Igbo di iche site n'omume ndi-ọcha. Ndi-Igbo adighi arapụ ome-na-ala ha wee malite ime ome-na-elu nke ndi mba ọzọ. Imee ihe di otua bụ ihe-arụ n'ebe ome-na-ala ndi-Igbo niile di. Igba-nkewa n'ọlụlụ di-na-nwunye bụ ihe-arụ n'ebe ome-na-ala ndi-Igbo di. N'ezie, omume di otua na-agba mgba megide inya-isi na ikpa-nganga ndi-Igbo niile.

Ọbụrụ na igba-nkewa n'ọlụlụ di-na-nwunye bụ naani ozi-ọma si n'obodo ndi-ọcha bia, n'ezie, ndi-Igbo ga-ebili kwue ka *'onye jide nke oji'*; n'ihi na nke Chi nyere Igbo ka mma.

Ọbụ ihe na-eju ọtụtụ mmadụ anya, tụmadụ ndi na-asụ asụsụ ọzọ di iche iche, ka ndi-Igbo si wepụta onwe ha, guzo iche, dika ori-ọna amụnyere dote n'elu ugwu. Ọbụghi naani na ọna-agbagwoju ndi asụsụ ndi-ọzọ bi ndi-Igbo gburu-gburu; kama, ọna-agbakwa ndi ọbia gharii ka ndi-Igbo siri dote onwe ha, ọbụghi naani n'ọlụ aka ha, kama, n'omume ha na nleta ha na-eleta ndi ọzọ, tụkwasi na ikwu okwu ha, ije-ozi ha, na n'ihụ-nanya ha.

Ndi-Igbo bụ ndi nganga, site na nwata, rue okorọbia, rue-kwa na-agadi ha. Ụmụ-okorọbia na ụmụ-agbọghọbia, n'ala Igbo, na-agba mbọ ime ka ibe ha mere. Dika ihe ima atụ, ọbụrụ na okorọbia hụrụ na onye ụka ya zụrụ ụgbọ ala, ọga-agba mbọ ihụ na ya mere ka ibe ya mere. Ugbua, echiche abanye ya n'ime obi---otu ọga-esi nweta ego, zụa ụgbọ-ala nke ya. Mgbe niile, ọna-achọ ka ya di ka ibe ya.

Ọga-ewute ya karia, ma-ọbụrụ na omeghi ka ibe ya. N'ụzọ di otua ka ọtụtụ ndi Igbo jiri bulite ọnọdụ ha site na ọnọdụ ibu ogbenye ọnụ ntụ, wee bụrụ ọgaranya ọnụ ọla.

Ọbụghi naani n'ụzọ ima aka-ụba ka ndi Igbo na-egosi inya isi na ikpa nganga ha; kama, ha na-egosikwa omume ndi a n'ụlọ akwụkwọ ebe ụmụ Igbo na etinye akwụkwọ n'ụbụrụ.

Ọtụtụ ụmụ akwụkwọ na-agba mbọ ri nne ime ka ha

gbata onye mbụ n'ule n'ụlọ akwụkwọ ha. Nkea na-eme ka mgbe ha lesiri ule, na ọtụtụ n'ime ha na-agba onye mbụ n'ule ha. Omume di otu a na-eme ka ọtụtụ ụmụ akwụkwọ kpaa ike di egwu n'ule ha niile. Nke kasi bụ na ụmụ Igbo ndi a mere nke ọma karia ibe ha na-enwe ihe inya isi banyere amamihe n'ọgụgụ akwụkwọ ha.

Ọtụtụ n'ime ụmụ akwụkwọ ndi a na-ajụ ibe ha si "Igbakwara onye mbụ", n'ime ụlọ akwụkwọ gi? Ọbụrụ na onye ajụrụ ajụjụ ahụ emeghi nke ọma n'ule ụlọ akwụkwọ ya, ihere ga-eme ya. Ya mere, mgbe ụfọdụ ọbụrụ na ajụa mmadụ ajụjụ a ọzaa si; mba,wee kọwaa ihe mere na ya emeghi nke ọma. Mgbe ụfọdụ ụmụ akwụkwọ ụfọdụ na-ekpuchi ọnọdụ ha n'ime ụlọ-akwụkwọ, wee zaa si: Ee, na ha gbatara ọnọdụ di mma (Ọbụ ezie na ha agbataghi ezi ọnọdụ, ma-ọli).

Ọzọ, ọtụtụ ndi Igbo bụ ndi na-alụ ọlụ oyibo, tụmadụ, ndi na-esite n'ime obodo jee ọlụ n'ime obodo ukwuu na-enwe ihe ikpa nganga ri nne.

Ọtụtụ n'ime ha na akpado ụgwọ ọnwa ha, were ha wue ụlọ ma-ọbụ lụa nwanyi. Ụfọdụ na-ewere nke ha zụa igwe ọgbụgba dika igwe ọgba-tim-tim. Onye ọbụla na-eme ka aka ruru ya.

Mgbe ha na-eme otua, ọbụrụ na otu onye n'ime ha

emeghi ka ibe ya mere, ihere amalite mewe ya. Ọga-enwe mwute n'ime onwe ya. Ọnọdụ ya aghaghi idi ka ụgbọghọrọ ahapụrụ n'ahia. Ndi na eme nke ọma na-amalite ituli mma ha elu, na awụghari n'ikpa nganga n'ebe ibe ha bụ ndi mere ka ha mere nọ.

Ikpa-nganga nwere ọnọdụ n'ebe ndi na-achi achi n'ala Igbo nọ. Nkea pụtara ihe n'aha echichi ndi-eze na-enwe. Ụfọdụ n'aza Enyi 1, agụ, enyi na ọbia mgwo. Aha ndia na-egosi ọkọlọtọ ndi eze nwere. Ọtụtụ aha ndi ọzọ dikwa, bụ ndi na-ebuli mmadụ elu.

Ndi Igbo bụ ndi amatara nke ọma n'ebe igwuri egwu di. Ọtụtụ n'ime ha na-agba bọọli; ụfọdụ nwere aka-mgba; ụfọdụ ma ka esi eti-egwu, ndi-ọzọ ana-ete ya; ụfọdụ huru mgwuri-egwu di iche iche na-anya...

Mgbe ndi na-agba egwu zukọrọ, ndi bụ ekwu-eme n'ime ha na-enwe ihe ikpa nganga karia n'ebe igwuri egwu di otua di. Ụfọdụ n'ime ha na-anya isi. Ụmụ Igbo, tụmadụ, ndi na-etolite etolite na-enye onwe ha aha di iche iche eji mara ndi bụ dimkpa n'ebe igba bọọli di. Pele, Ọkala, bụ ụfọdụ n'ime ha.

Ọra mmadụ na-enwe obi añụri ije na mbara-ama, bụ ebe ana-agba bọọli. N'ebe ụfọdụ ha na-akwụ ụgwọ tutu ha abanye igbara anya ha kirisimasi n'ebe ana-agba ya. Ha na-emefu nnukwu ego iji kwado mgwuri egwu di otua.

Ha na-enwe obi añuri ri nne mgbe otu n'ime ndi na-agba bọọli ndi a gbanyere bọọli n'oghere nche. Ndi otu abụọ na ezukọ maka ọgbụgba bọọli. Ha abụọ ga agbalisi ike ha ichọ imeri ibe ya. Otu nke gbanyere bọọli, n'ohere-nche nke ọzọ karia ibe ya na-anata okpu-eze bụ mmeri.

Ọtụtụ n'ime ihe ụfọdụ ana-enye ha bụ ọtụtụ ina-aka, oriri na ọñụñụ, mbuli elu, ego, na okpokpo aha. N'oge ana-agba bọọli, onye ọbụla nke gbanyere n'oghere nche nke ndi ọzọ na-enwe ikpa-nganga n'ihi na nkea na-egosi ime nke ọma karia.

Ala Igbo bụ ebe kwesiri ka mmadụ n'ọdụ kpaa nganga. Ọtụtụ ama- mgwuri egwu dika ndi a jupụtara n'ime ya: mbara ite-egwu, ebe ana-agba bọọli, ụlọ oriri na ọñụñụ. Ụlọ ichọ mma, ụlọ okomoko-bụ ebe ana-emepụta, na erekwa ihe ikpa-nganga, dika uwe di oke ọnụ ahia, di ọtụtụ n'ala Igbo. Enwekwara ọtụtụ ụlọ ahia bụ ebe ana-ere naani ihe ikpa nganga bụ akpụkpọ ụkwụ, igwe na-egosi onyonyoo mmadụ, nke ana-akpọ television, ma ọtụtụ ụlọ ahia ebe ana ere igwe na ekwu okwu bụ redio.

Ọtụtụ ndi-Igbo na-eje obodo di anya zụta ụgbọ ala mara mma nke ukwuu were ha kpaa nganga...Site n'ụzọ di otu a ka ha si na-achọpụta, na egbupekwa ụzọ nye, ọbụghi naani ihe ikpa

–nganga nke aka ha, kama, ha na-esite n'ụzọ di otu a mepee ụzọ ahia maka nlụpụta ọma ndi si n'obodo ndi ọzọ di iche iche.

Ndi Igbo, mba matara ka esi akpa nganga, ndi bụ akwaa, ọkwụrụ; ndi nwere ezi uche, mkpụrụ nke amamihe; ndi asụsụ ha bụ ihe agọziri agọzi, ndi aha ha di mma karia aha niile enyere ihe ekere eke n'okpuru anyanwu. Ka ọghara ibu, ihe mgbagwuju anya ka ndi Igbo si bụrụ ndi na-akpa nganga karia.

Ka ọghara ime ka ndi ọzọ na-asụ ngọngọ gaa n'iru n'ihi ọlụ Igbo. Ka ọghara ibu ihe ima n'ọnya nye ndi ọzọ n'ihi na ọlụ ndi Igbo na agba ama nye ikpa nganga ha. Igbo na-enwe obi ụtọ na ha bụ akwaa, eguzo n'ụzọ ikpa nganga. Igbo di ụtọ.

Igbo bụ nganga. Igbo bụ dike. Chi kere Igbo agbawaghi ha aka. Ya mere, dika ndi Juu nke Afirika, ndi Igbo na-agba mbọ ka ndi ọzọ ńomie ikpa nganga ha.

Ọtụtụ mmadụ siri obodo ndi ọzọ biarute n'obodo anyi bụ Nigeria na ekwu si "ndi Igbo bụ ndi oke amamihe". Ee, Igbo bụ ụlọ ọcha ewuru n'elu ugwu. Ee, ọbụrụ na Chi okike akpachaghi anya rọpụta ha n'ezie, onweghi mgbe agara enwe onye ndu nke Afirika dika Nnamdi Azikiwe. Ọzọ ọbụrụ na Chi Igbo amaghi ihe ọlụrụ, ọchi-agha bụ Aguiyi Ironsi agaghi enweri ike chiri ndi-agha nke Afirika wee kwusi ọgba aghara ahụ bụ nke dapụtara nobodo Kongo n'oge gara aga.

IGBO BỤ EZE.

Tulee nlọta nke Ọchi-agha Emeka Ọdụmegwu Ojukwu, bụ nke mere ka ụwa niile mee nkpọtụ; ya mere na ndi ode-akwụkwọ na ndi-mgbasa-ozi nke mba niile nke ụwa gbakọtara n'ụbọchi ahụ akara aka, ka ọzaa ajụjụ ha. Ọbụghi n'efu ka ọlụ Onye-Igbo na-ebu oriọna mgbe niile.

Eze Ọnụnaka Mbakwe kpara ọtụtụ ike mgbe ọbanyere n'ọchichi. Ọlụ ya ka anụrụ n'ụwa niile, ka ndi ya na ha soro chia ọchichi gbakọta, nyekwa aka n'ihi aka-mgba ibuba mmiri chere Igbo n'iru na ndi Egoro n'obodo Enyimba. Kedụ ndi aga ekwu? Kedụ ndi aga ahapụ?

Chi ndi-Igbo adighi arado ha ụra. Chi ha adighi arapụ ha. Ebe ọbụla Onye-Igbo nọ, mgbanwe na-adi. Obodo ọbụla ojere, ndi nwe ala na-ajụpụta ya ebe osi bia. Onye na-eche na nkea abụghi ezi okwu, ya gbaa mbọ hapụ obodo anyi bụ Nayijiria, jeekwa obodo ọzọ.

Ndi Igbo na-anya isi n'ikpa nganga ha. Nke a na-apụta ihe n'aha ha na-enye ụmụ ha: Nwanganga, Oyo-oyo, Ọbiarageri, Ugochukwu, Adaọma, Ekeọma, na ọtụtụ aha ndi ọzọ di iche iche na-egosi ikpa nganga ha. Ụfọdụ n'ime ha na-ewere ichi echichi ha akpa nganga.

Ndi Ọnisha na ọtụtụ obodo ndi ọzọ gbara ha gburu gburu na echi ọzọ, lọlọ nta na lọlọ ukwu. Ụfọdụ mmadụ adighi echi echichi di elu, ndi di otu a ma ọbụrụ na ha abụghi aka ji-akụ. Ntapia na mkwari ana-enwe mgbe oriakụ n'ala Igbo na echi lọlọ abụghi ihe nta.

Echichi di otu a abụghi ihe onye n'onweghi ka ọha ya na-agbaga wee chie. Ọbụ mmadụ ole na ole n'echi ọzọ n'oge mbu. Onye chiri echichi di otu a bụ onye ana-enye nsọpụrụ di iche n'oge ana-eme omume.

Ndi mmadụ na enyekwa ha nsọpụrụ n'ihi na adighi eji ha emecha aka. Ndi chiri ọzọ na-enwe nkwanye ugwu na nganga enyere ezi ọnọdụ n'ebe ndi n'echighi echichi di otua nọ.

Ndi n'enweghi ka ọra ha adighi etinye ire n'okwu nke ndi chiri ọzọ na-ekwu. Kama, ha na-asọpụrụ ha dika ndi amara aha ha. Ee, ọzọ, n'ezie, onye n'ekwu na Igbo abụghi nganga tụgharia akpa akọ na uche ya, legharikwa anya, hụ, kwenye n'ezie na ndi Igbo kwesiri aha enyere ha.

Dika akwụkwọ-nsọ kwuru na nwa ọdụdụ Jesi bụ Devidi buru ri nwata na-akpa nganga. Ikpa nganga ya nwere-ri ebe ndabere isi, bụ Chineke nke ndi Juu; bụ Chi kwadoro ya ka ogbue anụ-ndọgbu, bụ nke chọrọ ipụnara ya ụfọdụ n'ime atụrụ nna ya bụ Jesi n'ime ọzara, bụrụkwa Chi ahụ nke gbara ya ume mgbe oguzogidere ọchi-agha ndi Filisitini, bụ Golayati, n'ọgbọ agha.

Nezie, Chi ahụ bụ nke zọpụtara ya n'aka Eze Sọọli. N'ikpe-azụ, Chi ya wee mee ya ka ọ bụrụ Eze nke amara aha ya n'ala ndi Juu niile. N'otu aka ahụ, Onye Igbo ọbụla nwere ihe nkwado ya n'ebe Chineke di. Ọtụkwasiri ihe kere mmadụ na anụmanụ obi.

Ndi n'ekwu na ndi Igbo si n'agbụrụ ndi Juu pụta ekwughi okwu a n'efu, n'ihi na Chi onye Igbo na-edu ya dika oduru nwa ọkpa nganga a bụ Devid.

Ebe onye Igbo tụkwasiri Chi ya obi, egwu ma-ọbụ ụjọ adighi atụ ya n'ọlụ ọma ọbụla ọ na alụ. Ọmatara na mgbe Chi kere mmadụ gosiri ya ji n'ime ubi, nyekwa ya mma, na ọbụ ọlụ diri ya onwe ya bụ mmadụ iwere mma ya jee n'ime ọhia wee gburu osisi, pia mbazu eji egwu ji.

Onye Igbo adighi afanye aka ya abụọ n'ụkwụ wee n'ebeku Chi ya ka ọtụdara ya mana na kweel dika ọtụdara n'ọzara. Kama, igba ume na arụ idi ike ka ọna-ariọ n'aka ihe kere ụwa.

Ime ọgaranya n'ala Igbo bụ mnwapụta nke ọlụ idi ike n'ọlụ ha. Nlụpụta ha na-enye ha igba ume pụrụ iche na mmụọ ikpa nganga n'ebe ọganiru ha di.

Igbo na-enwe mmụọ nganga n'ebe nlụpụta ha di, n'ebe

onyinye ha na-enye ndi ọzọ, karia mgbe ha na-anabata onyinye n'aka ndi ọzọ. Ha na-enwe afọ ojuju mgbe ha na ezipụ onyinye ha dika aja achụrụ nye mgberede. Ha adighi ekwenye na onyinye mmadụ na-enye ndi ọzọ bụ ihe mmadụ kwesiri inya isi n'ime ya, n'ihi na onyinye niile si n'aka onye Okike bia.

Nganga Igbo di ụtọ. Omume ha na-agụ anya agụụ. Ndi ha ka ndi ọbia na achọ ka ha ńomie. Ibi obi ha bụ udo. Ha adighi eji okwu na ụka akpa nganga; onye-Igbo abụghi iti-bọribọ.

Ejighikwa nganga ya emecha aka. Ọbụrụ na ori-ọna nọ n'elu ugwu enyeghi ihe gburu gburu, ọbụ ahihia na obere osisi toro n'ala ugwu ahụ ga enye? Ebe ọdi otua, bụ onyinye Chi nyere Igbo, Igbo di nganga; Igbo bụ ọkpa nganga; n'ihi nkea, ụmụ-igbo, unu kpara-mooo. N'ihi na ahihia niile jupụtara n'ọhia, ahoọ nhụhọ wee họrọ ụkazi.

Ndi Eze Igbo, bụ ndi amara aha ha n'agbụrụ arọpụtara dika ọgbọ di iche. Ọgbọ di ụtọ. Bụrụkwa agbụrụ nke Chi ha mụ anya, bụ ndi ana eńomi n'ezie.

Ndi Eze Igbo abụghi ndi eji eti epele. Ejighi ha emecha aka. Ha bụ ọkaa, omee. Ha bụ odogwu. Ha bụ ọkụ na agba ọzara. Ha bụ enyo eji ahụ ụzọ. Ha bụ nnu eji eme ka ihe oriri di ụtọ. N'ezie, ha dika mkpanaka Mosis bụ nke ojiri due ụmụ Juu gafee osimiri uhie.

Ndi Igbo bụ ndi arọpụtara. Chi ha chọrọ ka ha di iche, di elu, di mma, di ọcha, kwụrụ chim mgbe niile. Onye okike chọrọ ha mma dika nwanyi na apụta n'ọmụgwọ.

Idi mma ha di elụ karia nke nwa agbọghọ arụ na akwọ poto-poto, nke si n'ụlọ mgbede na-apụta. Idi iche ha pụtara ihe n'idi iche ha; amamihe ha di iche n'ebe idi iche nke amamihe ndi-ọzọ di; omume ha n'ebe mba ndi ọzọ nọ; idi mma ha pụrụ iche n'ebe ichọ mma ndi ọzọ di; ihe oriri ha pụru iche; ikwu okwu ha pụrụ iche; tụkwasi ikpa nganga ha dika okwesiri ndi pụrụ iche.

Igbo na eme ọsọ-ọsọ imata asụsụ ndi ọzọ. Ụfọdụ n'ime ha bụ ọgbakara-onye-nwe-igwe. Ya bụ na Igbo na agbali isụ asụsụ ndi a, ọbụna karia ndi asụsụ ndi a bụ nke aka ha.

Ha na-emekwa ka ndi nwe asụsụ ndia mata na ha nwere ezi-nkwado nye asụsụ ha. Igwe mmadụ n'ala Igbo na-amalite mgbe ha di na nwata mụta isụ asụsụ oyibo. Asụsụ oyibo di iche-iche dika Ferenchi, Giriki, na Latini, ka ụfọdụ n'ime ha na-amụ mgbe ha nọ n'ụlọ akwụkwọ.

Ọtụtụ ndi Igbo ma ka esi asụ asụsụ ndi-agbata obi ha dika Hausa, Yoruba, na Efiki. Ndi ọzọ na asụkwa ijọ na ogoja.

Ụfọdụ mmadụ n'ala Igbo ma ka esi-asụ na ede karia asụsụ abụọ.

Ndi mba ọzọ na-enwe mgbagwoju anya, banyere amamihe di otu a nke pụtara ihe n'ebe ndi Igbo nọ. Ma, nkea bụ otu n'ime onyinye pụrụ iche Chi ha nyere ha.

Ọbụghi mmadụ niile pụrụ igbu nnụnụ anakpọ ovo, wee chekpọọ anụ ya. Ọbụ di-ọkpa pụrụ ime nkea. N'ihi ya, akara aka ndi Igbo bụ onyinye Chi.

Onye Igbo nwere ọtụtụ ihe ikpa nganga n'obi ya. Ocheta agburu ya, obi atọwa ya ụtọ. Ka ọna-echeta ọtụtụ ihe ọma ozubere n'uche ya, na ọtụtụ ike ya onwe ya kpara, obi amalite tọwa ya ụtọ ka ụkpaka. Nganga ana-eme ya foko-foko n'obi. Iru ya abụrụ sọsọ ọchi. Ile ya anya, ọdika onye nne ehi ya mụrụ ejima.

Igbo enweghi oyiri. Nganga di n'uche onye Igbo mgbe niile. Igbo mara ka osi edote onwe ya ọcha. Ọna-agba nzere ka ọghara imetọ onwe ya, ọ bụghi naani na anụ arụ ya; uwe ya; kama na omume ya.

N'oge ana-ekwu okwu ọchichi nke obodo anyi, ọbụrụ na achọpụtaghi onye Igbo, amara na isi-eru ma-ọbụ mmanwụ nke ndi na-agba egwu ekpo apụtabeghi ama.

IGBO BỤ EZE.

Igbo na azụlite ụmụ ha n'ụzọ nganga. Onye Igbo na amalite na nwata kuziere ụmụ ya ka esi edote onwe ha ọcha. N'oge dika nke ahụ ka ọna-amalite kuziere ha igụ na ide akwụkwọ. Nkwado di otu ahụ na-eme ka ha mee nke ọma karia mgbe ha na-abanye n'ụlọ-akwụkwọ.

Ha na-amụta ikele ekele na inye ndi mmadụ nsọpụrụ, tụmadụ ndi okenye. Nne na nna ha na-enye ha ndụmọdụ pụrụ iche banyere ichedo ego ha nke ọma. Otu agadi kwuru:

"Nwa m ńaa nti n'olum.
Ego na-ekwu okwu
Olu ya na-agba ọsọ karia opi agha"

Ndụmọdụ di otu a na-egosi ọnọdụ ego nwere n'ezi-na-ụlọ ebe enwere ya. Ụmụ-ntakiri ndia na-amalite n'oge ha bụ nwata mụta ka esi echedo ego ha. Ndi mụrụ ha na-etinye n'akọ-na-uche ha ka ha ghara ibụ ndi ego na-efepụ site n'aka ha. Kama, ka ha mụta ichedo ha nke ọma.

Ndi Igbo kwenyere na nganga ha achọghi mkpari. Nkea pụtara ihe n'egwu otu ụmụ-nwanyi si Ụmụ-enyi pụta. Ezigbo ndi inyom ndia pụrụ iche n'ezie.

Ha bụ oriakụ pụrụ iche n'ala Igbo. Egwu ha achọghi mkpari, omume ha achọghi mkpari, Ipụ iche ha achọghi mkpari.

Otua ka ọdi, bụ ide, na ntọ-ala jikọtara ndi niile nwere ezi aha ahụ, bụ "ori-akụ" n'ala Igbo niile. Nganga Igbo achọghi mkpari.

Nganga onye Igbo abụghi ihe eji agba bọọli. Ọchọghi nleda anya, n'ihi na ndi na-akpa ya bụ eze nganga. Ọnọdụ eze ha kwesiri ekwesi n'ụzọ niile. Dika ezi okwu si di, nganga onye Igbo na-eweta, ọbụghi naani ańụri, nsọpụrụ, na ihụ-nanya; kama, ọna-ewetakwa ọganiru.

Ndi Igbo kwenyere na onye yi "nkiriki akwa ji nkiriki okwu". Eleghi anya, ụfọdụ ndi ọbia n'ala Igbo agaghi ekwenye na nke a bụ ezi okwu. Ma ekweghi ekwe ha bụ ọchi eze, ma-ọbụ ọchi obi, bụ naani okwu aka ha.

Eleghi anya, ụfọdụ n'ime ha ga-enwe mgbagwoju anya n'ebe nganga Igbo di. Ma mgbagwoju anya ha, ọbụ ihe sitere n'akọ na uche ha, ma-ọbụ ihe sitere na mnwapụta olile anya ha, bụ naani okwu aka ha. Otu ọdi, dika nkwenye Igbo si di, otua ka ọdi bụ onye yi ezi akwa, bụkwa onye okwu ya na-eguzo, guzoro iche.

Ọbụ dimkpa pụta, ahụ ogogo imi ya. Anaghi egosi anya di ndụ ụdara nke chara acha. Onye na-ekwu na Igbo abụghi eze elebeghi anya ya gburu-gburu.

Ọzọ, onye na-amaghi na Igbo bụ eze kwesiri iweli anya

IGBO BỤ EZE.

ya abuọ lee ugwu na ndagwurugwu ichi-eze ndi Igbo niile, n'ihi na anyi aghaghi ihụ ọdi iche site n'anya, aghaghi ihụ.

Nganga Igbo na-amụwanye ri nne. N'ebe ọbụla ha nọ, ma-ọbụ ebe ana-ere ahia, ete-egwu, abụ-abụ, ekpe-ekpere, dika n'ụlọ ụka, onye Igbo ọbụla na-egosi onwe ya dika onye nganga. Ha na-egosi ya site n'akwa oyiyi ha. Gosi ya site n'okwu ọnụ ha. Zipụta ya site n'inye onyinye ha.

Wepụta ya site n'ije ije ha. Nwewanye ya site n'inwe enyi ha. Igbo, nwata, okenye, okoro, ma-ọ bụ agbọghọ ka amụrụ ọzọ site n'osimiri nganga. Nganga nke a zuru oke n'ụzọ ya niile.

Ụmụ-ntakiri ha na-esite na nwata nwee aha "bọbọ". Aha ọhụrụ di otu a na-enye ha obi añuri. N'oge akwa oyiyi ana-akpọ "bongo" pụtara, ụmụ okoro n'ala Igbo yipụrụ ya mmụọ n'anya.

Mgbe akpụkpọ ukwụ, oje ije n'ugwu, ana-akpọ "high-hill" n'olu oyibo were ọnọdụ n'ala Igbo, onye ọbụla n'oge ahụ na-azazi bọbọ. "Apama" apụta, ya na ụmụ nwanyi Igbo ana-eme. Onye ọ bụla n'oge ahụ bụzi "param apara".

Ndi ọbia n'ala anyi na-ajụ ajụjụ si "o nwere ụmụ nwanyi ndi bụ agadi n'ime unu?". Ọziza kwesiri ezi ajụjụ di otu a bụ naani mba. Ndi nọ ọnọdụ dika ụmụ-nwanyi gbara ọtụtụ arọ n'ala Igbo tee ude, iru ha na-enwupụ dika nke ụmụ agbọghọ.

Ụmụ agbọghọ tee nke ha, ha buruzi sọsọ mma, dika ụmụ akwụkwọ. Nganga esi n'elu, si n'ala na-arikwa ibe ya elu. Agbọghọ pụta, mma ezue ya arụ. Okoro pụta, dike na ife na-eme.

Ugo fepụta, ogosi ihe nku ya ji karia nke udele ike. Ọkpa nganga biarute ala Igbo nso. Nke onye chọrọ, ọghaghi inweta ya.

Onye chọọ ya n'okoro, ma-obụ n'agbọghọ, ọga-ahụ ya. Onye chọọ ya n'ebe ụmụ ntakiri nọ, ha ga-etinyekwa ya aja n'anya. Ọbụrụkwa na ọchọọ ya n'ebe ndi gbara ọtụtụ arọ di, ha ga-azụ ya ahia dika bọọli. Ọchọọ ka ọzụa okwe-nganga n'ala Igbo, Igbo azụa ya okwe dika epele.

Ọbanye n'ụgbọ mbi nganga, ndi Igbo ọmata na ha bụ di-ọkpa. Adighi ejikwa ha emecha aka. Otu ọgbakọ ụmụ nwanyi n'ala Igbo gụrụ egwu si.

> "Ọchọ ndi ọma
> Ọchọ ndi ọma yee.
> Igbo siri ike
> Ọchọ ndi ọma biawa
> Enugu isi ala Igbo
> Igbo siri ike.
> Biawa Owerri isi ala Igbo

Igbo siri ike."

Wee gawazie. Ọbụghi n'efu ka arọpụtara akọ na uche di n'abụ ahụ. Omume obodo ọbụla na-apụta ihe site n'okwu ọnụ ha, ibụ abụ ha, na n'ite egwu ha. Ọbụghi naani ndia, ha na-apụtakwa n'oge ha nwere mgwuri egwu; n'ilu ọlụ ha, na mmekọ ha, na ndi ọzọ. Otua ka omume ndi-Igbo putara ihe n'abụ ha.

Ndi Igbo ka amara nke ọma n'ikpa nganga. Abụ ha sokwa n'ụzọ ụfọdụ ha ji akpa nganga. Igbo kwenụ! Igbo bụ nganga n'ezie. Oji nke oji mee. Dike mipụta mma n'ọbọ ya. Dibia ewepụta ọfọ n'akpa ya. Di-nganga ewepụta ọkọlọtọ ya.

Igbo na nganga ana-eme. Ndi Igbo zukọọ ire ahia, nganga ana-ari ibe ya elu. Ha gbakọta igba bọọli, nganga na nwanne ya ana-eti ọkpọ. Ha rute n'ụlọ akwụkwọ, nganga erujue duu ka mmiri. Ha nọdụ n'ụlọ ndọrọ-ndọrọ ọchichi, nganga ana-atụli mma ya, atụda, dika ndi agha. Kedu ihe aga-eji maa nganga ndi Igbo aka-mgba?

Ọbụ akwa oyiyi? Ọtụtụ ụlọ akwa di ya. Ọbụ okwu ọnụ? Ụlọ mgbasa ozi di ya. Ọbụ idi ọcha? Enyi onye Igbo ka ọbụ. Ọbụ idi nwayọọ? Orụ onye Igbo ka ọ bụ. Ọbụ ilụ ọlụ siri ike? Nke a bụkwa mnwapụta ya. Ọbụ inwe enyi? Ndi enyi zuru oke n'ebe niile.

Ọbụ ihe oriri? Chi ha adighi agbawa ha aka. Ọbụ iwu ụlọ? Ụlọ gbam-gbam jupụtara n'ebe niile. Ka ọ bụ ikwesi ntụkwasi obi? Nke ahụ bụ ihe onye Igbo na-achọsi ike n'ebe ndi enyi ya niile nọ. Igbo bụ ndi nganga n'ezie. Ha na-ewuli ya elu dika ụlọ.

Nganga Igbo achọghi mkpari; site na nwata rue mgbe ọgbara ọtụtụ arọ, onye Igbo nwere ihe inya isi n'ime onwe ya. Ọna-achọsi-ike, n'oge niile, ime ka nganga ya pụa iche n'ebe ndi ọzọ nọ. Ya mere, onye ọbụla na-agbali ime, ọbụna karia nke ibe ya mere, ka onwee ihe pụrụ iche n'inya isi karia, n'ebe ndi enyi ya nọ.

Ọna-enwekwa mmụọ inụ-ọkụ ime ka ibe ya mere. Ọbụrụ na omeghi ka ibe ya mere, ọga-n'enwe mnwute ri nne n'ime obi ya. Mkpụrụ obi ya amalite tiwe ya ọkpọ ka obilie, mee ka ibe ya mere.

N'oge di otu a, ụfọdụ n'ime ndi enyi ya, ikwu na ibe ya ga-enye ya okwu igba ume dika "jisike" n'ọlụ. Ihe ndia ga-amalite iwuli ya elu. Mmụọ ya ebilie site n'ọdida nke ihere.

Ndi Igbo adighi anabata mmụọ nke mkpụrụ obi, bụ mmụọ nke na-ebute ọdida nke nwanne ha. Ndi Igbo adighi anabata mmụọ n'eweta ọdida nwanne ha ma-oli, n'ihi na Igbo bụ onye nche nwanne ya.

IGBO BỤ EZE.

Onwere otu oge, mbekwu na nwa-nnụnụ ana-akpọ torotoro tụrụ nganga ha na amamihe. Torotoro bụ nnụnụ mara mma dika ugo. Nganga jupụtakwara ya obi n'ihi na ọdụdụ ya mara mma dika anyanwụ ụtụtụ. Ọna-akparikwa anụmanụ na nnụnụ ndi ọzọ site n'ụbọchi rue n'ụbọchi n'ihi ima mma ya.

Otu ụbọchi, egbe wee jee ka oleta ya. Ma obuliri onwe ya elu, na-aga ije ya "ibu onye, ibu onye". Omenyechara egbe ihere, o wee were mnwute felagha na akpa akwụ ya. N'ụbọchi ọzọ, agụ wee bilie ka o jee leta ya. Ma ndi ebe ya nyere ya ndụmọdụ ka ọghara iga. Ma onupuru isi jee n'ata mkpari nke ya. N'ikpe-azụ, mbekwu kpebiri na ya ga-achọpụta ihe ji nkita ọnwụ.

Owee jee n'ọdụ ala n'akụkụ ama nnụnụ ahụ. Ka anụ-ufe ahụ na-apụta, Maazi Mbekwu wee were iru-ọchi kele ya. Gwa ya na ya jere kpọta ọkpara ya, bụ nke ka bi n'ọnwa site na mgbe amụrụ ya.

Omekwara ka Toro-toro mata na ya jere elu-igwe kudata ya site n'ụlọ ya di n'ọnwa, ka ọbia burụ enyi ezi nnụnụ ahụ mara mma karia anụmanụ na anu-ufe niile. Obi tọrọ Toro-toro ụtọ ri nne.

Owee dapụ riọ ka Maazi Mbekwu kpọrọ ya jee n'ebe ọkpara ya nọ. Mbe wee kpọrọ ya jee na olulu mmiri di nso n'ụlọ ya. Omekwara ka ọmata na ọkpara ya febara n'ime ya, isa arụ.

Nnụnụ ahu wee fụa ọdụdụ ya tuu, dika osi eme, ka owee mawanye mma; ọbia nso ka olee enyi ya nke si n'ọnwa. Ka ọna-ele, ọhụrụ onyonyoo ya ka ọna-ewepụ anya ka kpakpando ụtụtụ.

Obi tọrọ ya nke ukwuu n'ihi na ọ hụbeghi onye mara mma dika ọkpara mbekwu, bụ onye na-asa arụ n'olulu mmiri. Ọriọkwara mbekwu ka ya feba n'ime olulu wee kele ya.

Mbekwu wee kwee ya n'isi. Owee feba. Ka ya na mmiri na-azọ ndụ ya, Maazi Mbekwu wee dapụ n'ọchi. Emesia, ezi nnụnụ ahu di nzuzu wee ridarue n'ala mmiri, bụ ebe ọnọdụrụ na-agụ azụ di n'osimiri ọnụ. Otu ahu ka ọdi, nye onye ọbụla, bu mmadu nke n'etinye mpako na mkpari di nzuzu, n'ime ikpanganga ya.

N'ezie, Igbo achọghi ya. Igbo achọkwaghi onye omume ya di otua, ma-ọli.

IGBO N'ENYE NSỌPỤRỤ.

Igbo na-enye nsọpụrụ. Nsọpụrụ ha bụ nkwanye ugwu ha na-enye ibe ha. Ndi, ma-ọbụ onye ana-enye nsọpụrụ ahu nwere ike bụrụ onye ya na onye na-enye nsọpụrụ ahu bụ ọgbọ. Onwere ike bụrụ nwata, ma-ọbụ agadi. Ya mere na ndi Igbo na-ekwu si "ugwu bụ nkwanye nkwanye nwanyi amụta ibe ya". Ọbụ ihe kwesiri nńomi bụ inye nsọpụrụ.

N'ezie, ọbụghi naani otu mmadụ na-enye ndi ọzọ nsọpụrụ, kama ọ bụ mmadụ niile. N'ihi nkea ka akwụkwọ-nsọ n'ekwụ si: *"Ihe ọbụla ichọrọ ka mmadụ ibe gi mere gi, buru ụzọ mere ya onye ọzọ".*

Ụmụ awọ n'ọdụrụ n'olulu mmiri oge mmiri na-ezo. Ha niile malitere ibụ abụ:

"I mere m
Mụ emere gi

I mere m

Mụ emere gi".

Awọ ndi a matara izu. Ihe ọbụla mmadụ mere ka ọga-enweta dika ụgwọ ọlụ. Omere ihe ọma na-etinye na-akpa ihe iko-achicha nke nkwụghachi ụgwọ. Ọga-amụba, lọghachiri ya dika ụgwọ ọlụ.

Nezie, onye mere nke ọma, ụgwọ-ọlụ ya na-echere ya; n'otu aka ahụ, onye na-alụkwa ajọọ ọlụ aghaghi inata ụgwọ ya dika ọlụ ya jọrọ-njọ si di. N'ihi nke a ka ndi Igbo na-etisi mkpụ ike ka onye ọbụla ghara imegbu ibe ya. Igbo na-asọ ihe di njọ oyi. Igbo na-asọ ihe rụrụ arụ nsọ.

Nkea pụtara ihe n'abụ ndi egwu Igbo sitere Ụmụahia:

"Kedụ ihe anyi ga-eji
Chụpụ ekwensu.......
N'ụwa, n'ụwa?.
Ekwensu n'ọlụ ya jọrọ njọ
Nwada yee......
Elu-igwe mara mma:
N'ezie.
Ka achụpụ ekwensu:
N'ụwa.
Bụ onye n'eduhie ụwa nkea:

Pam pam, pam pa pam pa-a n'ụwa"

Ndụ ọma ndi-Igbo pụtara ihe n'ilu: "Oke atapụla akpa Dibia, ma Dibia akpachala anya tapia oke isi". Ilụ bụ mmanụ ndi Igbo ji eri okwu. Ọlụ ọma na nsọpụrụ bụkwa nnu na ose eji eme ka mmadụ na ibe ya di n'udo.

Tutu ndi-ọzọ enwee nsọpụrụ n'ebe inọ, na mbu, achọla otito efu n'ebe ha nọ. Ńaa nti n'olu ha, ma ewepụla uche nke aka gi mgbe ina-anara ndụmọdụ ha.

Ekwela ka nkwenye gi kpuchie akpa uche gi n'inwe nghọta n'ebe ndi ọzọ nọ. Bụrụkwa onye na-enwe nghọta na nsọpụrụ n'ebe akọ na uche ndi ozọ di. Mgbe ina-eme nke a, echezọla na okwukwe ndi ọzọ na-enwe ezi ọnọdụ n'omume ha. Ya mere, ọtụtụ oge, na ihe mmadụ na-eme bụ mnwapụta nke okwukwe ya. Igbo matara ka esi akwanye ugwu. Ha matakwara na mmadụ kwanyere onwe ya ugwu, na ndi ọzọ ga-akwanyere ya.

Inye nsọpụrụ onye Igbo na-enye onwe ya apụtaghi na ọ na-ebuli onwe ya elu; kama, ọ bụ iruda isi ya, chaara ndi ọzọ ụzọ ka ha gafere. Iruda isi onye Igbo bụ otu n'ime nkpọrọ-mbubu na-eburu ya gaa n'iru ndi amara aha ha. Ha na-enye mmadụ ibe ha nsọpụrụ ri nne.

Nkea na-enye aka igbuziri ya ụzọ ka o wee bụrụ otu n'ime ndi bụ akwaa, akwụrụ. Onye Igbo matara nke ọma na inye nsọpụrụ bụ ezigbo ori-ọna nke di-nta ji achọpụta anụ-ọhia nke zoro ezo n'oge abali. Ọbụkwa ya ka oji eje-ije ebe ọ bụla ọ na-aga.

Ọmatakwara na nsọpụrụ abụghi ihe mmadụ na-esite n'anya-ike wee were; kama, ọbụ ihe mmadụ na-enye ibe ya.. N'ihi nke a, dika onye Igbo ọbụla chọrọ ka ndi ọzọ nye ya nsọpụrụ, ọna-agbasi mbọ ike inye ndi ọzọ nke ruru ha; ka ha wee mere ya ka omere ha. Dika ihe atụ, ndi Igbo na-ere ahia matara mkpa ọdi bụ ehi na ụgbala *(nnụnụ di ọcha, ọna-ebinyere ehi n'ebe obibi ya)* ibikọta n'ọtu.

Ha matakwara na ọbụrụ agụ na nwa-ologbo *(nwa mba, bụ anu ụlọ, ọna-achụ oke. Ekwenyere na ọbụ ezigbo enyi agụ)* ebiri, na ọ bụghi naani na agụ ga-echedo nwa-ologbo site n'aka anụmanụ ndi jọrọ njọ, karikwa nwa-ologbo ike; kama, ọbụna mgbe agụ pụrụ-apụ, na nwa-ologbo ga-enyeju ụmụ agụ afọ site n'igbutara ha oke. Ya mere, ọtụtụ ndi Igbo, bụ ndi na-ere ahia, na-abanye n'otu di iche-iche n'agba izu, tikọta ụbụrụ na akọ-na uche ha n'otu, wee tụa-izu, na-erekwa ahia ha.

N'ezie, onye-ọbụla, n'ọgbakọ ha n'echedokwa nsọpụrụ niile nke ruru onye ọbụla n'ime ha. N'ụzọ di otu a ka ha naamata onwe ha dika ndi aropụtara, bụ ndi gbara ogbụgba ndụ pụrụ iche. Ọzọ, ha na-esite n'ibanye n'otu di iche iche ghọọ ndi nche nwanne ha karia.

Ọtụtụ mgbe, ndi-Igbo na-atụghari uche ha na-ọnọdụ di n'etiti egbe na nnekwu ọkụkọ. Ọtụtụ n'ime ha na-eche echiche si; ọ bụrụ n'ezie na ụfọdụ anụ-ọhia na anụ-ụlọ ga-enwe obi udo. Ọbụrụkwa na anụ ụlọ dika ehi na anụ-ufe dika ụgbala pụrụ inwe ibi obi di ụtọ. Ọzọ, ọbụrụkwa na nza na ovo nwere ike bụrụ enyi; na ọ ga-enwe otu ihe ma-ọbụ abụọ bụ nke jikọrọ ha n'otu.

Ha n'atụgharikwa uche n'ọnọdụ di n'etiti nwa-ologbo na nwa nkita ụfọdụ. Cheekwa echiche banyere ibi obi oke ụlọ, oke ọhia na nwa-ologbo. Ha tinyekwara isi n'ichọpụta ihe butere egbe na ọkụkọ si nwee iro ebighi-ebi.

N'ezie, ha matara na onwere ihe nghọtahie di n'etiti ha abụọ, nke mere na otu na-egbu, na-erikwa anụ nke ọzọ. Dika nwa-ologbo na-eri oke, egbe na-erikwa ụmụ nnekwu ọkụkọ. Ndi Igbo na-esite n'ichọpụta ụmụ obere ihe ndi a na-ebute isụ-ngọngọ n'ibi obi wee na-agbakutekwa ha azụ. Ichọ udo onye Igbo na-achọ site n'inye onye ọ bụla nsọpụrụ apụtaghi na ọdighi ike. Kama, ọmatara na udo di mma, dikwa elu karia esemokwu, ọgba-aghara, na ibu iro. N'ezie, onye Igbo bụ dike.

Ọbụ ọkụ na-agba ọzara, bụrụkwa ọdụm di ebube n'ọgbọ agha. Ya mere na ana-ekwu "ka onye gharakwa ikpatụ nwa-agụ aka n'ọdụdụ, ma-ọdi ndụ, ma-ọbụ na ọna-ararụ ụra".

Mgbe onye Igbo na-enye ndị-ọzọ nsọpụrụ, ọnaghi achọ ka ha nye ya mkpari dika ugwọ-ọlụ. N'ihi nkea, onye-Igbo na-ejekwuru nwa-nna ya bụ onye na-eleda ya anya. Mgbe oruru, ọkọrọ ya na omume di otu ahụ adighi atọ ya ụtọ. Ọga-erukwa na site n'ụzọ di otu a, na-ọghaghi irite mkpụrụ obi nwa-nne ya n'uru.

Ndi Igbo matara na Chi kere ha bụ Chi-nwe ihe niile. Ha kwenyekwara na onye Chi ya n'onyere, nwere ezi ọnọdụ karia nari-puku mmadụ bụ ndi Chi ha gbakutere azụ. Ndi-Igbo were Chineke ka ihe kachasi elu n'ime ndụ ha.

Ụfọdụ ndi na-efe ofufe dika agbara-okwukwe ndi-agba ochie si di bụkwa ndi tụkwasiri obi na Chi-na-eke. Mgbe ụfọdụ, ụfọdụ n'ime ha nwere nkewa n'ime ntụkwasi obi ha: Ụfọdụ nwere nsọpụrụ n'ebe arụsi ha di, bụ ndi ha na-efe ofufe di. Ndi ọzọ n'ebe Amadi-ọha di, ụfọdụ n'ebe ihe agọrọ mmụọ dika ọfọ di.

Onwere ndi na eruda nsọpụrụ ha n'ebe agbara ha di. Nweekwa ndi na-enye nke ha n'ebe aha-njọkụ di. Ma otu ọdi, ha adighi ewere Chi ndia di iche iche dika Ọbasi-bi-n'igwe.

Ha na-ewere, dika akwụkwọ-nso si kwue: *"Were oke nke Siiza nye Siiza; werekwa nke Chineke nyekwa Chineke"*. Ma, ụfọdụ mmadụ ga-ekwu na "Siiza" n'ebea ekwuru okwu banyere ya bụ ihe ngosi nke ndi na-achi achi. Ma, okwesikwara ka mmadụ ndi di otu a cheta na ọtụ-ilu tụa n'ebe igwe mmadụ di, onye ọbụla n'ime ha atapia ilu ya dika osi ghọta ya.

Ụfọdụ mmadụ ga-ekwenye na Siiza bụ akara nke ọchichi; ụfọdụ ga-ekwenye na Siiza bụ agbara-okwukwe. Ma, nke ahụ bụkwa ihe omimi ndi na-eje ụka, na ndi na-efe ofufe dika okwukwe agbara-okwukwe ndi Igbo n'oge gara aga si di ga elebara anya.

Amara Chineke na-edu Igbo. Ha adighi ewere ya egwuri egwu. Ndi Igbo ndi na-eje ụka (ndi na-eje nzukọ, dika agbara-okwukwe edere ihe banyere ya n'akwụkwọ-nsọ si chọọ) na-agbali idebe, ọbụghi naani iwu-iri nke di n'akwụkwọ ahụ, kama, ha na-ezere onwe ha site n'iwu nke akọ na uche ha. Igbo na-amipụta mkpụrụ nke aṅachara aṅacha bụ udo, ogologo ntachi obi, imeru ihe n'oke, ihụ-nanya, anya udo, na idi nwayọọ n'obi.

Ọbụghi naani ndi na-eje ụka na-eme nkea; kama, ọtụtụ ndi n'ekpere agbara- okwukwe nna-nna anyi n'ala Igbo na-eṅomikwa omume ọma ndi a niile. Ọtụtụ n'ime ha nwere obi ọma ri nne.

Ọna-agbagwoju ụfọdụ mmadụ anya na mmadụ ndi ekwenyere na ha "na-ekpere arụsi" na-alụ ọlụ ọma karia ndi na-ekwupụta onwe ha dika ndi ọlụ nke Chineke. Eleghi anya, ihe di otu ahụ bụ ima aka mgba nye ndi na-eje ụka; tụmadụ, ndi na-ekwupụta onwe ha dika ndi amụrụ ọzọ.

N'akụkụ nke ọzo, ụfọdụ ndi na-ekpere Chineke na-eme omume dika nkita ụlọ, bụ nke n'ọchiri ụzọ-ọgba ebe ana-etinyere anụ-ụlọ (ehi, ewu, ma-ọ bụ atụrụ) nri. Ọbụ ihe mwute na ọdighi ata ahihia onye ọzụzụ anụ ụlọ na-ewebata n'ime ọgba anụ ụlọ, nke kasi, ọnaghi ekwe ka anụ ụlọ ndi a agụụ na-agụ banye taa ahihia ndia.

Nkita di otu a adighi achọ ọganiru. Ọlụ ya niile bụ igbọ ụja. Ọdika ndi-isi okpukpere Chi n'oge ochie, bụ ndi Karayisiti, Jisọsi, Ọkpara nna anyi kpọrọ ndi iru abụọ. Ọnọdụ di otu a bụ ihe ndi na-elekọta ndi okpukpe uka niile kwesiri ilebara anya.

Ọbụ ezie na mmadụ ole na ole nọ, bụ ndi na-adighi achọ ọganiru nke nzukọ ụka ha. Eleghi anya, ọ ga-abụ na ha amataghi na ọlụ ha na-alụ adighi eweta ọganiru n'ime nzukọ.

Eleghi anya, ha ga –agbanwe omume ha ma-ọ bụrụ na ụfọdụ ndi nzukọ ha akpọọ ha na-nzuzo, dọọ ha aka na nti, kuziekwara ha omume nke kwesiri ekwesi n'ibi obi, n'etiti ụmụ Chineke, dika Pirisila na di ya Akwila kụziri Apọlọsi. Otu ọdị, Onye Igbo abụghi onye na-achọ ka ihe ọma niile bụrụ nke aka ya. Kama, ọna-achọ ka ọbụrụ nke ọha na eze. Emenyere Nwa-ogwugwu, emenyekwara Nwa-ọnọsike.

Mgbe ndi n'eje ụka nụrụ okwu Ọbasi di n'elu, ghọtakwa na onwere ndụ di, nke onye-ọlụ Chineke na-ele anya ya, (na ụlọ nke akwadoro dotere ha n'elu-igwe); bụ ndụ nke na adighi ebi ebi.

Mgbe ndi Igbo nụrụ akụkọ ahụ n'oge izizi, ihe izizi ha mere bụ ime ka ndi-agbata-obi ha, na ndi-mmadụ ndi-ọzọ, mata ụzọ ọhụrụ ahụ nke nkwa jupụtara nime ya.

"Anyi n'ele anya ụwa nke gaje ibia
Anyi n'ele anyaụwa nke gaje ibia
Ụwa dikwa mma, ụwa nke gaje ibia....a"

Site n'obi inụ-ọkụ, bụ nke ha nwere n'oge ha nụrụ okwu Chineke ahụ, ha wee bilie, mụa ezi-ọmụmụ-ihe banyere okwu Chineke; wee soro ndi ọzọ n'igbasa okwu nke Chi kere ha. Igbo lee, n'ụbọchi taa, igwe mmadụ arapụwo okpukpere Chi di iche iche nke nna-nna ha na-ekpe n'oge gara aga.

Ọtụtụ ụmụ Igbo na-ejekwa ụlọ akwụkwọ imụ ihe banyere

Chineke site n'akwụkwọ ya bụ akwụkwọ-nsọ. Mgbe ụfọdụ, ọna-agba ha gharii ka otu Chineke nke kere ihe niile si di, otu ọkpara wee di, otu mmụọ-nsọ, ezi onye ndụ dirikwa, otu akwụkwọ-nsọ (ebe nri nke mkpụrụ obi na-amipụta) dikwa, ma, ọtụtụ ụlọ ụka di iche iche wee jupụta.

Ụfọdụ na-ajụ si: *"Ọbụ ezie na ụlọ ụka ndi a niile si n'ebe Chineke di pụta ?"* Ma ọziza di iche iche ka akwaa ọkwụrụ n'okpukpere Chi ndi a na-enye ha. Ụfọdụ na-aza na onye ọbụla nwere ike ikpere Chi kere ya site na ije ụlọ ụka ọbụla nke sọrọ ya.

Ndi ọzọ wee zaa si: "mba", na ebe Chineke bụ otu, Ọkpara ya bụ otu, mmụọ nsọ bụrụ otu, akwụkwọ nsọ wee bụrụkwa otu, site n'otu aka ahụ, na otu ụlọ ụka dikwa, bụ nke Chineke rọpụtara. Okwu di otu a bụkwa ihe kwesiri ka ndi ụka n'ala Igbo chebara echiche, lebarakwa ya anya. Ma onye ọbụla matara nke ọma na ihe niile di mmadụ n'arụ na-alụkọ ọlụ ime ka mmadụ wee bụrụ onye zuru oke, n'ụzọ niile.

Ọbụrụkwa na ọdi otua, ọbụ ezie na ọtụtụ nzukọ ndia na-alụkọ ọlụ iwuli aha Chineke elu? Gini butere nkewa ndi a niile? Ọbụ dika ọchichọ ihe kere mmadụ si di? Ihe di otua, onwere ihe iribe-ama nye mgbarụ asụsụ mmadụ nke Chineke gbarụrụ n'owuwu ogologo ụlọ-elu nke Babeli? Chi kere mmadụ, ọchọrọ ka ha na-efe ya ofufe n'onọdu ọgba aghara? Ka ọbụ na mmadụ butere ihe ndi a niile?

Ọzọ, ọbụrụ na mmadụ niile n'ime otu ụlọ-ụka n'alụ ọlụ dika onyinye ha di iche iche Chi nyere ha si di, ọga-abụ na ha niile na-alụkọ ọlụ iwuli ọkọlọtọ-nzukọ ha elu? Nke a kwesiri ka elebara ya anya.

Igbo bụ ndi amara nke ọma n'inye ndi ọbia nsọpụrụ. Ma-ọbụ onye ha matara, ma-ọbụ onye ha na-amataghi. Onye Igbo na-enyekwa ọbia biara ileta ya nsọpụrụ pụrụ iche *"Ọbiara ebe onye abiagbula ya, kelenụ nwa biara ije".* Onye ije bụ ọbia. Mgbe onye si n'ụlọ ya pụa, ọghọwo ojee-mba. Oje-mba ga-ala. Ha n'egosi mkwanye ugwu ha karia n'oge ha nwere ndi ọbia.

Amatara Igbo nke ọma site niile ndi-ọbia anya nke ọma. Ile ọbia ha na-egosi iru ọma ha nwere n'ebe nwa biara ije nọ. N'ezi-na-ụlọ ọ bụla n'ala Igbo, mkpụrụ osisi ana-akpọ ọji ka ana ewepụta n'oge izizi mgbe ọbia biara n'ụlọ ha.

Ọna-egosi iru ọma ha nwere n'ebe nwa-biara ije nọ. Ha na-echo ya, riọ ka Chi kere ha gọzie ọ bụghi naani ọbia; kama, ka Ike nwe ụwa mụwanyekwa ụba ya n'arụ ndi nwe ụlọ. Omume di otu a na-eme ka ọtụtụ mmadụ na-ekwenye na ndi Igbo si n'agbụrụ ndi Juu pụta.

Ha na atule iche ọji onye Igbo, na nnabata Ebiramụ n'abatara ndi mmụọ-ozi atọ edugara ibibi obodo Sọdọmụ na Gọmọrọ. Site n'iru-ọma Ebiramụ ka onwere ngọzi ri nne. Iru ọma ahụ lụpụtara nzọpụta Lọọti, bụ nwa nwanne ya biri n'obodo Sọdọmụ na Gọmọrọ. Ọlụpụta nzọpụta ezi na ụlọ Lọọti. N'otu aka ahụ, iru-ọma ndi Igbo arọpụtawo ọtụtụ ndi enyi ọma nye ha.

Ndi si n'obodo ọzọ di iche iche na-agba ezi ama na ala Igbo bụ ebe kwesiri ka mmadụ bie ogologo ụbọchi niile nke ndụ ya. Ọlụ ọma di otu a ndi Igbo na-alụ mere ka ọtụtụ ndi si obodo ọzọ di iche iche na-agba mbọ ka ha biarute ala Igbo.

Ọzọ, ụfọdụ n'ime ha na-agbali ka ha mee ala Igbo obodo nke aka ha. Dika ihe atụ, igwe ndi ọcha biara ala Igbo wee laghachi obodo nke aka ha na agba-mbọ ka ha lọghachi. Ụfọdụ na-eme ka akwụkwọ nnabata ha tee aka karia.

Tụkwasi, ọtụtụ ụmụ okoro ụmụ Igbo ndi jere obodo ndi ọzọ ikponye akwụkwọ n'ụbụrụ na-ezute ụmụ agbọghọ obodo ndi a, ndi akpiri isoro ha lọta ala Igbo na-akpọ nkụ. Ya mere, dika ori-ọna di n'elu ugwu, otu a ka nsọpụrụ onye Igbo o bụla na-enye ihe n'ebe ọbụla ọnọ.

Ọbụ ihe na-eju ọtụtụ ndi obodo ọzọ batara ala Igbo anya ka ndi Igbo si alụ ọlụ ọma nye ha ọbụna karia nke ha na-alụrụ ụmụ-nna ha, bụ ndi Igbo mgbe ụfọdụ. Ihe kpatara nke a bụ na

IGBO BỤ EZE.

onye Igbo ọ bụla kwenyere na ọlụ ọma mmadụ ọbụla na-edoziri ya ụzọ, ebe ọbụla ọna-aga.

Ha kwenyekwara na ome-mma na-ewere ihe iko-achicha ya nye Chi ya ka okopụtara ya ogbe achicha ọma. Na otua ka ọdikwa, nye onye ọbụla na-eme ihe ọjọọ. Dika Chineke kwuru n'akwụkwọ nsọ; ndi Igbo matara na ebe ndụ ha bụ naani nwa oge nta, na okwesiri ka ha were ya mee ezi ihe nye ndi agbata obi ha.

Mgbe ha na-eme nkea, ha na-echeta na ndi agbata obi ha abụghi naani ndi-Igbo; kama, ha bụkwa mmadụ ndi ọzọ Chineke kere. Jisọsi tụrụ n'ilu banyere onye Sameria ọma, bụ onye lụrụ ọlụ ọma nye onye obodo ọzọ, bụ mmadụ ndi-npụnari napụrụ ihe, rapụ ya, ozutere n'ụzọ. Otua ka onye Igbo kwenyere na ya bụ onye nche onye agbata obi ya. N'ihi nkea, Igbo n'ekwu si "onye agbata obi mmadụ bụ nwanne ya".

N'obodo ndi ọcha, omenala ha dika: *"Onye nwụrụ, ya were aka ya lie onwe ya".* Ma n'ala Igbo, ekwenyere na: *"Ndi di ndụ na edozi ndi nwụrụ anwụ olu".* Ndi okenye ha ka ana-arapụ.

Ụfọdụ na edote ha n'ụlọ ewepụrụ iche nye ha. N'ebe di otu a ka ha na-anọdụ rue ụbọchi ọnwụ ha. Olili ha ka mmadụ ole na ole na eje, tụmadụ, ndi agbata obi ha.

Ndi fọdụrụ ka anapụrụ inwe mnwekọ di ụtọ nke ezi na ụlọ. Nleta nke ụmụ ha n'ebe ha nọ dika ila-ọsọ nke Arọ-ndi-izu-ọgụ, bu nke ana-eme kwa arọ. Ndi okenye bụ ndi nwere nsọpụrụ ri nne n'ala Igbo. Nsọpụrụ ha bụ ihe onye ọ bula na-erudara isi ya dika ndi nsọ.

Ndi Igbo matara, kwenyekwa na mmadụ ime agadi bụ ngọzi pụrụ iche bụ nke si n'ebe Chineke di bia. N'ihi nkea, mgbe ọbụla onye Igbo zutere okenye, ihe izizi ọna-eme bụ inye ya ekele pụrụ iche dika okwesiri ka enye agadi. Ụfọdụ na-ekwe ekele si: "Maazi" nye onye agadia, dika ana-ekwe n'obodo Enyimba, bụ Aba.

Ụfọdụ n'ekele ha "Nnụa", "Deede doo", "Nnem ukwu daalụ", "Deede doo", "Nnam ukwu daalụ", wee gawazie. Igbo na enyekwa ụmụ ntakiri nsọpụrụ. Nwa bụ nke mmadụ niile:

"Nwa e, nwa e, nwa ka ego.
Nwa e, nwa e, nwa ka ego.
Ọmụmụ abụghi ihe na-akọ
nwanyi ka enyetụkwa m nwa".

Nwa n'ala Igbo kariri ego. Nwanyi Igbo ọbụla na-achọkwa ka Chi ya nyekwa ya mkpụrụ nke afọ:

"Nwa bụ onyinye, onyinye, onyinye.

Nwa bụ onyinye, osi n'aka Chukwu"

Chi na-enye nwa. Nwa bụkwa ihe kwesiri nsọpụrụ. Ndi Igbo adighi eleda nwa ha anya, n'ihi na ha maara uru ọbara. Ọbụghi naani ndi mụrụ nwa ka ọna-abara uru; kama, ọna-abakwara ndi agbata obi ha uru. Ya mere na ndi Igbo na-agbakọ aka gboo mkpa ọbụla nke na-adakwasi nwa, ma-ọbụ nwa nke ha, ma-ọbụ nke onye ọzọ. Otu ọdi, ha matara na, *"oghee ririri, ọbara ndanda".* Ji gwọọ, ọgwọnye nime ite ejiri sie ya.

Dika ndi Juu, Chi onye Igbo hụrụ anya bụ ndi Okenye. Akwụkwọ nsọ mere ka anyi mata; mgbe Pọọli onye ozi Karayisti gọrọ Anaasi mmụọ n'iru ọgba-ikpe ndi Juu, ụmụ okoro ụmụ Hiburu chapụrụ ya anya ka ọghara ime omume di otu ahụ ọzọ.

Ya mere, dika ndi agbụrụ Jekọbu, nwa Ebirihamu were agadi bụ Anas dika onye nọchitere ọnọdụ Chineke n'ebe ha nọ, otu a ka ndi Igbo na-ewere ndi-Okenye dika Chi nke ha na-ahụ anya. Ọnọdụ ndi-okenye n'ala Igbo apụtaghi na ndi Igbo n'ekpere ha dika chi; kama, ha na-ewere ha ka ndi kwesiri nsọpụrụ ri nne; bụrụkwa ndi okwu ha na-emezu.

Ndụmọdụ ha ka ụmụ-okoro na agbọghọ na-aṅa nti karia. Ọbụkwa ha n'ekpedo ụfọdụ nghọtahie na-apụta n'etiti di na nwunye ya. Ha na-akọwara ụmụ okoro akụkọ banyere ihe mere na mgbe ochie n'obodo ha. Ha na-emekwa ka ụmụ okoro na agbọghọ mata tinti na mbọrimbọ ndi gafere agafe, na ndi di adi n'ime obodo ha.

Ha kwesiri ike na Oje-mba ga-ala ala. Ya mere na ndi agadi ndi a na-ariọ Chi di n'elu ka ochedo, lekọta, na chebekwa ụmụ ha, ọ bụghi naani ndi bi n'ime obodo ha ka ha na-ariọ aririọ nchedo ha, kama, ka ike-ji igwe nweekwa ọma-iko n'arụ ụmụ ha ndi jere mba.

Ụmụ Igbo kwenyere na ndi agadi nwere amamihe ri nne. Ọtụtụ ndi-otu di iche iche, ma-ọbụ ọgbakọ ụmụ-okoro na ụmụ-agbọghọ di iche iche, na-ariọ ndi okenye ole na ole, ka ha soro ha. N'ụzọ di otu ahụ ka ndi okenye ndia na-enwe ọnọdụ dika mgbọrọgwụ-oke-nkume, nke ntọ-ala ha.

N'ime obodo, tụmadụ mgbe ụmụ okoro nwere ọgbakọ banyere ọganiru ala ha; ha na-arọpụta ndi okenye ka ha soro ha tụpụta ezi-izu banyere ihe ha na-achọ ilupụta, bụ nke ga-eweta ọganiru.

Omume dika nkea ka ebuliri elu. Igbo na-erubere omenala ha isi n'oge niile.

8

IGBO BỤ OJE-MBA

N'otu ụlọ-akwụkwọ di n'obodo oyibo, ndi-isi ụlọ-akwụkwọ ahụ rọpụtara ụfọdụ n'ime ụmụ-akwụkwọ ha ka ha kwue okwu aga-ebinye n'ime akwụkwọ mgbasa ozi.

Otu n'ime ha si obodo Chayina, ka ọnọchite anya ndi mba niile nke Esia. Otu si n'ugwu mba Ayilandi, nke di n'okpuru Biriteeni. Mmadụ abụọ n'ime ha si Afirika.

Otu bụ onye Zambia. Onye ọzọ bụ onye Igbo. Nwa-amadia wee kpaa ike di ebube n'okwu.

Onye akụkọ ozi:

> " Ezigbo enyi m, ebee ka isi bia
> igụ-akwụkwọ na Amereka?
> Kedụ ka isi were onwe gi n'ebe a?
> Iga-alakwa mgbe igụsiri akwụkwọ,
> ka ọbụ na iga-anọdụ?"

Onye Igbo:

"Abụ m ọbia n'ebe a, Igbo
bụ ụlọ m. Oje-mba ga-ala ala.
Otu a ka ọdi bụ ndi Igbo niile.
Chi kere m, kere m ka m bụrụ
Onye Igbo.
Ọ bụ ezie na ahapụrụ m
obodo nke aka m, hapụ ikwu
na ibe m niile, wee bia ebe a, ichụ-nta-mmuta..
Ma otu ọdi, aga m alaghachi,
Igbo bụ ụlọ m".

Onye Igbo ọbụla kwesiri inwe ihe ikpa nganga dika nwa-amadi a n'etiti ndi oyibo. Ọtụghi egwu ma-ọli.

Onwere ihe inya–isi n'ihi aha ahụ o nwere, bụ Onye Igbo. Ọmatara na Oje-mba ga-ala. Ọmatara na naani ndi Igbo pụrụ iwuli ala Igbo elu. Ndi mba ọzọ ga-abia naani ipụnari, na ibuso igba-ume Igbo agha.

Okwekwaghi ka ewere okwu efu rafue ya n'ebe ọnọ dika ọbia. Kama, ochetara na ya nwere mmadụ n'ụlọ, bụ ndi nwere ezi nchekube banyere ọganiru ya. Mmadụ di otu ahụ kwesiri ka akpọ ya "Hemekuku". Nnuku aha ka nke ahụ bụ.

Nwa amadi ahụ dika otu n'ime kpakpando nke Afirika,

nke si na obodo Ghana puta. Mgbe nwoke a jere igu-akwukwo n'obodo oyibo, o chefughi ala nke aka ya. Kama, n'otu oge, Dibia Agiri kwuru si:

> "Mmadu ka enwere dika
> mmadu n'ala nke aka ya.
> Ma n'ebe ozo, enwere ya
> dika mmuo, ma-o bu anu ohia".

Okwu dimkpa ahu gosiri nnabata na ikpo-asi oje-mba na-enweta n'ije ya. Oburu na odi otu ahu, obu gini mere na Igbo bu oje mba? Ona-enwe anuri na mkpari niile ona-anata n'obodo ndi ozo ona eje?

Gini mere na Igbo na eleda nleda anya niile ana-eleda ya, gbachi nkiti ,wee hapu jeekwa obodo ozo? N'ezie, onwere otutu ihe kpatara na ona-enwe ntachi obi na mkpari niile ona-anata site n'aka ndi mba ozo.

Onye-Ije adighi akocha ihe nile biakutere ya. Adighi esikwa mgbagbu ahapu ije agha. Oje-mba amaghi ihe ubochi ga-ewetara ya. Ma eleghi anya, njo ga-abia guzokwa ya n'iru.

Ubochi ya niile di n'aka Chukwu. Ubochi ndu ya niile ka ona-eche ihe banyere echi. Mgbe ufodu, ogwu ukwu oma na-akpo ya. Mgbe ufodu, ubuchi ewetara ya ita ntu.

Mmiri ejuwo nwa-awọ ọnụ. Ọnụ ọchi ekweghi mgwere funwue ọkụ. Anwụrụ-ọkụ emeela ka isi kpue ewi nime ọnụ ya. Ọgụ na mma di-nta emeela ewi na ụmụ ya ihe arụ.

Abụba kọrọ ụsụ emewo ka o nwere abali na akpa nri. Enyi okwụkwụ mere ụsụ emewo ka isi kpue ya n'ehihie. Dimkpa ahụsiwo anya. Eke jizi azụ anya anwụ. Ihe ekere n'oyiyi

Chi ahusiwo anya. Kpakpando nke Afirika eriwo uju. N'ezie, *"afọ di mkpa"*. Otu nwoke biliri ka ojee ofe mmiri, Enyi ya nwoke wee jụa ya ihe mere na ọna-arapụ ihe ọma niile di na ala Igbo, tụmadu ezi na ụlọ ya, na-eje ebe n'ọmataghi onye ọbụla. Ma ọzara ya si:

"Ọbụ ezie na ana m ahapụ ezi na ụlọ m,
Hapụ ikwu na ibe m, hapụ ndi enyi m,
hapụkwa ala Igbo bụ ebe amụrụ m
na-aga obodo ọzọ, bụ ebem ga-ezute
ndi agbata obi ọhụrụ, ndi enyi ọhụrụ,
matakwa ihe ọhụrụ di n'ala ndi ozo.
Ma otu ọ di, agaghi m elefu uru ana-enweta
site n'ire ahia imata ndi obodo ọzọ,
ihụ ha n'anya, na matakwa omenala ha,
imata ka ọmụmụ akwụkwọ ha di;
imata ka ndi-agha obodo ha di, na-iburu

onye-amara-aha-ya n'obodo ọzọ"

Okwesighi ka mmadụ dika mkpụrụ akụrụ n'ụbi, bụ nke na-anọdụ naani otu ebe ogologo ndụ ya niile. Okwesiri ka mmadụ bilie mata mmadụ ndi ọzọ, na omenala ha. Site na nke ahụ ka ọga-enwe ike kpụpụ ihe mkpudo nke akọ na uche. Nke ahụ ga-eme ka ọmata ndi mba ọzọ nke ọma.

Igbo na-eje mba ire ahia. Ha na-ejekwa mba igụ-akwụkwọ, imụ ọlụ-aka, na ọmụmụ ihe banyere ibu agha. Ọtụtụ ụmụ Igbo di, tụmadụ ụmụ okorọbia na ụmụ-agbọghọbia, ejewo obodo Biriteeni na Amerika, Rọshiya, na ọtụtụ obodo ndi ọzọ di iche iche, banyere nke a. Imata ndi obodo ọzọ di nkpa nke ukwuu.

Ndi-Igbo na-achọ ka ha nwee ndi ọzọ enyi. Ha na-eme ọsisọ inwe mmekọrita n'ebe ndi obodo ọzọ nọ. Omume ndi a na-atọ ha ụtọ. Ndi nwere ego ri nne na-eje ozuzu ike, mgbe ụfọdụ n'obodo oyibo. Omenala ụfọdụ ka ha na-ewebata site n'obodo oyibo.

Ha na-emekwa ka ndi bụ ezi mmadụ n'obodo oyibo burụ enyi ha. Ndi mmadụ di otu a ka ha na-eme ka ha bia nleta n'ala Igbo. Ala Igbo mara mma. Irute ala Igbo tụmadụ n'isi obodo dika Owere, n'oge abali, ọkụ eletiriki ana-enye ihe n'ebe niile.

Ihe ya n'okporo ụzọ n'oge abali mara mma dika ehihie. Ndi Igbo na-eje mba n'oge di iche iche na ndụ ha. Ụfọdụ na-eje mgbe ha bụ okorọbia. Oge di otu a di mma karia, n'ihi na ọlụ biara mmadụ mgbe ọdi n'okorọbia biara ya n'oge ọma.

Igbo di otu a na-eje ire ahia, nleta, imụ ọlụ aka, na imụ ka esi ebu agha. Ọtụtụ n'ime ha na-amụ ọlụ aka dika otu esi anya ụgbọ-elu, ụgbọ mmiri, ụgbọ na-eje n'okporo igwe bụ nke ana-akpọ treni. N'ezie, ụmụ Igbo ndi a akpaala ike.

Ndi na-amụ ka-esi ebu agha, na-amụ ka esi ebu agha; n'ezie, ha na-amụ ka esi akwọ ụgbọ-elu-nke-agha di iche iche; ha na-amụkwa otu esi akwa mgbọ; Ee, ha na-amụ otu esi akwọ ụgbọ-mmiri-ọgụ di iche iche; ha na-amụkwa otu esi ewere egbe-ụgbọ-mmiri, bụ nke dika ogbunigwe, kpọ ụgbọ-mmiri ahụ eko, mejue ndi niile nọ n'ime ụgbọ-mmiri nke ndi-iro ha anya--- mee ka ha na ụgbọ-mmiri ha rida n'ala mmiri, bụ ebe ha ga-amalite igụ azụ nke oke-osimiri ọnụ. Ọlụ ndi ahụ niile di egwu. Ma, ụmụ-Igbo na-amụta ha niile.

Ọzọ, ha na-ejekwa obodo ndi ọzo mgbe ha di na nwata. Ụmụ-ntakiri di otu a na-ahapụ ala-Igbo, soro ndi mụrụ ha jee, n'oge ha di ntakiri, maka mmụta. Ụfọdụ n'ime ha na-anọdụ n'obodo ha jere too, meekwa dimkpa. Mgbe ụfọdụ, ụmụ-ntakiri n'ala Igbo na-eje mba n'ihi ụkwụ ọjọọ kpọrọ Igbo. Ihe di otu a mere n'oge agha, bu mgbe ebupuru umu-ntakiri, buga ha Gaboni ka ha nodu.

Onwekwara ndi na-eje mba mgbe ha mere agadi. N'oge di otu a, ufodu na-eje ka ha kporie ndu n'obodo ozo mgbe ha lara ozuzu ike-nka. Ufodu na-eje nleta n'obodo ndi ha na ha soro kwaa mgbo n'oge agha nke abuo bu nke aluzuru n'uwa niile. Ndi agha n'oge ahu nwetara ndi enyi di iche iche site n'obodo ndi ozo. Ndi Igbo ndi a na-enwe mnweko di uto mgbe ha na ndi enyi ha ndi a zukotara.

Otu ubochi, otu nwoke aha ya bu Jekob Onye-ije Kalu n'oduru ala na-ako akuko banyere ike ha kpara n'oge ahu maazi Adolufu Hitila, onye Jameni gosiri onwe ya dika dike n'uwa niile.

Jecob wee gaa n'iru kwue ka ndi obodo Biriteeni si kpokota ndi agha niile nke Afirika, ka ha n'onyere ha. Okwukwara ihe banyere obodo di iche iche nke ha jere ije n'ime ha n'oge ahu. Onye-ije kowakwara ka ha si kwaa mgbo di egwu n'oge ahu.

N'ezie, ndi agha nke Afirika kpara ike di ebube n'ogbo agha. Ezi nwa Amadi ahu mechara, loghachi n'ala Igbo. Olukwara olu n'ulo olu ndi ugbo okporo igwe.

Emesia, owee malite olu n'ulo olu na-eme ncha. Tutu olaa

ezum-ikenka, ogosiri onwe ya onye kwesiri ntụkwasi obi, na onye nwere nsọpụrụ n'arụ mmadụ niile. Nke kachasi, ezi nwoke a na-echeta otu nwoke, onye Biriteeni, bụ otu n'ime ndi-isi agha ahụ n'oge ahụ.

Ọkọwakwara nwoke ahụ dika dimkpa n'ọgbo agha. Otu mgbe, onye ọzụzụ ewu na atụrụ n'ọdụrụ na atapiara ndi enyi ya okwu nke anụ ụlọ ya. Akụkọ nwoke a mere ka otu n'ime ndi enyi ya daba n'ọkụ nwunye ya ji na-esi nri mgbe ya na ọchi na-eme.

"Otu mgbe", ka nwoke ahụ malitere. "Mkpi na nne ewu m na nwa ha nke nta na atarita ahihia. Mkpi wee biakute nne ewu m nso si ya "okpogho mjiri lụ nne omere gbughu-gbughu, gbughu-gbughu". Nne ewum wee zaghacghi, *"ọghọọ, ọghọọ, ọghọọla ọgụ?".*

Nwa ha nke oke di nta wee hụ ihe na-agafe n'etiti nne na nna ya, wee tipụ "abụkwa m bọbọ o". Ọbụghi naani agadi na okoro Igbo na-eje mba. Ụmụ-Igbo ndi n'ọkwa n'afọ nne ha na-ejekwa. Dika Jisọs Kraist nọ n'afọ jee mba, ewee mụa ya n'obodo ọzọ, otu a ka amụkwara Dibia Nnamdi Azikiwe na Zungeru, nke di n'ugwu Hausa.

Onwekwara ndi Igbo ndi nwekwara ezi ọnọdụ di otu a. Ụmụ Igbo ndi jere mba n'oge ha nọ n'ime afọ nne ha, ka ana-amụ n'oge ụfọdụ n'obodo ndi ahụ.

IGBO BỤ EZE.

Ọbụ ezie na ndi Igbo ndi a na-ahapụ ụlọ jee mba mgbe ha bụ nani ihe nta, emesia, ha na-alọghachi obodo nke aka ha. Otu ihe di: Ọbara ndi Juu nke Afirika bụ naani ọbia n'obodo ndi ọzọ.

Otu akụkọ di banyere nwa-Igbo amụrụ n'obodo Oyibo. Orue otu ụbọchi, nwata ahụ jere ụlọ akwụkwọ. Ụmụ aka ibe ya, ụmụ oyibo wee na-agwa ya okwu ga-eme ka ochefue obodo nke aka ya.

Nwoke a digidere mkpari ndi a niile wee rue otu ụbọchi, ya emee ka ha mata na ya achọghi ndụmọdụ ha ọzọ. Ima ihe mere? Ụmụ-aka ndi ọzọ jere kọrọ ndi mụrụ ha na ndi nkụzi ha na nwa Igbo a kpọrọ obodo ha asi. Ha wee malite imekpa nwata ahụ arụ ri nne. Owee nwee mwute n'obi ya.

Orute ụlọ-akwụkwọ, ọna-agara nke onwe ya n'ihi na ọ matara na ha kpọrọ ya asi n'ezie. Nne na nna ya amataghi ihe na-esogbu nwa ha, tutu o rue mgbe ule ha gasiri.

Ha wee tulee akwụkwọ ngosi nke ule. Ma lee, akwụkwọ ahụ egosighi na nwata ahụ mere nke ọma n'akwụkwọ ya. Ha wee rugide ya ka ọkọrọ ha ihe mere na o meghi nke ọma. N'ihi na ha matara na nwa ha dika ụtụ na-agba akwụkwọ.

Owee kọrọ ha mkpagbu ya niile ụmụ-akwụkwọ ibe ya na

akpagbu ya n'ihi na ya ekweghi ire aha obodo ya.

Ndi muru ya wee gbanwere ya ulo-akwukwo. Ha hukwara ya n'anya n'ulo-akwukwo nke ohuru ahu.

Omekwara nke oma n'ule ya. Oge wee rue ka nne na nna ya kwopu ugbo, loghachi ala nke aka ha. Ha wee kporo ya loghachi, n'ala Igbo, bu ebe oguchara akwukwo ya, n'ime otu ulo akwukwo di n'ala Igbo.

Mgbe ufodu, Igbo na-eje mba mgbe Chi ha na-akachoghi ka ha puta uwa. Ndi a bu ndi ana-aturu ime ha mgbe ndi muru ha no n'obodo ozo. Ndi bu nne na nna umu ndi a na-akpolata ha mgbe oge ha ruru ka ha loghachi. Umu-aka Igbo na-eje mba.

Omume ndi-Igbo niile na-egosi na okwesighi ka mmadu n'odu naani n'otu ebe, ogologo ubochi niile nke ndu ya. Onwere otu ubochi, nwa-Igbo jere igu-akwukwo dabara n'iko akuko ebe onye Amerika no. Nwoke nke Amerika ahu, bu onye gbara ihe kariri iri aro ano, ejebeghi ije karia narii mayili ato. Omalitere iju onye-Igbo ajuju di iche iche banyere obodo ya, bu Nayijiriya:

"Nayiijiria, oha ka obodo Tenesi?"ka onye Amerika ahu juru ya.

Onye-Igbo aza ya si:

"*Mba*"; n'ihi na Tenesi ha ka obodo Imo nke bụ naani mkọwanye n'ime obodo anyi niile.

Mgbe ọkọchara ya akụkọ banyere Enyi nke Afirika, bụ Nayijiriya, nwoke ahụ wee tie mkpu n'ihi na ọnọ n'ime ụwa, ma ọmaghi ihe na-eme n'ime ya.

Akụkọ ahụ rutere ezi na ụlọ nwoke ahụ nti. Nwa ya nwoke wee kpebie na ya aghaghi iga mata nnukwu obodo Nayijiriya. N'ezie, nwata nwoke a mezuru mkpebi ya. Omezuru nke a site na-ikwadebe, jee obodo Nigeria dika onye mgbasa ozi Chineke.

Chi ya wee gọzie nzube ya. Mgbe ọlọtara, ọbụghi naani na ọkọrọ nna ya na ikwu na ibe ya akụkọ banyere Nayijiriya, kama, ogosi-kwara ha ihe onyinye niile, bụ nke osere foto ha.

Onwere ọtụtụ ụzọ ndi-Igbo si eje mba. Onwekwara ọtụtụ mmadụ ndi na-anọnyere ha tutu ha ejee. N'ala Igbo, ọbụrụ na nwa okoro ma-ọ bụ agbọghọ ekpebie ije obodo oyibo igụ-akwụkwọ, ndi ikwu na ibe na-abiarute inye aka. Ha na-eweta ihe onyinye dika ego, ka o were tinye aka maka ụgwọ ụgbọ elu.

Ndi ụfọdụ, tụmadụ ndi na-aga izụ ma-ọ bụ ire ahịa, na-eje obodo di iche iche, n'ihi ọlụ-ọma di otu a.

Ndi-ukwe n'ala-Igbo bụ ndi-ije n'ezie. Na mbụ, ka anyi tulee ije-mba nke Maazi Osita Ọsadebe jere n'elu-ụwa niile. Akara-aka Chi ya nyere ya, bụ ukwe, na-eme ka igwe mmadụ, n'ebe niile, tee egwu, nweekwa ańụri.

N'oge nwoke a di ndụ, ọkụrụ ọtụtụ egwu di iche iche. Ụfọdụ n'ime ha bụ ndi a: AKARAKA: Ihe onye g'abụ ka ọgabụ. Nke ọzọ ọkụkwara bụ: OBI NWA-NNE: N'ebea ka ọjụrụ ajụjụ si: Ọbụ gini bụ nsogbu? Kedụ ebe ifụnanya jebele? Na nwanne gburu nwanne ya, were ya gwọọ ọgwụ ego. Kedụ ebe ifụnanya jebele?

Onye ọzọ na-akụ egwu ri nne bụ Maazi Birayiti Chimezie, Egwu ya di ụtọ. Maazi Mandela hụkwara egwu ya na-anya. N'ezie, Chimụanya Okereke bụ dimkpa n'ebe egwu ana-akpọ: *"Arabanko"* na *"Ogechi ka mma"* di.

Egwu ya nke ana-akpọ "Ayakata bongo ee" di ụtọ. Igbo kwenụ. Kwezuenụ. "Ndụ mmiri ndụ azụ". Oje mba nwe ụla. Igbo jee mba, Chi biko, aka akpala ya. Ya lawa, udo diri ndi nwe obodo. N'ihi na ndi Igbo anaghi abiagbu ndi nwe ụlọ.

Oje mba na-ejezu mba niile nke di n'ime Afrika. Ọlụ ha na-emekwa ka amata n'ezie na ha bụ ori-ọna nke Afrika niile. Ha n'agba ndi mba niile nke Afirika ume n'ọlụ ha na-alụ, iwuli ya elu. Omume ha na-atọkwa ndi ha na-aga obodo ha ụtọ.

Obodo Nayijiriya chọrọ ọganiru, Igbo na-ejezu obodo a bụrụ-ibụ, di ike, jụpụtakwa na-ndi amara aha ha.

IGBO TỤKWASIRI CHI HA OBI

Igbo tụkwasiri Chi ha obi. Ha kwenyekwara na Chi ha bụ nkume mgbe ebighi-ebi ha. Ha dabere na ebe mgbapụta ha siri ike. Dika ụlọ atọrọ ntọ-ala ya na nkụme.

Adighi ewepụkwa ndi-Igbo n'ọnọdụ Chi ha nyere ha. Ọdighi ara ha aka. Ọdighikwa arapụ ha. Ndi-Igbo na-abiakute Chi ha site n'ekpere. Ha na-emekwa ka ọmata mkpa ha nilie.

Ebe ha matara na okwukwe nke ọlụ na-adighi dika ozu nkita tọgbọrọ n'ụzọ. Ya mere na ha na atụkwasi ọlụ n'ọkwukwe ha. Mgbe ha na-alụ ọlụ, ha na-enwe ntụkwasi obi na Chi ha aghaghi igba ha ume.

"O, okwukwe, gini bụ okwukwe?
O, okwukwe , okwukwe bụ ihe

ahụghi anya ma kwere, ka okwukwe bụ". "Onye kwe, Chi ya ekwe".

Tụkwasi obi na Chukwu, gaa n'iru. Ilụ ọlụ di mma. Ọlụ ka Chi mmadụ chọrọ ka ọlụ a site n'okwukwe. Igbo tụkwasiri Chi ha obi.

Ntụkwasi obi ha abụghi na nkiti. Ha matara na-ọ bụ onye inye aka ha, na ebe mgbaba ha n'oge ihe ọjọọ. Enyi ọma ha, enyi nke kachasi mma nke ndi-Igbo bụ naani Chi ha.

Chi onye-Igbo mụ anya. Ọdighi arado ya ụra. Kama, anya ya ka ọsaghere, ilekọta ha mgbe niile. Ilekọta ndi-Juu nke Afirika di Chineke ezi-mma. Nti nke Chi ha ghere oghe inụ ekpere ha.

Tutu ha akpọọ ya oku, ọ matawo mkpa ha niile. Mgbe ụfọdụ, ndi-mmadụ n'ajụ onwe ha ajụjụ maka Chi kere ha. Ụfọdụ na-ajụ si: "Ọbụ ezie na Chi kere m hụrụ m n'anya?".

"Ndụm jupụtara n'ihe ilụ". "Ọnwụnwa dikwa m gburu gburu" "Onye-iro na-agbọ ụja dika nkita" "Ihe mgbochi jupụtara n'ụzọ m mgbe niile". "Enyi mtụkwasiri obi bụ onye nọduru ugbụa na-emegidem".

"Ọlawo aha m n'iyi" "Omewo ka mkpụrụ obim sụa ngọngọ n'itụkwasi ya obi". "Nkume ebem mgbakwasi ụkwụm abụọ na-emi emi dika aja di n'ọzara". "Ndụa agwụ ike". "Ọlụ niile mna-alụ abaghi uru ọbụla". "Ndi agbata obim kpọrọ m asi".

"Ha na-atụm aka, na-efufe isi ha". "Gini butere iru-ọjọọ ndi a niile?".

"Ọbụ nkọcha ka m na-enweta site n'aka ekwensu, ka-ọbụ na Chi kerem kwapụrụm ka ekwensu were m gbaa bọọli?". Ihe ndia niile ejuwom afọ. Ma, onwere otu ihe: Ọbụ ihe omimi nke mmadụ na-adighi aghọta. (naani mgbe Chi ya duru ya gafee ugwu na ndagwurugwu nke ndụ ka ọpụrụ ighọta ya). Ọdika ọmụmụ ihe nke ọlụ aka.

Ka mmadụ na-alụ ya, ka ọna-enwe oke mmụta karia mgbe onye nkụzi n'ọdụrụ na-akọrọ ya dika akụkọ.

Onwere otu mgbe, otu Dibia amara aha ya n'ọduru ala n'ime ụlọ-aja ya. Dibia ahụ bụkwa aka-ji-akụ n'ọlụ ya. Ọbụ ezie na ọna-efe arụsi ofufe, dika omenala si di, ma, ọna-atụ egwu ihe kere ụwa na igwe. Kwa mgbe, ọna-aga ajụ ese n'arụsi ya, banyere ezi na ụlọ ya.

Ma ụfọdụ ụmụ ya na-eleda omume nna ha anya n'ihi na ha amataghi na mkpụrụ obi bụ ihe di oke ọnụ ahia. Ọzọ, ha gosikwara nleda anya n'omume ha kpọrọ "ikpere arụsi" bụ nke nna ha na eme.

Orue otu mgbe, ụmụ ya abụọ wee banye n'oke nsogbu site n'aka ndi na-apụnara mmadụ ihe. Dika ihe si eme, nwoke a nọ n'ụlọ arụsi ya n'oge ihe ahụ na-eme. Arụsi ya wee mee ka ọmata ihe mgberede nke dakwasiri ụmụ ya. Ọjụkwara ese banyere ihe ọga-eme ka ọzọpụta mkpụrụ obi ụmụ ya.

Arụsi ahụ wee gwa ya ka omee amụma ọgwụ nke ga-eme ka ike-ọgwụgwụ zokwasi ndi mpụnari ahụ dika mmmiri.

Ka omesiri nkea, owee jụa arụsi ahụ ajụjụ ebe ụmụ ya na ndi ori ahụ nọ. Owee gwa ya.

Obilie, jekwuru ndi uwe ojii kọrọ ha. Ọkpọkwara ha jee n'ebe ahụ. Ndi-uwe-ojii wee napụ ha egbe ha, werekwa mkpọrọ tudo ndi-ori ndi a n'aka. Ha kpọkwara ha jee n'ụlọ mkpọrọ ka ha nọdụ rue ụbọchi aga-ekpe ha ikpe. Ma nwoke ahụ kpọrọ ụmụ ya wee laghachi n'ụlọ ya.

Site n'ụbọchi ahụ gaa n'iru, ụmụ ya eledakwaghi agbara-okwukwe nna ha anya. Otua ka ọdi n'etiti mmadụ na Chineke.

Mgbe ụfọdụ, mmadụ na-eleda ihe kere ha anya n'ihi na ha hụrụ ihe ọzọ jupụtara ha gburu gburu, nke na-agụkwa anya agụụ n'anya karia. Ma n'oge oke mkpa ka ha na echeta onye kere ha, ka ọzọpụta ha.

Otu nwanyi, di ya rapụrụ ụwa mgbe ọmụtara ya naani

ụmụ abụọ. Nwanyi ahụ bụ agbọghọbia. Di ya enweghi nwanne nwoke nke ga-elekọta nwunye ya.

Nne na nna nwanyi ahụ nwụrụ anwụ mgbe ọka-adi na nwata. Ụwa wee ju ya afọ. "Onye ụwa patara udu mmanya, ọ ga-ipagara ya onye yee". Ndụ a wee buruzie nwa agbọghọ ahụ naani echiche: echiche banyere di ya rapụrụ ụwa, echiche banyere ụmụ ya ọnwụ nna nwụrụ mgbe ha bụ naani akwa ọkụkọ ana-eyipụta; echiche banyere uwe na ihe oriri; echiche banyere nleda anya Chi ya ledara ya wee napụ ya ntụkwasi-obi ikpe azụ; echiche banyere ogbenye ọ bụ site n'ọnwụ nne na nna wee rue n'ọnwụ di; echiche banyere ihe di n'ime mgwugwu ọzọ Chi ya ga-atọghere ya. Ụwa wee ju ya afọ.

Anya mmiri eju ya anya. Kwa ụbọchi, n'isi ụtụtụ, na n'oge abali, agbọghọ a na anya mmiri ana-eme. Obi ezughi ya ike ma-ọli. Ụra abakwaghi ya n'anya; n'ihi na ụra na-ebu ụzọ tụa mmadụ n'obi tutu ọtụ a mmadụ n'anya.

Chi ya (dika nwanyi ahụ si kwenye) ereela ya afu. Ụwa ya jọgbukwara onwe ya na-njọ. Ma otu ihe di. Otu ihe ka Chi ya dotere dika ihe nkasi obi nye ya.

Otu ụbọchi, nwanyi ahụ yiri akwa mkpe ya pụa jee ahia. Ka ọ na-aga n'ụzọ, ovo kuru ya n'aka nri. Ihe ọma kpọrọ ya. Chi ya wee cheta ya. Ochetara ya dika ochetara Job mgbe ọnwụnwa ya gasiri.

Orute ahia, ometu ya n'obi ka o jee zuru akwa mgbochi, maka umu ya abuo. Mgbe ona-ekwebi onu akwa ndi ahu, otu nwoke biaruru ya nso kele ya ekele. Owekwara olu di nwayo zaghachi nwoke ahu.

Emesia, nwoke ahu wee kporo ya jee nso na-ugbo-ala ya. Ezi mmadu ahu juru ya ajuju banyere ezi na ulo ya. Owutekwara nwa-amadi ahu mgbe nwanyi ahu koro ya akuko banyere ndu na onodu ya.

Owee nwee obi oma-iko n'aru ya, Izu ole na ole wee gafee, owee kpebie na ya ga-aga choputa ezi na ulo nwanyi ahu. Omere ka ndi enyi ya ufodu soro ya jee nchoputa ahu.

Ndi enyi ato ndi a bu naani ogaranya. Otu n'ime ha bu oko-okporo (nwoke toruru ilu nwanyi ma oka-alubeghi). Ochoghi ka ya ghoo oko-okpiri (nwoke nke toruru ilu nwanyi, ma-olughi, rue mgbe oghoro ugboghoro arapuru n'ahia).

Mgbe ha rutere, ezi nwanyi ahu nabatara ha nke oma, leekwa ha obia dika ndi-Igbo si eme. Obukwara uzo weputa oji igosi iru oma onwere n'obibia ha biara ileta ya.

Emesia, ha wee jikere ilaghachi ulo ha. Nwoke a weputara naira ole na ole wee nye ya dika onyinye. Ndi enyi ya ndi ọzọ nyekwara ụmụ ya ụfọdụ n'ime naira ha tinyere n'akpa ha. Ha wee laa.

Echiche banyere nwanyi ahụ wee banye n'ime obi nwa-amadi ahụ nke na-akalụbeghi nwanyi. Onwekwara mkpebi na ya ga-alaghachi jụa nwanyi ahụ ajụjụ maka ọlụlụ di na nwunye n'ụbọchi ọzọ. Omezuru mkpebi ya n'oge n'adighi anya.

Nwa ogbenye nwanyi mkpe a wee bụrụ onye ewezugara ọnọdụ ochie ya, webanye ya n'ọnọdụ ibụ nwunye ọgaranya.

N'ezie, na-mbụ, ntụkwasi obi nwanyi ahụ nwere na Chi ya jụrụ oyi. Emesia, Chi ya wee ghọrọ ya ebe mgbaba n'oge ihe ọjọọ.

Onwekwara otu nwoke, Onye Igbo. Nwoke a nwere ọtụtụ ụmụ. Ụmụ ya niile na-atụkwa egwu Ihe kere mmadụ na anụmanụ. Ntụkwasi obi ha na ofufe ha nye Onye-Okike bụ ihe nwere ezi ọnọdụ n'ime ha. Na mgberede, oge ọnwụnwa wee biakute ha.

Ha ariọ Chi ha n'elu, riọ ya n'ala. Ọnọdụ ha ugbua dika Ọbasi di n'elu na arado ha ụra. Ha anwaa ike ha, n'ihi na okwukwe nke ọlụ na-adighi dika ihe tọgbọrọ na nkiti. Nwoke a amakwaghi ihe ọga-eme ka Chi ya zọpụta ụmụ ya.

Ka nke a na-eme, nwa ya nwoke nke jere ka ọria elu osisi ana-akpọ epe, ma-ọ bụ oroma wee si na ya daa, dajie ụkwụ. N'otu ụbọchi ahụ, ndi isi ọlụ ebe ọkpara ya na-alụ ọlụ wee chụpụ ya n'ọlụ n'ihi ihe onye ọzọ mere. Tutu ọkpara ya alọrute ụlọ, ụlọ obibi nna ya abanye ọkụ site n'ụzọ onye ọ bụla na-amataghi.

Ugbua, ihe kariri nte abiakutewo ya n'oge n'ekwesighi. N'otu ụbọchi ahụ, okwe wee gbazue na ahia eke-ọha. Nwunye nwoke ahu nwere nnukwu ibu ahia n'ime ahia ahụ ọkụ na-agba.

"Ahaa! Ewoo! Ihiem kwa"; ewe pụa nwoke a n'ọnụ. Ọmakwaghi ihe ọga-eme. Obi wee takọrọ ya n'afọ dika mmiri. Ume agwụkwa ya. Obee elu, bee ala, kpọkue Chi ya.

Emesia, Ọbasi di n'elu wee mere ya ebere. Ima ihe mere? Ndi ọchichi ala anyi wee rọpụta otu ebe ka ha wue ụlọ. Ebe a ka ndi ọlụ aka ga-ewepụta akara aka ha. Ima ihe ọzọ mere?

Ndi ọchichi ala anyi wee jee zụrụ ya ala ahụ niile. Ha kwụkwara ya nnukwu ego, ỌTỤTỤ PUKU NAIRA. Nwoke a wee biliekwa ọzọ. Owukwara ụlọ di mma karia nke mbụ. N'ezie, ụlọ ọhụrụ a bụ ụlọ elu nke atọ. Owee were ufọdụ n'ime nnukwu ego ndi a wue ụlọ pụrụ iche nye odozi akụ ya. Omepekwara ụlọ ahia bụzi agba n'ahia Ariaria.

Omepekwara ọkpara ya ụlọ-ahia nke ya. Nwa ya nke dara elu epe wee banye n'ụlọ akwụkwọ. Chi ya chetara ya. Ọnwụnwa ndi-ahụ niile na ihụ-nanya ndi ọchichi wee lụkọta ọlụ, lụpụtara ezi na ụlọ nwoke ahụ ọganiru. Ọzọ, ndi-Igbo tụkwasiri Chi ha obi na ọga-enyere ha aka na ndụ ha. Ha tụkwasiri ya obi n'ihi na ọbụ ya na-edu ha.

Ha tụkwasikwara ya obi, n'ihi na ọbụ ya bụ ụzọ ha. Ori-ọna ha ka ọbụ. Ebe mgbaba ka Chi-ndi-Igbo bụkwa. Okwesiri ntụkwasi obi. Ọna-eduru ha gafee oge ọnwụnwa.

Mgbe ụfọdụ, Chi onye Igbo na-enwe nzube buru-ibu nke ukwuu nye ya, n'oge ọna-achọ ihe di nta. N'oge di otu ahụ ka Chi ya na-eweta ihe ima-n'ọnya di iche iche dote n'ụzọ ya. Nke a na-eme ka ụfọdụ mmadụ sụa ngọngọ n'obi banyere ihụ-nanya Chi ha nwere n'ebe ha nọ.

Emesia, Chi ha emee ka ọnụ ha saa obosara n'inye ya otito mgbe ọ na-ekpughe ihe ozobere inye ha dika onyinye.

Chi ndi-Igbo kwesiri ntukwasi obi ri nne. Onwere otu nwoke, onye-Igbo ka ọbụ. Ọputara ụlọ akwụkwọ wee malite ichọ ọlụ. Ọchọgidere ọlụ tutu ike agwụ ya. Owee site n'ụlọ ya di n'Aba bilie, jee Enugu, ma ọchọtaghi. Emesia, Chi ya wee rọputara ya ọlụ n'ụlọ n'otu n'ime ụlọ-ọlụ di n'Aba. Onye ọzọ tinyegidere akwụkwọ ule ibanye ụlọ-akwukwọ amuchaa ọgwu ma o nweghi isi.

Ọlụrụ ọlụ efu a afọ anọ n'amataghi na Chi ya na-akwadoro ya ebe n'ụlọ-akwụkwọ di n'obodo oyibo. Na mgberede, otu n'ime ndi okwukwe ụka ya wee zitere ya akwụkwọ nnabata site n'ụlọ akwụkwọ ha di n'obodo oyibo.

Ugbua, nwa-okoro ahụ na-etinye akwụkwọ n'ụbụrụ n'otu ụlọ-akwụkwọ ahụ. Chi Igbo kwesiri ntụkwasi obi n'ezie. Otu nwoke biliri gwa nna ya na Chi ya ga-eme ka ya bụrụ otu n'ime ndi-isi ọlụ n'otu n'ime ụlọ-akụ. Nna ya wee kwee "ọfọọ". "Onye kwe, Chi ya ekwe".

Nwoke ahụ tụkwasiri Chi ya obi. Ugbua, ọghọwo, ọbụghi naani otu n'ime ndi-isi ọlụ n'ụlọ akụ, kama, ndi ọlụ ha ezipụwo ya ka ojee obodo oyibo dika onye-nnọchite obodo anyi, n'abaka ụlọ-akụ anyi nke di n'obodo oyibo. Chi ndi-Igbo kwesiri ntụkwasi obi n'ezie.

Ha nwekwara nchekube, na ntụkwasi obi n'ebe Chi ha di. Nwekwa olilie anya na ọga-eme ka ihụ-nanya ha [dika Onye-Igbo bụ onye nche nwanne] mụbaa. Ha kwenyere n'idi n'otu nke Chi ha kwadoro mgbe niile.

Otu nwoke nwere isi mmebi malitere isi arụmarụ n'etiti ụmụ nna ya. Otu n'ime ha kwuru: "Chineke bụ mmụọ, ọbụ ezie na anyi apụghi ihụ ya, ma, ọna-ahụ, ọna-amatakwa ihe niile".

Mgbe ọna-ekwupụta "ihe niile", onye-isi mmebi ahụ wee tie mkpu si: "Mba", ọsikwara, "Agaghi m ekwe ya ma-ọli. Chineke abụghi mmụọ. Obụ mmadụ. Lee gi, isi ọdikwa gi mma? Ihuru Chineke zitere Jisọs ọpara ya ka ọnwụ a n'ihi gi, ka ina-akpọ mmụọ. Lee afọ gi, Gi nwa apama. Apama parakwa gi apara".

Ndi ọzọ wee dapụ n'ọchi. Eleghi anya, onye isi mmebi ahụ anụwo na Chineke zitere Ọkpara ya ka ọnwụa ọnwụ n'ihi mmadụ, site n'ọnụ ndi mmadụ n'oge ahụ ọnọ n'arụ adighi ike. Eleghi anya, ọga-abụ na ọnụwo okwu Chineke tutu ọmalite inwe isi mmebi.

Otu ọdi, ọmatara na Chineke zitere ọkpara ya ka ọnwụa ọnwụ n'ihi mmadụ. Ma ihe gbagwojuru ya anya bụ na ọka-amatabeghi na Chineke bụ mmụọ, ọbụ ezie na mmadụ di n'oyiyi ya. Okwu ọchi, ọdi ụtọ. *"Apama, parakwa gi"* bụ mmejupụta okwu ya.

Ọbụ okwu ikpa nganga ahụ mere ka ndi ọzọ ha na ya n'ekwurita okwu Chukwu wee dapụ n'ọchi. Apama, parakwa gi. Apama, para gi apara. Apama, para m apara. Apama, gi na apamapa ga-ayi.

Ihe dika puku afọ abụọ gara aga, otu nwanyi aha ya bụ Meri. Aha di ya bụ Josef. Nwanyi a wee tụrụ ime. Ndi Juu ụfọdụ kwenyere na ọ bụ otu n'ime ndi agha Rom tụwara ya ime. Ma akwụkwọ nsọ kwuru na ọtụrụ ime site n'ike mmụọ nsọ.

Ka nke a na–eme, di ya wee chọọ ichụpụ ya n'ọnọdụ igba ya alụkwaghi m na nzuzo. Akwụkwọ nsọ gara n'iru wee kwue na onye ọkwa-nka a zutere mmụọ-ozi Chineke na nrọ, bụ onye gwara ya ka ọghara ichụpụ Meri.

Ewee mụa nwata ahụ n'ụlọ ariọtara ariọta, bu ụlọ ọzụzụ anụmanụ n'ime ihe ana-etinye anụ ụlọ nri. Ka ọna etoli, akụkọ kwuru na onwere otu nwata nwoke a mere ka ụmụ-nta abụọ ọzọ ghọọ ụmụ ezi n'ihi na nne ha kwuru okwu ugha.

Akwụkwọ nsọ kwuru na Eze Herọdu bụ onye na-achi achi chọrọ iwepụ ndụ ya mgbe ọ bụ naani nwata. Emesia, ya na nne na nna ya jee ikpere Yahweh n'ụlọ ukwuu di na Jerusilim. Ma ọrapụrụ ha wee n'ọdụ, na-akụziri ndi ọkachamara ihe n'ime ụlọ ukwuu ahụ. Ihe a mere mgbe ọdi naani afọ iri na abụọ.

Akwụkwọ-nsọ mekwara ka amata na ọrọpụtara onwe ya mmadụ iri na abụọ site na Galili. Otu n'ime ha rakwara ya nye n'ọnwụ. Ọlụrụ ọtụtụ ọlụ di iche iche.

Omere ka ụfọdụ ndi nwụrụ anwụ si n'ọnwụ bilie. Omere ka ndi mgwọrọ jee ije. Ọgọrọ ndi isi na ndi ode-akwụkwọ nke Jerusilim mmụọ. Omebikwara ibu ahia ndi na-ere kpalakụkụ na ndi na-agbanwe ego n'ime otu ụlọ ukwuu ahụ.

Emesia, ha wee gbakọọ izu, wee kwugbue ya n'ihi omume ya. Payileti denyekwara n'obe ebe akwụdoro ya ka ọnwụa ihe ngosi ọnwụ nke ya. "NKEA BỤ JISỌSI, EZE NDI JUU" "IHE EDERE, EDEWO M YA", pụkwara ya n'ọnụ. Nwoke onye Arimatia wee mere ozu ya ebere, buru ya lie n'ili nke aka ya. Mgbe ụbọchi atọ gasiri, akwụkwọ nsọ ekwue "Osi n'ọnwụ bilie" Ma ndi Juu kwenyere na mmadụ iri na otu ahụ, bụ ndi fọdụrụ n'iso ya jere buru ozu ya.

Emesia, n'ụbọchi emume ndi-Hiburu ana-akpọ Pentikọstu, mmadụ iri n'otu ahụ wee mejua ndi Juu anya site n'ikwu na onye Nazareti ahụ arigorowo n'elu igwe. Na ọbụ naani n'aka nwoke ahụ eliri n'ili ahụ ariọtara ariọta, ka mmadụ niile ga-enwe nzọpụta.

Ndi Juu wee kwe: "Ee...", Igbo ekwe: "Ee..."; ndi Ngwa ekwekwa: "Hee...ee...Ọbụ otu ọnụ".

Ndi Igbo kwenyere na nwoke ahụ amụrụ n'ihe ana-etinyere anụ ụlọ nri nke ariọtakwara ariọta ga-enye ha ndụ ebighi-ebi mgbe ndụ ha n'ụwa nke a gasiri.

Ọzọ, ha nwere ntụkwasi-obi na onye a ndi-agha Rom tụrụ nza maka uwe ya n'ọnwụ na okenyere ha ụba. Na ọbụghi ebe ọbụla mmadụ n'ọdụrụ ka nwa Meri kwaturu ya.

Ndi-Igbo tụkwasiri obi na nwoke ahụ nke tiri ndi-isi-ụka di na Jerusilim ụtari na-enye ha ihe-nketa nke nwanyi n'ụlọ di ya, bụ mkpụrụ nke afọ. Ha na-akpọkwa ya *"atọ n'ime otu"*---Ya bụ, otu n'ime atọ di n'otu Chi.

Ha kwenyekwara na ọgaghi ere ha afụ mgbe ha nọ na mkpa. Nke kachasi, na onye Hiburu ahụ nke na-enweghi ụlọ-obibi mgbe ọdi ndụ n'uwa nkea bụ oke nkume nke mgbe ebighi-ebi ha.

10

NLETA NDI IGBO

Ije nleta bụ otu n'ime omenala ndi Igbo na-edebe. Ọna-eme ka ha mata onwe ha karia. Ikwu na ibe na-achọ ka ndi agbata obi ha bia leta ha. Ndi enyi na-enwe obi añụri mgbe ha na-ejekọrita nleta.

Mgbe enyi na-adighi eje nleta, ndi enyi ya na-amalite iche echiche banyere omume ya. Ma eleghi anya, ọbụrụ na mmadụ di otu a nwere ihe isu ngọngọ n'ebe ha nọ.

Ọbụrụ na mmadụ adighi eje nleta, ọ na-achọpụta onwe ya dika onye na-adighi amata mkpa ndi-agbata-obi ya. Mgbe mmadụ na-eje nleta, ọ na-eme ka ọmata mkpa ndi enyi ya, kọwaa onwe ya, mgbe ndi mmadụ nwere nghọtahie n'ebe ọnọ tupu akpọgide ya omume ya n'obe.

Ụfọdụ mmadụ na-etufu uru nke ukwuu, na-ebukwa ọnụma di ukwuu n'obi, n'ihi na ọtụtụ ikwu-na-ibe nwere nghọtahie di egwu n'ebe ha nọ. Ma, akwụkwọ-nsọ na-ekwu si:

"Okpukpere-chi nke di ọcha,
nke ana-emerụghi emeru n'iru
Chineke bụ nna anyi bụ nke a:
Ileta ụmụ ogbenye, na ụmụ
nwanyi di ha nwụrụ, n'ime
mkpa ha niile. N'enweghi ntụpọ site n'ụwa."

Nkea bụ oke nkume, bụrụkwa iwu nke si n'ebe Ọbasi di n'igwe ridata. Ije nleta bụ idebe iwu Chineke. Ileta ụmụ ogbenye bụ isọpụrụ ya. Ijekwuru nwanyi di ya nwụrụ bụ ihụ Chineke n'anya. Inyere ha aka bụ imezu iwu Onye-nwe-anyi.

"*Ọbụrụ na ihụrụ mụ na-anya, ighaghi idebe iwu m*"...Ije nleta bụ ikpere Chineke n'ụzọ di ọcha. Ma, otu ihe di; Otu ihe dikwa nke Onye-Igbo na-aghaghi iribe ama.

Otu ihe di nke ọga-etinye n'obi ya. Otu ihe di bụ nke ọga-akpachapụ anya n'ihi ya. Ya bụ idote onwe ya ọcha tutu ojee nleta. "N'ENWEGHI NTỤPỌ SITE N'ỤWA". Ya bụ mmadụ idebe onwe ya ọcha site n'ụwa. N'izere onwe ya ndụ n'omume n'ebute isụ ngọngọ n'obi.

N'inwe ezi mkpachapụ anya, n'okwu, n'olile anya, na ọziza ajụjụ. Ka mmadụ ghara ikwu "mmakwara" mgbe ojesiri nleta. Ka ọ gharakwa inwe ọnụma n'obi mgbe ọna-alọta ileta ndi ọzọ. Ka ọgharakwa inwe onye iro n'ihi na o jere nleta. Ka ogosi onwe ya dika nwa Chineke. Ka omume ya n'ebe o jere dika mmanụ nwere isi ụtọ. Ka omesoo ndi mmadụ ọzọ dika ụmụ Chineke.

Ka ndi mmadụ na-echeta ya dika ezi mmadụ n'ezie. N'ihi na ọlụ ọbụla mmadụ lụrụ kwa ụbọchi bụ ọzi ọma ọna ede. Ọbụkwa ha ka eji echeta ya.

Ileta ụmụ ogbonye na-eme ka ha nwee igba ume n'ime ọnọdụ ha. Igba ha ume na-eme ka ha nwee obi añụri na ihe banyere ha na-emetụ ndi ọzọ n'obi. Ọna-emekwa ka ha nwee olile anya na ọga-adi mma.

Ọbụrụ na anọnyeregh i nwata mgbe Chi ya napụrụ ya nne na nna ya, egwu na iche echiche nwere ike mee ka ọridarue ala mmụọ mgbe oge ya na-aka-erubeghi. Ndi Igbo na-egbochi ihe di otu a site n'ije nleta. Ana-atụ ilu si: "Mmadụ adighi efu, mgbe ihe ya furu".

Ọzọ, di-ọchi adighi etiwa ite ya n'ihi na mmiri banyere n'ime mmanya ya. Onye mara ihe adighi ajụ onwe ya mgbe Chi ya rere ya afu.

Otu nwoke nọ, esemokwu si n'elu, si n'ala biakwute ya. Ọmaghi ihe ọga-eme ka ụbọchi ya di mma. Ọdi ya ka ọ bụ na ajọọ omume ya kachasi nke ndi ọzọ. Otu ụbọchi, Ọchọ-udo dinara ala n'ime ụlọ ya.

Esemokwu wee kpebie ileta ya. Mgbe orutere, ọkụrụ aka n'ọnụ ụzọ. Ka ọ na-emepe ụzọ, ọ hụrụ na ọbụ nsogbu biara ileta ya.

Otie nkpu si:. "Ewoo!, enyim esemokwu, ekele m gi dika ichetara m, wee kpebie bia iletam. Biko ọna-ewute m na enweghi m oche. Anam ekele gi. Biko laa nke ọma".

Ima ihe mere? Esemokwu wee zaghachi: "Esogbula onwe gi. Ebu m oche m wee bia. Jikere. Ọbụ mụ na gi nwe ọnọdụ n'ụbọchi taa". Ọchọ-udo etie: "Ewo!, biko nsogbu, enwere m ọlụ m na-aga ilụ n'oge na-adighi anya. Biko lawazie" Ma nzaghachi o nwere bụ: "Mba, aga m anọnyere gi n'ọlụ". Otua ka ọdi mgbe ụfọdụ na ndụ mmadụ ọbụla ekere eke.

Oge ọnwụnwa na-abiakute mmadụ. Ọga-erukwa na mmadụ ga-ajụ onwe ya ajụjụ si: "Ọbụ ezie na ajọọ omume m kachasi?. Lee ka ihe na- agara ndi na-adighi erubere Onye-nwe anyi isi nke ọma.

Ma mụ onwe m nọdụrụ na-ata ahụhụ di otu a. Ọbụ nkasi obi onye ụwa ahụhụ ka m ga-enwe bụ na amara onye kere m ezuworo m? Ihe kere m, ọna-eche nwa oge nta mmehiere ka owee nwee ihe ita m ụta ka onye m ahụhụ? Ọbụ ezie na Onyeokike kpọrọ ndi na-asọpụrụ ya asị, ma hụ ndi na-adighi ejere ya ozi n'anya?".

Gini bụ nke a? N'ezie, mmadụ ọ bụla amụpụtara n'ụwa aghaghi inwe oge ahụhụ. Ụbọchi ahụhụ ndi a na-akwadebe ya ka onwe ike inagide ụbọchi nke ihe ọjọọ.

Mbuli elu nke mmadụ adighi esite n'oke ọńụ mmadụ na-enwe; kama, ọ na-esite na ogologo ntachi obi mmadụ pụrụ inwe mgbe ọnwụnwa dakwasiri ya. Ọbụ site n'inwe ntachi obi ka Ọkpara Chineke nwere ọnọdụ izọpụta ndi kwere ekwe.

Ọbụkwa n'oge oke-ọnụma ya ka ọriọrọ ụfọdụ n'ime ndi na-eso uzọ ya ka ha nwee ndidi, binyere ya mgbe ojere ileta ọbibia Mosisi na Ilayija n'elu ugwu. Ọchọkwara nleta na ndidi nke ndi ozi ahụ, mgbe obi ya na-eri oke-uju, n'ogige Getisemeni, banyere ọnwụ nke obe. N'ezie, n'oge mkpa ka mmadụ na-achọ ndi nleta, ri nne.

Ndi Igbo nwere ọtụtụ ụlọ-ọgwu. Ndi ọria di iche iche na ejekwa n'ime ha. Site n'ụbọchi mmadụ ghọrọ mkpụrụ obi di ndu rue ụbọchi ọnwụ, ọbụ ihe nketa ya ka onwee oge nriria.

Ọdikwa mkpa ka onwee ndi nleta n'oge nkea ọna-eri uju. Ọga-enwe mwute ri nne ma-ọ bụrụ na ndi mmadụ agbakute ya azụ, n'oge ọna aria ọria. Ọbibia ndi nleta na-enye aka ime ka arụ ya di ike. Nke a pụtara ihe n'ihe ọmụmụ banyere mkpụrụ obi mmadụ.

Mgbe ọbụla mmadụ nọ n'ọria, ọdighi mma ka ọghara inwe ndi nleta, tụmadụ, mgbe ọ na-aria ọria nke n'adighi efe efe. N'ezie, nkea bụ akụkọ ihe mere eme. Omere n'ụlọ-ọgwụ nke di na Ọnicha-ngwa:

Onwere otu nwoke n'ụlọ-ọgwu ahu, Onwere ezi na ụlọ, ma onweghi ego. Uche ya niile bụ otu ọga-esi mee nweta ego.

Ọmụmụ ihe banyere mkpụrụ obi mere ka amata na mgbe ọbụla otu echiche banyere mmadụ n'obi, akpa akọ-na-uche ya ga-ayọkọta ya wee mee ka okwenye na ihe ahụ bụ ezi okwu. Ka nwoke ahụ na-eche echiche banyere ego, otu ihe banyere ya n'obi. Ihe a ọbụ gini?

Obi ya nyere ya ndumọdu jọrọ-njọ na ọna-aria ọria. Ọria nke a ọbụ gini? Ọbụ arụ ima jijiji, ka obi ya gwara ya. Ima ihe mere? Akpa akọ na uche ya wee yọkọta ụbụbụ a, mee ka okwenye na ya na-aria ọriọ ana-akpọ arụ-ọma-jijiji.

Gini bụ arụ ọma-jijiji? Ka ọjụrụ onwe ya. Ma mkpụrụ obi ya zaghachiri ya si: *"Amaghi m, jee ụlọ-ọgwu ka ndi dibia kọwara gi"*. Ọfọdụrụ naani obere ihe ka nwoke ahụ nwụa ọnwụmgberede tutu ụbọchi ahụ agafee. Obi efeba ya n'ime afọ.

Ndi ụlọ ya wee mee ọsịsọ buru ya jee ụlọ-ọgwụ. Ihe a wutere ezi na ụlọ ya n'ihi ọnwụ nkea chọrọ ipunara ha mmadụ a n'ike. Ha wee mee ọsịsọ chebiri adighi ama ama. Nwoke ahụ nọrọ n'ụlọ ọgwụ ahụ ụbọchi anọ tupu okwe wee gbazue.

N'oge ndia, ndi dibia na ndi na-elekọta ndi ọria anya nyere ya ọtụtụ ọgwụ di iche iche, lekọtakwa ya anya nke ọma. Ima ihe mere? Otu ụbọchi, mgbe dibia onye-ọcha na-agafe, ego di n'ime akpa ya mere uńara. N'otu mgbe ahụ, nwoke ahu na-anwụ anwụ wee bilie.

Onye dibia ahụ wee ribe ama. Ochetara ọmụmụ-ihe onwere banyere ọlụ nke mkpụrụ-obi mgbe ọnọ n'ụlọ-akwụkwọ. N'ụbọchi ọzọ, ojikere ka ya nwaa nwoke ahụ ọnwụnwa.

Ima ihe omere? Onye-dibia bekee ahụ wepụtara akpa ego ya, wee tinye n'ime ya kobo ise ise, iri iri, na otu otu...Owere akpa ego ya rue nso ebe onye-ọria ahụ nọ, wee tọgbọọ ya n'ala.

N'otu ntabi-anya, onye-ọria ahụ ebilie dika nwa-ologbo, makuru ya dika nwa-ologho nke na-achụ oke. Onye dibia ahụ wee chia ọchi, kwue si: *"Enyi m, biko were ego nke ahụ. Chineke gọzie gi. Laa nke ọma".* Ima ihe mere? Nwoke a wee bilie, kwakọta ngwongwo ya wee laghachi n'ụlọ ya.

Iche oke-echiche maka ụkọ-ego nwere ike ime ka mmadụ nwụa n'oge Chi ya na-achọghi. Ọbụ ihe kwesiri ka mmadụ nwee ndi nleta, tụmadụ, bụ ndi ọ ga-enwe ike kọrọ ihe nzuzo nke obi ya.

Obi mmadụ nwere ọlụ di ebube ọpụrụ ilụpụta site n'obere ihe etinyere n'ime ya. Onwere akụkọ ọzọ. Otu agadi nwanyi dabere n'ute ọria. Orue otu ụbọchi, ndi nzukọ ụka ya wee jee ileta ya.

Mgbe ha na-abụ abụ, nwanyi ahụ wee soro ha bụa. Onye nkuzi ụlọ ụka ha ribere ama na onwere abụ agadi nwanyi ahụ na-abụkari. Ọmatara nkea site n'oge ọna-abia ileta ya tutu ọdaa n'ute ọria. Onye-nkuzi ahụ wee kwue "Mgwanụ ka anyi bụa:

"Obodo ọma di. Ọ dighi ihe ọzọ.
Nwere ike iba, nwere ike iba
N'ime ọnụ ụzọ ya".

N'ezie, nwanyi a wee bilie, kụwa aka, tewe egwu abụ ahụ. Osokwara ha na-abụ abụ ahụ n'olu ọńụ. Tutu ha ejikere ipụ, okpebiri, jikere kwa soro ha jee ileta ndi ụka ha ndi ọzọ bụ ndi achọrọ ka ejee leta. Ọria nwanyi ahụ gwusiri n'ụbọchi ahụ.

Ije nleta bara uru nke ukwuu. Ndi-Igbo matara nkea; ya

mere na ha na-eme ya. Ọbụ ihe itụ-na-anya mgbe ndi mmadụ na-aga ileta ndi nọ n'ụlọ mkpọrọ. Ụfọdu mmadụ adighi akwado nleta di otua, n'ihi na ndi nọ n'ụlọ mkpọrọ bụ ndi ewere dika ndi mmebi iwu.

Elezie anya, ọbụghi ndi mkpọrọ niile mebiri iwu. Ụfọdu n'ime ha banyere n'ụlọ ahụ n'ihi ebubo ụgha eboro ha. Ụfọdu, n'ihi ajọọ Chi; ụfọdu, n'ihi ihe-mgberede. Ndi mkpọrọ nọ-ọnọdụ ndi kwesiri ka emere ebere, n'ezie.

Onwere otu nwoke soro ndi ụka ya jee igbasa ozi-ọma. Ka ọna-alọta n'ụzọ, ụkwụ ọjọọ kpọrọ ya.

Ọgba igwe ọgba tim tim ya na-alọta. Nwata nwoke wee site n'ama ha n'agbafe ụzọ. Nne ya ji ụtari na-achụ ya. N'ihi na omere omume jọrọ ya njọ. Ka onye ọgba tim tim ahụ na-achọ ka ọgbafee, nwata ahụ zutere ya na mgberede. Isi ya banyere n'ime akụ ọgba tim tim. Tutu nwoke ahụ enwee ike ikwusi igwe-ọgba-tim-tim ya, nwata ahụ aghọwo ozu.

Nwoke a aghọwo ogbu-mmadụ na mgberede. Nwoke etie nkpu si: *"Ewoo!, Chim. Ụwa-ojoo nke a; ihiem-kwa"* Nne nwata ahụ elee anya hụ na ọnwụ apụnarawo ya otu mkpụrụ nwa n'ike.

Ochee ka ya were mma tigbue onye ọgba tim tim, ma ochetara na ọkpachaghi anya sọgbue nwa ya. Ochee ka ya were ụdọ kwụgbue onwe ya, ma ochetara na o nweghi uru ọga-abara ya, n'ihi na mmadụ adighi efu mgbe ihe ya furu.

Otie elu, tie ala, bekue ọnwụ ka o were ya n'ọnọdụ nwa ya, ma nke a enweghi isi. Gini ka ọ ga-eme? Akpọrọ ndi uwe ojii. Ha kpọrọ nwoke a jee tinye ya n'ụlọ mkpọrọ. Ije igbasa ozi ọma etinye ya n'ụlọ mkpọrọ. Ndi ụmụnna, ikwu na ibe, na ndi nzukọ ụka nwoke a wee gbakọta ka ha gbapụta ya. Ha jegidere n'ụlọ ikpe ike agwụ ha.

Nwoke a wee nọọ n'ụlọ mkpọrọ ọnwa atọ, ya na ndi ori tutu enwee ike igbapụta ya. Ọnọdụ ya wee ju ya afọ.

Ọnwụ bụ ihe diri mmadụ niile. "Naani otu mgbe ka akwadoro mmadụ ka ọnwụ a, emesia, ikpe eso ya". Nkea bụkwa ihe nketa nke ya. Site n'ụbọchi n'ụbọchi amụpụtara mmadụ rue n'ụbọchi ikpe azụ ya, ọna-eribe ama na ya aghaghi inwụ. Ndi mmadụ na-eje ikwanyere onye ọbụla hapụrụ ụwa ugwu ikpe azụ. Otu onye nkụzi kọwara na ọnwụ bụ mgbe mmadụ na-alakuru ebighi-ebi ya. Ebighi-ebi ya n'aka nri Chineke ma-ọbụrụ na omere ihe Onye nwe-anyi na-achọ.

Ebighi-ebi ya n'aka ikpe ma-ọbụrụ na ọńara ekwensu nti. Ma-ọbụ na mmadụ lụrụ ezi ọlụ, ma-ọbụ na omere ihe ọjọọ, ọna-ewute ndi mmadụ ri nne mgbe ha na-ahụ ka ọ na-ahapụ ha jee ebighi ebi ya.

Ọbụghi naani na ha na-eje inye ya nsọpụrụ ikpe-azụ; kama, ha na-aga, kwa mgbe kwa mgbe ikasi ndi ezi-na-ụlọ ahụ obi, bụ ebe osi wee hapụ. Mmadụ irapụ jee ebighi-ebi ya na-ewute ndi-Igbo kari.

Nke kachasi, olulu nrapụ ahụ na-egwu na ezi-na-ụlọ ahụ abụghi ihe nta. Ma-ọbụ nwoke, ma-ọ bụ nwanyi, ma-ọbụ nwata hapụrụ, ọnọdụ ya bụ ihe aga na-echeta n'oge niile.

Ọnwụ-emewo-uche-ya. Ọnwụ-ka-m-ike, Onye-erighi-ọnwụ, Ọnwụ-kwe-ndụ-adi, Ọbụ-Ọnwụ-ma-uche-echi, ma-ọbụ Ọnwụ-mma; n'ezie, aha ndia bụ ụfọdụ aha ndi-Igbo na-enye ụmụ ha, icheta mmegbu nke ọnwụ megburu ha. Ọbụghi ihe di nta bụ ọnwụ ipụnara ezi-na-ụlọ mmadụ. Nleta egbe na-eleta nnekwu ọkụkọ na ụmụ ya adighi ewetara ya obi ańuri.

Ọga adi nnekwu ọkụkọ mma ma-ọbụrụ na oyighi akwa, karia na oyiri ya, husie anya kpugide ya, taa ahụhụ bụakwa ya, kpọọ chọkọm chọkọm ichọtara ya ihe oriri, ma na mgberede, na ntabi anya, egbe ewee buru ya n'ike. Ọna-ewute ya ri nne.

N'ezie, ọna eme ka ọkwa akwa n'obi di ilu. Ọlụlụ nwanyi bụ ihe ańuri n'ala Igbo. Ikwu na ibe na abiazu maka emume ya. Alụsia nwanyi, akpọlata ya n'ụlọ di ya. Ugbua, nwoke na ndi ọbia ana-eme.

Ndi enyi, ndi agbata obi, na ndi nzukọ di iche iche ga na-abia ileta nwoke na nwanyi ya. Aga na-esi, na awusa nri ebe niile. Ọji na ose ọji ga-na-ari ibe ya elu. Mmanya na afọ mmadụ ga na-agba mgba.

Ụfọdụ ga-na-eti egwu. Ụfọdụ ana-akpọ ụbọ. Añụri na-eju mmadụ niile obi n'ezi na ụlọ alụbatara nwanyi ọhụrụ. Ndi onyinye ana-ewetara ha ihe dika ọkụkọ, ewu, ego, na ngwongwo mmadụ ji ebi n'ụlọ.

Odozi akụ bụ nnukwu ihe na ala Igbo. Ya mere na ndi mmadụ na enye ya nsọpụrụ ruru ya. Ndi ọgọ na abia kwa mgbe kwa mgbe ileta ada ha. Adighi eji idi n'otu di n'etiti ndi ọgọ na di na nwunye agba bọọli n'ala Igbo.

Ọzọ, ha na-ele igba alụkwaghim dika ihe abụrụ ọnụ. Dika ewere imụ-ejima dika ihe-arụ n'oge gara aga, otu ahu ka ndi Igbo n'eleda nketọ nke di na nwunye n'oge ugbua.

Igbo na-akwado idi n'otu nke di na nwunye.

Otu ndi egwu n'ala Igbo gụrụ egwu banyere nwa-amụrụ ọhụrụ: NWA BIARA IJE. Egwu ahụ di ụtọ nke ukwuu:

"Kelenu nwa biara ije.
Kelenu nwa biara ije.
Nwatakiri biara ije ọma-nuo.

Kelenu nwa biara ije.
Chukwu gozie nne muru ya.
Kelenu nwa biara ije.
Chukwu gozie nna muru ya.
Kelenu nwa biara ije.
Nye unu ogologo ndu wo.
Kelenu nwa biara ije.
Nye unu ogologo ndu wo.
Kelenu nwa biara ije...

Nleta nke ana-eleta nwa amuru ohuru n'ala Igbo na-enye obi anuri. Ọna-eweta onu nihi na amubatara nwa n'uwa. Ọbibia ya na-eme ka ndi ikwu na ibe, ndi enyi, na umu nne, weta onyinye di iche iche. Ụmu di nwanyi ahu muru nwa ga na-abia ikuturu ya nwa.

N'ime obodo, ha lota ikpa nku, ha ewetara ya ufodu n'ime ha. N'ogea, nne nwa ohuru ga-na eri anu, azu, okporoko ebe o di ukwuu. Oge nwanyi no n'omugwo na eme ka umu nwoke ghotahie onodu umu-nwanyi n'ebe di ha, n'ihi nke a, ufodu na-akpo ha "oriaku". Dika ezi okwu si di,

Odozi-aku n'ala Igbo abughi "Ọtapia". Ọnodu umu-nwanyi mgbe ha no n'omugwo bu ihe ekwesiri ka emere ebere n'ezie.

Okwesiri ka ha nwee ezi ozuzu ike mgbe ha mụsiri nwa. N'ụwa niile, ndi mmadụ ghọtara nke ọma na nwanyi mụrụ nwa ọhụrụ na-enwe ike ọgwụgwụ, na okwesikwara ka orie ihe oriri di mma nweekwa oge ozuzu ike.

Nleta ana-eleta nwa biara ije na nne ya bụ ihe kwesiri ekwesi. Ndi Igbo kwenyere na nwata bụ onyinye si n'ebe Chineke nọ bia. Ọna-enyekwa ya mmadụ ka olekọta ya anya.

Nwa abụghi nke naani otu mmadụ n'ala Igbo; kama, ọbụ nke mmadụ niile. Ọra mmadụ na-enwe ańuri n'ebe amụrụ nwa. Dika ndi-Igbo na-ewere mmadụ gbara ọtụtụ arọ na ndụ ya, dika ndi di nsọ, otua ka ana-ewere nwa-ọhụrụ dika ihe okwesiri ilekọta anya nke ọma na ihe kwesiri nsọpụrụ.

Ileta nwa amụrụ ọhụrụ bụ omenala ndi Igbo. Ụmụ nwanyi, tụmadụ ndi ụmụ-nne na ndi ụmụ-nna na-agụ egwu nwa n'ebe amụrụ nwa ọhụrụ. Ha na-abụ abụ, ha ana-ete egwu. Obi ana-atọ onye ọ bụla ka ụkpaka. Nleta ha na-egosi iru-ọma nwa amụrụ ọhụrụ nwere n'ebe ha nọ.

Ọbụrụ na omume gi adighi mma, lụa ọlụ di mma. Ọbụrụ na inweghi ike ilụ ọlụ ọma, nye ndi lụrụ ọlụ ọma otito. Wezuga onwe gi site n'ebe ọlụ jọrọ njọ di.

Ekwela ka okwu na-eme ka ndi ọzọ sụa ngọngọ si n'ọnụ gi pụta. Onye ọbụla nke mara ihe na-edebezu ụkpụrụ ndia mgbe ojere nleta.

Ndụ ndi Igbo achọghi esemokwu. Ọbiara ebe onye abiagbula ya. Ma, mgbe ọna-ala, nkpumkpu apụkwala ya. Onye mara okwu na-ebute esemokwu kwa ire ya nga. Nleta bụ ihe kwesiri ka ewere obi nwayọọ mee. Ọchọghi nsogbu ma-ọbụ esemokwu.

Oje mba nwee nlọta. Agaracha aghaghi ilọta. Mmadụ jee mba lọta, ndi mmadụ na-aga ileta ya. Mgbe mmadụ di ndụ ka onwere oge ileta ndi ọzọ. Ọbụkwa oge-ndụ ka ha na-enwe mnwekọ di otua.

Uru gini ka ọga-abara mmadụ ma-ọbụrụ na naani ya ebiri n'ime ụwa niile? Ọbụrụ na ewepụta otu obodo, wepụtakwa otu mmadụ ka naani ya biri n'ime ya.

Ọzọ, ọbụrụ na ndi ọzọ ekpebie na ha agaghi abiakute ya nso. Onweghi onye ga-achọ ala-eze di otu a ma-ọli.

Otu nwoke nwere ọnọdụ di otua mgbe Chineke chọrọ ka ozue ike site n'ọlụ okike ya. Aha nwokea bụ Adam.

N'ezie, nwoke ahụ nọdụrụ na mwute n'ihi na onweghi onye-nleta ma-ọbụ onye-inye-aka kwesiri ya. Chineke hụrụ ọnọdụ nwokea wee mee ka oke ụra dakwasi ya. Owee kee mmadụ ọzọ site n'ọkpụkpụ nke oweputara n'arụ ya. Owee mee ka nwanyi ahụ bia leta ya. Mkpu pụrụ ya n'ọnụ. "Ehee!" Nwanyi ahụ abụghi naani onye inye aka nye ya; kama, ọbụkwa onye-nleta kwesiri ya.

Site n'ụbọchi ahụ, Onye-okike wee debe ya dika ụkpụrụ, bụ mmadụ inwe onye-nleta. Ụkpụrụ-ọma ka nkea bụ. Ụkpụrụ nke okike ụwa ahụ digidere rue taa.

Ije nleta bụ inwe mnwekọ di ụtọ. Nzukọ di egwu ka ọbụ. Ndi-Igbo adighi echefu okwu Ikemba Nnewi kwuru n'ụbọchi iribe ama nye Igbo niile: *"Anyi aghaghi izukọ ọzọ; nnukwu ụmụ nnem".*

11

IWA-ANYA IGBO

Na mgbe ochie, ndi-Igbo bụ ndi amara ka ndi na-awa anya. Ha na-ejide, na erekwa mmadụ ibe ha n'oru. Ha na-eje igbu-isi mmadụ, werekwa ha lie ozu.

Ha na emenye mmadụ ka ha bụrụ osu, ma-ọ bụ onye abụrụ ọnụ. Imụ-ejima bụkwa ihe ana-asọ nsọ n'ala Igbo n'oge mgbe ochie. Ana-etufu ụmụ ejima ndi a n'oke ọhia ka ha nwụa n'aka ijere na arụrụ ndi ọzọ na-emekpa mmadụ ahụ.

Ana-achukwa aja ka ha gbafue dika ụgba ghara ilọghachi ụwa ọzọ. Mgbe ụfọdụ, ana-egbu nne ejima egbu n'ihi na ha kwenyere na ọ bụ onye chi ọzọ.

Ndi-Igbo bụ ọkụ na-agba ọzara n'ọgbọ agha. Ha mara ka esi eji ụta na akụ eme ihe...Ha matakwara ka esi eji mma ebipụ mmadụ isi n'ọgbọ agha. Dimkpa na dike ka ha bụ. Ha adighi etufu oge ma-ọ bụrụ na ndi obodo ọzọ akpatụ nwa agụ aka

176

n'ọdụdụ mgbe ọ na-ararụ ụra.

Ha dika nwa-ologbo, azụ ha adighi adaru n'ala mgbe ha na-agba mgba. Ndi agbụrụ niile gbara ha gburu gburu na-atụ ha egwu ri nne. Ha adighi atụ ụjọ.

Na mgbe ochie, Onye-Igbo mụta nwa na-atụ ụjọ, omee ngwa ngwa refue ya dika ohu. Ọchọghi nwa nọ nwusi nwusi: ọria isi ọwụwa n'ụbọchi taa, ọria nriria afọ ọwụwụ echi. Nwata dikwa otu ahụ ka ndi mụrụ ya na erefukwa.

Ndi Igbo chọrọ ụmụ siri ike n'ihi na ha di ike. Ọdụm adighi amụta nwa ụjọ na-atụ. Oge Onye-Igbo pụtara n'ọgbọ agha, amata na agha abụghi egwuri egwu.

N'ọha-ọfia, nwa-okorọbia torue ma-ọbụrụ na ogbutabeghi isi nwoke ibe ya, ọdi ya ka ọnwụa. Ichụ-nta isi mmadụ ka ejiri mara ndi-Igbo, bụ ndi si Ọha-ọfia, n'oge gara aga. N'oge ana-eme emume ka onye ọbụla na-apụta kwue, wee gosikwa isi mmadụ ole ogbutere site n'oge ojere ichụ-nta ya. Ụfọdụ mmadụ na-egbu, na-erikwa anụ mmadụ ibe ha.

Oge ike ji rue, ụmụ-nwoke apụa igbu-isi mmadụ eji eri ji, n'ihi na ji bụ eze ihe ọkụkụ nke ubi niile; ọ bụkwa ya bụ ọkpara aha-njọkụ, niime ala-mmụọ. Onye merua ji, aha-njọkụ abia ya ụgwọ. Irute n'ajọọ ọhia na mgbe ochie, okpokoro isi mmadụ ejupụta n'ime ya. Nwata kpakaria nganga, egosi ya na dimkpa bi n'obodo. Igbu mmadụ abụghi ihe ọhụrụ na mgbe ochie n'ala Igbo.

Mgbe ndi Opotokiri [Portuga-ali] biarutere obodo anyi, ụjọ di egwu tụrụ ha n'ọnụ mmiri. N'ihi nkea, ha lụpụtara nzọpụta nke onwe ha site na-ime ka ha bụrụ enyi ndi eze, tụmadụ, eze ndi ahụ, bụ ndi nwere ọtụtụ ndi-ọrụ. Mgbe ndi Igbo biarutere ha nso, n'ọnụ mmiri Opobo, aha ha kpọrọ ndi- ọbia ndia, bụ ndi arụ ha na-acha ka ọla-edo, bụ: *"ụmụ arụrụ ogo-imi",* n'ihi na ndi Igbo were ha ka ụmụ arụrụ; tụkwasi na imi ha toro ogologo.

Ụmụ arụrụ ogo-imi ndia wee chọpụta na ha ga-enwe nnukwu uru ma-ọ bụrụ na ha enweta mkpụrụ obi ndi eze. Ha wee malite site n'inye ha onyinye. Ma ndi eze a amataghi na ọbụ naani aghụghọ jupụtara *ụmụ arụrụ ogo-imi* ndia n'obi.

Ha wee malite na-ebutere ndi eze ndi a ihe onyinye di iche iche. Emesia, ha amalite iwebata egbe, na nsi-egbe, gosikwa ndi eze ndi ahụ na ndi ohu ha ka—esi agba ha.

Ha ghọgbukwara ndi eze ndi a, tụmadụ ndi a na-asụ asụsụ ndi ọzọ di iche site n'asụsụ Igbo. Ka nke a na-eme, ha malitere izụrụ ndi ohu site n'aka ndi eze ndi a. Jaja, eze Opobo, na Eze Pipụlụ nke Bọni kpara ike di egwu n'oge ahụ.

IGBO BỤ EZE.

Ha wekwara egbe ndi a malite ije agha, na-egbukwa ndi Obodo ndi ọzọ gbara ha gburu- gburu karia. Ugbu a, ha wee malite irenye ndi Opotokiri ọtụtụ ọrụ, bụ ndi ha jidere n'agha.

Ire ohu agba tum ka ọkụ. Ugbu a, ụmụ ahụhụ ogo imi emeriwo site n'iwere aghụghọ ha webata egbe, meekwa ka ndi Afirika na-akwafu ọbara ụmụ nna ha n'ala Afirika n'ihi akpiri uru n'ezighi ezi.

Ọbara Afrika tiri mkpu, kwaa akwa, riekwa uju n'ihi nnabata nke anabatara ndi Opotokiri n'obodo anyi. Nsogbu na ọgba-aghara ụmụ arụrụ ogo imi ahụ wetara n'ala Afrika nwere apa ebighi ebi n'elu ụwa niile.

Aghụghọ ndi ọcha na amụnwanye. Ha webatakwara ya n'ala Igbo. Igbo amụta wee werekwa ha na-eyi ndi agbata obi ha dum egwu. Ndi mba Briten tinyekwara aka n'ire ohu.

Ha wee na-eburu ha na-ebuga ụwa ọhụrụ nke Maazi Kirisitofa Kọlumbọọsi chọpụtara mgbe ọgara ije ya nke amazuru n'ụwa niile. Ihe dika iri nde atọ mmadụ ka ebupụrụ site n'ọdida anyanwụ nke Afirika. Ahụhụ mmadụ ndia ebugara mba Amerika tara abụghi ihe ana-ekwu ekwu. N'ezie, ha tara ntu. Ndi nwụrụ n'ụzọ, na ndi etinyere n'oke osimiri dika mkpebi ndi nwe ha si di abụghi mmadu ole na ole.

Emesia, Onye-Eze nke obodo Biriteeni wee hụ arụ ana-eme ndi mmadụ site n'ire ohu. Owee kpọkue ndi eze ụwa na ndi ọna-achi ka ha bue agha megide mmegbu di otu ahụ.

Ndi agha ya malitere ikwụsi ajọọ omume a site n'oke osimiri rue n'elu ala. Ndi eze ụfọdụ kwutọrọ omume ya naani site nakpiri uru na-ezighi ezi ọzụzụ na orire ohu na ewetara ha.

Ndi kwadoro ajọọ omume a mere ihe di iche iche ka ha gaa n'iru n'ajọọ omume ha. N'ikpe azụ, ihe ọma wee nwee mmeri na-agha ahụ obusoro ajọọ omume.

Ọbụ ezie na obodo Biriteeni kwụsiri ọzụzụ na orire ohu n'ala anyi, ma mhusi anya ndi Opotokiri tinyere ndi ebugara ofe mmiri dika ikpe egbe na nnekwu ọkụkọ, ọga-agwụsi naani n'elu igwe. Mmegbu bụ ihe mmadụ nwere inya isi mgbe ha na-emegbu ndi ọzọ karia. Ọnụ ọgụgụ ụmụ mmadụ n'ọdida anyanwu Afrika wee daa, di ala ri nne.

Ugbua, obodo anyi wee n'ọdu n'okpuru-ọchichi nke obodo Biriteeni. Mmegbu ha wee pụta ihe n'ụzọ niile. Ma, mmụọ ndi-Igbo achọghi mkpagide. Ka ndi Igbo na-agbali ka ha nwere onwe ha, ka ndi ọbia ndia na- etinye aka-ike n'ọchichi ha.

Ka ndi-Igbo na-achọ ka ha lụpụta nzọpụta nke onwe ha, Ka ndi-ọchichi aka-ike Biriteeni na-etinye ọgba aghara n'etiti ha n'ụzọ niile.

Emesia, ụmụ Igbo ole na ole wee gafee ofe mmiri ichụ nta mmụta. N'ebe ahụ ka ha nọdụrụ mụta, ghọtakwa omume ndi-ọcha n'ụzọ niile. Mmadụ dika Nnamdi Azikiwe wee gụchaa akwụkwọ lọghachi. Ọbụkwa site n'aka nwa Amadi a ka Igbo malitere chiwa onwe ya.

Akụkọ banyere kpakpando nke Afirika a bụ ihe amazuru n'ụwa niile. Dibia Mayikeeli I. Ọkpara sokwa nye aka n'ọlụ a di egwu. Dimkpa dika Akanụ Ibiam nyekwara aka n'ọlụ a di mkpa.

Ka nke a na-eme, Maazi Diiki Ihetu [Diiki Tayiga n'asusu oyibo] wee bido iti ọkpọ n'ike n'ike. Otipụkwara Ọkaa- omee si obodo oyibo dika Jọn Fulma mkpụrụ ọkwọrọ n'anya. Aha ndi Igbo wee na-ari elu kwa ụbọchi.

N'afọ otu puku, iri iteghite na iri isii, onye na ibe ya metu, ihe iga-anụ bụ: "Matakwa na anyi nọ na Igbo chiri onwe ya".

Akụkọ hapụ mbekwu, amata na aghụghọ adighi n'ime ya. Tutu Igbo amalite ichi onwe ya, Onwere otu nwanyi, onye ọbia, lụrụ ọlụ di ebube n'obodo anyi niile. Nwanyi ahụ si obodo ana-akpọ Skọtilandi. Aha ya bụ Nwa-ada Meeri Silesọ. Mgbe ọbiarutere Obodo Kalaba, ọhụrụ otu n'ime omume ejiri mara ndi obodo anyi dika dike. Onwere mkpebi ibuso chi nke ana-amaghi ama ahụ agha.

Ọmalite, na-akọwara ndi mmadụ na itufu ụmụ ejima bụ imebi iwu Ọbasi di n'igwe. Omekwara ka ha mata na omume di otua bụ ihe arụ n'anya Chineke. Ọmalitere inye aka iwunye ụlọ ụka, zigakwa ozi n'obodo nke aka ya maka inye aka.

Mgbe ọna-eme nke a, ndi mmadụ wee na-eribe ama n'ọlụ ya. Ọmalite inabata ụmụ nwanyi mụrụ ejima n'ime ụlọ ụka ya. Ha na ya na ụmụ ejima ha niile wee n'ọdụ n'udo.

Onwere ezi nlekọta n'arụ ha. Ọlụ mmadụ bụ ozi ọma ọna-ede; kwa ụbọchi, ọlụ ọma ezi nwanyi ahụ wee gbasaa n'obodo anyi niile. Ozi ọma nke a nwekwara ihe iribe ama n'ala Igbo niile. Nwa-ada Meeri Silesọ wee bụrụ onye nwere agba, na onye ana-ekpupụrụ okpu n'obodo anyi dika onye kwụsiri igbu ụmụ Ejima.

Ezi nwanyi a wee nwụ a mgbe o mere ezi agadi. Ili ya dikwa n'obodo Kalaba. Mkpụrụ ọghara bụ nke dara n'ala di mma. Ọmipụtakwara ezi ncheghari ri nne.

Ọbụghi naani n'Ibibio, ala Igbo, na obodo anyi niile, kama, ozi ọma ya rutekwara mba niile nke Afirika. Nwanyi di otu a bụ ihe atụ ezi ọlụ na ima-aka-mgba nye ndi Opotokiri.

Ugbu a Igbo atụghariwo uche banyere omume emere na-amaghi-ama. Ugbu a, ana-anabata ụmụ ejima dika ngọzi sitere n'aka Chineke bia. Ọtụtụ ụlọ-ọgwụ di bụ ebe ana-amụ nwa. Ana-ewuwanye, na azụpụtakwa ụmụ nwanyi, ndi ọlụ ha bụ inọgide ụmụ-nwanyi na-amụ nwa.

N'ebe ụfọdụ n'ala Igbo, ana-egburu nwanyi ewu buru-ibu, mgbe ọmụzuru ụmụ iri na abụọ, tụmadụ mgbe ụfọdụ n'ime ha bụ ụmụ ejima.

Ikwa ozu eze n'ala Igbo n'oge gboo bụ ihe di egwu. Adighi eli onye mere ọgaranya ma-ọbụrụ na egbuteghi isi mmadụ abụọ ma-ọbụ atọ. Otu n'ime ndi oru ya ka ana-etinye n'ime ili mgbe ana-eli ozu ya.

Ọbụkwa isi onye ohu ka ana-ebipụ mgbe ana-eme ọkwụkwa ozu ya. Nwanyi anaghi eje n'ubi naani ya mgbe ana-anụ na onye eze nwụrụ.

N'oge a ka ụmụ okorobia na egosi ihe ha ji bụrụ dike. Mgbe ana-akụ nkwa ike; ikoro ikoro amalite ikpọ ha n'otu n'otu ka ha bia kọwaa otu ha si kpaa ike. Nwoke nke bụ nwanyi adighi apụta n'ihi na ndi ọzọ ga emenye ya ihere.

Ndi bụ dimkpa na dike na-amalite iwepụta isi mmadụ, aka ya ma-ọbụ ụkwụ nwoke, bụ ndi niile ha gburu n'ichụ-nta-mmadụ. Onye pụta, ọgbaa egwu, kọwaa otu osiri kpaa ike.

Mgbe ọna-eme nkea, ọha mmadụ, bụ ndi gbakọrọ n'ebe

ahụ, ana-enye ya otito---na-akpọkwa ya: dimkpa na dike. Ọsụsọ iru ga-na-agba ha n'oge ahụ ha na-ete egwu.

Ilee ha anya, arụ ha na adi ka ọgwụ apụghi ipụ ya.

> Oji nke oji gbue gbue gbue
> Oji nke oji gbue gbue gbue
> Oji nke oji gbue gbue gbue.

N'oge a ka dike na ihe na-eme. N'oge a, ihụ Onye Igbo, imata na ọ bụ dike n'ezie.

Akwachaa ozu onye eze, ndi nwunye ya adaa mkpe. Oge ida mkpe bụ oge ita ahụhụ pụrụ iche nye ụmụ nwanyi di ha nọrọ n'okwu ọchichi tutu ọnwụa. Ụbọchi niile abụrụ ha naani akwa.

N'oge ugbua, anyanwụ adaala, n'ọdida anyanwụ; ụwa atụghariakwa. Igbo anaghi ejikwa isi-mmadụ akwa ozu. Amamihe ọhụrụ apụtawo.

Igbo achọpụtawo na igbu mmadụ n'ihi onye nwụrụ anwụ bụ ihe jọrọ njọ. A maghi ama ndia bụ ihe echeta, ekwe n'isi, kpupụrụ amamihe okpu.

Iwa anya ndi Igbo n'oge gara aga gosiri na ha bụ ndi siri ike karia, ọbụ ezie na ụfọdụ n'ime omume ha n'oge ahụ bụ ihe achọpụtara n'oge a dika ihe jọrọ njọ.

Ọzọ, iwa anya ha gosikwara na ha achọghi ka ihe rụrụ-arụ di n'etiti ha ma-ọli.

Ndi Igbo na-etufu ụmụ-ejima amụrụ n'ala Igbo n'ihi na ihe arụ ka ha kwenyere, na mgbe-ochie, na ụmụ-ejima bụ. Ihe ana-asọ nsọ ka ndi-Igbo n'oge gboo kpọrọ imụ ejima n'ihi oke-amaghi-ama ha.

Ọbụ ihe itụ n'anya na ha aghọtaghi na omume di otua bụ ihe jọrọ njọ. Otu ọdi, anyi agaghi echefu na Igbo bụ agbụrụ pụrụ iche, ya mere na ha gbakutere ihe ọbụla, bụ nke ha were dika ihe n'ekwesighi ekwesi, azụ. Ha debezuru omenala di otu a n'ọgbọ niile dika ọgbụgba ndụ omenala oge ahụ siri di.

Ndi dibia n'ala Igbo lụrụ ọtụtụ ọlụ ibuli Igbo elu. Ọlụ ha tụrụ ndi mmadụ egwu. Okotoko dibia n'ala Igbo bụ onye pụrụ iche ilụ ọlụ di ebube.

Ọlụ ha na-agba ndi-agha ume di ukwuu n'oge ha nọ n'ọgbọ agha. "Ọkpọ"(ọgwụ) ha na-eme ka ndi gbara ọtụtụ arọ na-awụ gara gara dika ugo na mgbe ochie.

Ọlụ ha jupụtara n'igbo mkpa diri ha n'ụzọ ọbụla n'oge ahụ. Ha na-agwọ ndi ọria n'otu ntabi anya.

Ọlụ ebube ha na-amalite na mnwekọ di iche ha na mmụọ nna-nna ha na-enwe, kwa mgbe, n'ụzọ di omimi. Ufọdụ na-agbanwe, ghọọ ihe di iche dika anụmanụ ma-ọbụ anụ-ufe wee jegharia, mee ihe ha na-achọ. Ọlụ ha n'ebe ndi ọria nọ bụ ihe kwesiri nsọpụrụ. Ha na-eme ka onye emeriri emeri bilie.

Ọlụ ebube ha di ike ri nne. Mgbe ụfọdụ, ọ na-adi ire rue ọtụtụ arọ. Egwu na-atụ ndi mmadụ n'ihi ihe iribe ama na ihe omimi di iche iche ha na ekpughe n'oge ha na-alụ ọlụ.

Akụkọ banyere ndi dibia n'ala Igbo bụ ihe di mkpa na ndụ ndi Igbo niile. Ha pụrụ ime amụma ọgwụ nke pụrụ igbanwe ihụ-nanya mmadụ nwere n'ebe ndi ọzọ nọ. Ha pụrụ igbanwe mnwekọ o nwere n'ebe ndi ọzọ nọ. Ha pụrụ ime ka mmadụ abụọ zukọta, nwekwa ihụ-nanya n'arụ ibe ha.

Ọlụ ebube ha bụ ihe nketa ha site n'aka nna-nna ha ochie, bụ ndi bu ha ụzọ n'ọlụ a di mkpa. Ike di n'ime ọgwụ ha bụ ihe pụrụ igbagwoju mmadụ anya.

Ọlụ ha pụrụ ime ka mnwekọ, ọnọdụ, ọganiru na olile anya ya gbanwe n'otu ntabi anya. Igbanwe ome-ma-chi-ekwe bụ ọlụ di nfe n'ebe ha nọ. Ha pụrụ ime ka ụkwụ ọjọọ ndi ọzọ gbanwee.

Ụmụ mmadụ na-eme ka ha mata mkpa ha n'oge ndi a niile. Ọbụ ọlụ? Ha ga-eme ka dibia Igbo mata. Ọbụ ụba? Nkea di nfe n'ebe ha nọ. Ọbụ ọnụ? Ha etufughi oge ime ka ha mata.

Na mgbe ochie, amụma ọgwụ ndi dibia gbara ama ntụkwasi obi enwere na ya. Ọzọ, ogosikwara nsọpụrụ na itụ-egwu ndi ọzọ nwere n'ebe ndi Igbo nọ. Ndi dibia n'oge ahụ na-enwe ọgbugba–ndụ pụrụ iche site n'otu ọgbọ, rue na nke ọzọ.

Akụkọ banyere ọlụ ha bụ ihe juru, na-ejukwa ndi oke-mmụta anya. Ụfọdụ n'ime ọlụ ndi dibia lụrụ n'ala Igbo bụ ndia:

Ha gwọrọ ndi obodo ha bụ ndi dara n'ute ọria. Ha gbapụtara ụfọdụ mmadụ n'aka ọnwụ; ụfọdụ ndi-ngwọrọ ka ha mere ka ha jee ije, Ha mere ka ndi isi mmebi di ike, Ha gbanwere adighi ike nke ndi okenye n'oge agha.

Nke kachasi, ha were ọlụ-ebube ha mee ka udo, ọñụ, na ihụ-nanya bata n'ebe ọgba-aghara, obi ilu, na ikpọ asi nwere ọnọdụ. Ọlụ ebube ha ka ha ji eje n'ụzọ mgbe ha na-aga.

Akpa dibia, ihe ebube na oyi-egwu ka ọbụ. Ndi dibia ndia adighi arapụ ha n'ebe ọbụla ha na-aga na-mgbe ochie n'ala Igbo niile.

Na mgbe ochie, ndi dibia na-eme ka ndi Obodo ha mata mgbe ndi-iro ha na-akwado ibuso ha agha. Ọlụ ha na-eme ka amata ihe echi ga-eweta banyere nzube nke ndi iro.

Nkpughe di otu a na-eme ka ha kwadebe, ma-ọ bụ chọọ udo dika nchọpụta ndi dibia ndia si di.

Mgbe obubu agha bụ naani nchọpụta ha, ha na-enye ndi eze na ndi agha ndumọdu banyere ihe ha ga-eme. Ha na-eme ka ụmụ okoro ha di ike n'ọgbọ agha.

Mgbe eburu agha ikpe azụ n'ala anyi, ndi dibia na ndi agha lụkọrọ ọlụ n'ụzọ di iche iche. Ụfọdụ mere ka ndi agha ụfọdụ ghọọ "mgbọ atụghi" n'ọgbọ agha.

Oge ochie agafewo mgbe ndi mmadụ na-ewere imụ-ejima dika ihe rụrụ arụ; mgbe ana-ewere igbu isi mmadụ akpa nganga; mgbe ana-ewere igba ohu dika ihe anabatara anabata; mgbe ọbụ naani dike na dimkpa na apụ jee mba naani ya; bụ mgbe ọbụ naani dimkpa pụrụ ilụ nwa-agbọghọ dika nwunye ya.

N'ezie, oge diri ihe ọbụla nke ihe okike kere n'okpuru anyanwụ. Oge di mgbe okwesiri ka mmadụ kpaa ike, oge dikwa mgbe iwa anya. Ihe ọbụla nwere oge. Otu ihe, otu mgbe.

Oge di mgbe mmadụ na-eme ihe na-amaghi ama. Oge dikwa mgbe ọga-achọpụta, cheghariakwa site n'ihe omere n'amaghi ama.

Amamihe kpọrọ oku, ndi Igbo mere ọsịsọ wee zaa ya. Ụlọ-akwụkwọ bụ nnukwu ebe ana-amụta ihe.

IGBO BỤ EZE.

Onye ọbụla nke na-agbakute ya azụ mgbe ọdi na nwata n'ala Igbo, ihere ga-eme ya mgbe omere agadi; n'ihi na ọ gaghi erita uru akwụkwọ bara. N'ala Igbo adighi eji imụ akwụkwọ egwuri egwu.

Mgbe Onye Igbo mụtara igụ na ide, ihere agaghi eme ya. Ọmatawo na ike di ukwuu na-esite n'ọnụ mkpisi akwụkwọ. Mkpisi akwụkwọ bara uru nke ukwuu, ọ bụ ezie na ọdi nta.

Ọbụ site na ya ka Maazi Mosisi dere iwu iri nke Chineke. Ọbụkwa ya ka eji dee, na-edekwa akwụkwọ ọgụgụ niile di n'elu-ụwa nkea mụ na gi bi niime ya. Ọbụ ya ka Eze Devidi jiri dee, ka etinye onye-agha ya n'iru ọnwụ, bụ onye-ọgu nke ọkwasoro nwunye ya iko, mgbe mba Isrel na-ebu agha.

Ọbụkwa ya ka Payileeti jiri dee n'obe jisọsi tutu okwue: "Ihe mụ dere, edewom ya". N'ezie, ejikwa mkpisi-akwụkwọ eme ka mba abụọ tinye isi ha n'ọgbọ agha. Ọbụkwa ya ka eji akpọ oku maka ikpe udo. Igbasa ozi n'ala Igbo bụ ihe di nfe n'ihi mkpisi-akwụkwọ. Onye Igbo pụrụ ide akwụkwọ-ozi, zigara onye bi ebe di anya, wee n'atakwa oziza ya.

Iwa anya Igbo n'ebe ichụ nta mmụta emewo ka ewue ụlọ akwụkwọ di iche iche n'ala anyi. Ụfọdụ n'ime ha na-arapụ ụlọ jee obodo ọzọ, gafee mmiri wee chua nta mmụta. Igbo na-amalite n'oge ha di nwata chụba nta mmụta.

Ụzọ amamihe ka ha na-eso. Mmadụ dika Maazi Chinua Achebe, Maazi Jọọni Munonye, Nkem Nwankwọ, Odozi-akụ Fụlọra Nwapa, Maazi Gebureli Ọkara na Maazi Kirisitofa Okigbo eweputawo onwe ha n'odide akwụkwọ n'asụsụ oyibo.

Akwụkwọ ha ka ana-agụ n'ụlọ akwụkwọ di iche iche n'ụwa niile. Ọzọ, mmadụ dika Maazi Chukwuemeka Ike, na Ọchi-agha Alighizanda Madiebo etinyekwala nnukwu aka n'ide edemede n'olu oyibo. Ndi-Igbo na ndi ọcha na-ekpupụkwara ha okpu mgbe ha na-agụ akwụkwọ ha.

Ndi Igbo na-akpa ike di iche iche. Ọbụkwa olile anya ha na ọgbọ n'abia ga-alụ ọlụ karia ọgbọ di ugbu a. Igbo ugbua akpaala ike karia ọgbọ nna-nna ha gara aga. Amamihe ha na amuwanye.

Ichụ nta ego ewerewo ọnọdụ n'ala anyi. Na mgbe ochie, ire ahia site n' ime mgbanwe bụ ihe ana-eme n'ala anyi niile.

Mmadụ pụrụ iwere ewu abuọ wee gbanwere ji, akwụkwọ-nri, azụ, na ihe ndi ọzọ. Ma, ọna-adi ka esiri ya n'ọkụ, tutu mmadụ enwee ike ichọpụta onye nwezuru ihe ndi ahụ niile.

Ọbụrụ na onwere onye nwere ihe ndia niile. Ọga-ekwe ka ya were otu ewu n'ọnọdụ ihe ndia niile? Ka ọ ga-abụ na ọga-ajụ ha ajụ? Ọbụ ihe inye ekele mgbe mmadụ chepụtara ka enwee ihe mgbanwe bụ ebe ihe ndi ọzọ ga-adabere.

Mmadụ ụfọdụ malitere iwere nkalari dika ihe ndabere mgbanwe ha. Ndi ọzọ wee were ọla-ọcha na ọla edo. Ụfọdụ na-ewere anwụrụ ma-ọbụ ụtaba. Nkea jere n'iru wee rute na ha malitere iwere *ikpeghe-ojiji* dika ihe-mgbanwe, ma-ọbụ ihe-ndabere.

Emesia, akwụkwọ ego na igwe ayọkọtara ayọkọta ana-akpọ kọpa wee bụrụ ihe ndabere. N'oge a ka akwụkwọ ego ana-akpọ pọni, na ikpeghe ana-akpọ peni wee juputa.

N'ụbọchi taa, naira na kobo ewerewo ọnọdụ ego ndia niile. Ha aghọwokwa ndi ọgbụgba ndụ ochie. Igbo awaala anya karia. Ha na-achụsi nta ego ike.

Izu ahia bụ ezi ọlụ n'ala Igbo. Ha na-enyekwa ya nsọpụrụ. Onye ọbụla na-eji ezi okwu na itụ egwu Chineke azụ, na erekwa ya, aghaghi inweta uru n'ime ya. Izu ahia bụ otu n'ime ụzọ ndi Igbo si achụ nta ego.

Onwere nnukwu ahia di n'Ọnisha. Ndi Igbo na-erekwa ahia n'ime ya. Ụfọdụ na-ere igwe, ihe oriri, uwe, na ọtụtụ ihe ndi ọzọ di iche iche. Uru ha na-enweta site n'ire ahia abụghi ihe nta. Onwere otu nwoke Ọnisha, nwoke ahụ nwere ezi akọ na uche. Ọmalitere ire ose mgbe emepere ahia ahụ. Ojisiri ike n'ire ahia ya.

Onwekwara ezi okwu na itụ egwu Chineke dika mkpanaka ya. Ụgbua, nwoke ahụ enweela ọtụtụ ụlọ ahia n'ime ahia ahụ. Onwekwara ụgbọ-ala di iche iche na ezi na ụlọ mara mma.

Nwunye ya bụ ezigbo nwanyi, Amụkwara ya na-ezi na ụlọ kwesiri nsọpụrụ na Nnewi. Nke kachasi, di ya mepekwara ya ụlọ-ahia, bụ ebe ọ na-ere akwa, na uwe ụmụ ntakiri.

N'ụbọchi taa, nwunye ya bụkwa dimkpa n'ezie. Ọbụ nwanyi kwesiri ntụkwasi obi. Omeghi omume ga-eme ka ndi ebe di ya kpọọ ya "ọtapia", ma-ọbụ "oriakụ"; kama, ogosiri onwe ya dika nwanyi Igbo, Odozi akụ n'ezie.

Odozi-akụ n'ala Igbo bụ nwanyi mma zuru ahụ. Okpu-eze nwoke bụ nwunye ya. Ụmụ nwanyi Igbo awaala anya nke ukwuu. Nwoke bilie, nwunye ya amanye ya aka n'ukwu; ọlụ ana-aga n'iru. *"Adighi eji ụtụtụ ama njọ ahia"*. Onye Igbo daa ugboro asaa, ọga-ebilikwa. Ọdi ka ji di ndụ eliri n'ime ala, ume ya ga epuli. Otopụta, omee ka ewee mata ya.

Iwu ụlọ akụ bụkwa otu n'ime ụzọ ndi Igbo si enweta ego. Ihe na-eweta ọganiru ka ha na-agbaso. Ụlọ akụ na-amụba n'ala Igbo. Ndi mmadụ na- etinye ego ha n'ime ha ka ha mụtara ha nwa.

IGBO BỤ EZE.

Ndi Igbo awaala anya di egwu na-ichu nta-ego. Chi bọọ, itupe redio gi, inụ ka ndi ụlọ akụ di iche iche n'ala anyi na-akpọ ndi ahia. Ihe di otu a na-eme ka ndi mmadụ nwee obi ụtọ ri nne. Omume di otu a na-eme ka ha cheta, ọbụghi naani ebe ha na-edote ego ha; Kama, na ha nwekwara ego na-amụtara ha nwa.

Ọlụ ubi so na-enye Igbo ego n'ala Igbo; Mgbanwe abatawo n'ụzọ ndi ichie [ndi okenye n'oge gara aga] si alụ ọlụ ubi. Na mbu, ndi ichie na-ewere naani mma na ọgụ alụ ọlụ ubi. Ilụ ọlụ ubi n'ụzọ di otu a na-etufu oge nke ukwuu. Ọzọ, ihe mnweta nke ubi adighi eriju afọ.

Ọgbụgba-ndụ ọhụrụ chọrọ mgbanwe. Ọnụ ọgụgụ Igbo na-amụwanye amụwanye. Mgbanwe di otua chọrọ ka ihe oriri di n'uju. Ọgbọ ọhụrụ nkea amalitewo itinye isi n'ụzọ ọlọrọ ọhụrụ n'ikọ ugbo dika aka-mgba chere ha n'iru si di. Igwe di iche iche apụtawo maka ọlụ ubi.

Nri-ihe ọkụkụ nke ubi dikwa. Enwekwara ọgwụ na-egbu ụmụ-arụrụ n'eri ihe akọrọ n'ubi. Ihe ndia ka nna-nna anyi ha na-ahụghi n'oge ha di ndụ. Igbo n'ogea bụ 'Ahụka-nna'. Ha ahụwo ihe, meekwa ihe karia nna-nna ha, bụ ndi biri ndụ n'oge gara aga.

Na mgbe ochie, otu nwoke riri elu mgwọ ya ka ọkụta mmanya. Ka ọnọ n'elu-mgwọ ya, ọhụrụ ihe gbagwojuru ya anya. 'Ihe nkea ọbụ gini? Ọdi ka nnụnụ ana-akpọ ugo. Ọdi ọcha ka ụgbala. Ọdighi efe nku ya abụọ kpaka kpaka dika nnụnụ ndi ọzọ, kama, ha dere duu ka iyi ogbi. Nke kachasi, ọna-eme oke-mkpọtụ, dika mmiri na-esi n'elu oke nkume na-ezoda na ndagwurugwu ya'.

Nwoke ahụ wee tụa egwu, maakwa jijiji n'elu mgwọ ya. 'Ọga-abụ na ụwa na-achọ imebi? Awọ adighi agba ọsọ ehihie n'efu. Amadi-ọha na-aga ije n'oge mmiri na-ezo; ma gini bụ nkea?'. Ihe ndia niile ka nwoke ahụ na-atule n'ime obi ya.

"Nwoke di ike", o wekwara obi nwoke rida n'ala. Ndi mmadụ wee gbakọọ na-ajụrita onwe ha ajụjụ di iche iche. Ụfọdụ jekwara jụa ese n'ụlọ arụsi. Emesia, achọpụtara na ọ bụ ụmụ-arụrụ ogo imi yiri ha egwu a niile.

Orue ụbọchi ọzọ, nwoke a wee rigokwa elu mgwọ ya. Ihe mere na eke ewee meekwa n'orie. Nwoke a wee tipụ "Chei, bekee bụ mmụọ, lele ihe mmadụ ibem gaje la ọri-igwe, Chei, bekee bụ mmụọ".

Nwoke ahụ amataghi na ọkpara ya ga efe n'elu dika ndi bekee ahụ fefere ya n'elu mgwọ. Ọmataghi na mgbe nwa ya nke nwunye ya mụrụ n'ụbọchi ahụ tolitere, na ọga-esonye bụrụ otu n'ime ndi na-akwọ ụgbọ-elu n'ala anyi.

Ndi-Igbo achọghi ka ụmụ ha bụrụ naani *'Ahụ-ka-nna'*, kama, ha chọkwara ka ha bụrụ *'Ome-kara-nna ha'*. Ee, umu-nnem, mee ihe ọma karia nke nna unu mere; nkea bụ ihe ndi-Igbo na-achọ n'aka ụmụ ha niile.

Otu nwanyi Owerri n'ọdụrụ n'ụlọ di ya na-enye nwa ya ara. Na mgberede, onye-ọbia wee kụa aka n'ụzọ.

"Batama n'ụyọ" ka nwoke nọ n'ọnụ ụzọ nụrụ.

Onye-obia ahụ emepee ụzọ, banye, lee ha anya, kelee ha: "Nnua".

Tutu onye-ọbia ahụ anọdụ oche, nwunye onye nwe ụlọ ahụ wee banye niime ụlọ ọzọ nke di n'ụlọ ahụ, wee weeta ọji, tinye n'efere, nye ya.

"Mmadụ batama n'ụyọ, ọtaa ọji" ka di nwanyi ahu kwuru.

Onye Mbaise na-alụ ọlụ oyibo n'ọdụrụ n'oge ana-ezu ike, na-akọrita ọnụ, ya na ndi-ọlụ ndi ọzọ.

Owee kọọ onye nke ọzọ ọnụ si: "Ebe imataghi izu….".

Enyi ya azaghachi ya: "Ahaa, onye oke-amamihe, ihapụrụ ubi nna gi wee gbalata na Aba….".

Nke ọzọ azaghachi ya: "Iya, abiaga m Aba kam batama ụba".

Enyi ya ekwue: "Biatama ọlụ oyibo ka ibaa ụba".

Ụfọdụ mmadụ na ahapụ ọlụ ubi ma-ọ bụrụ na ha adighi enweta uru n'ime ya dika ha si chọọ.

Ndi Igbo achọghi ihe ga-akpagide ha akpagide. Ha chọrọ inwere onwe ha. Onye ọbụla jikere ka ọlụpụta nzọpụta nke onwe ya n'ụzọ di ya mma. Onye si Ụmụahia nwere ike chọta ọlụ oyibo na Okigwe.

Onye Enugu nwere ike chọta nke ya na Owerri. Ebe ha rutere, ha emee ndia enyi ha.

Iwa-anya Igbo ejerughi na mgwusi n'ebe ichụ-nta ego di. Udo sokwa bụrụ ihe na-eme ka Igbo wakwunye anya.

"Ngọzi na adiri ndi na-eme
Ka mmadụ na ibe ha di n'udo
N'ihi na ndi ahụ ka aga-akpọ ụmụ Chineke".

Igbo bụ ụmụ-Chineke. Ha na-achọ udo n'ụzọ niile. Ụfọdụ ihe ngọsi ha na-eme n'ụlọ ọlụ na-egosi ihe-onyinyo bụ maka iwulite udo dika ụlọ. Mgbe ụfọdụ, ha na-ekwu okwu udo n'ụlọ redio di iche iche n'ala anyi.

Tutu Ọkpara Chineke alaghachi n'igwe, okwuru "Udo ka m na enye unu" N'ebe ọzọ, o kwue "Udo diri unu".

Udo diri Igbo. Chi gọziri ndi Igbo. Udo ka Jisọs rapụrụ ndi Igbo. Ọbụkwa udo ka ọ na-enye ha. Udo ga-adigide n'ala Igbo. Otu ilu ndi-bekee na-atụ bụ: *"Ọbụrụ na ichọrọ udo, jikere maka agha"*. Ọbụ naani mgbe oke-ọchichiri gbasiri ka ezi kpakpando na-apụta.

Mgbe ụfọdụ, ndi-ọcha na-enwe ezi nghọta mgbe ha nwesiri esemokwu. Mgbe ụfọdụ, esemokwu ha na-adi ka iro di n'etiti uze na agwọ. Esemokwu di otua ekwesighi ka ọdi n'etiti mmadụ ma-ọli.

Okwesiri ka mmadụ chọọ naani udo, wee gbasokwa ya. Uru gini ka ọbara mmadụ na ọga-ewere oge ya niile, ego ya niile, uche ya niile, na ihụ-nanya ya niile wee tufue n'ihi esemokwu?

Ọbụkwa gini ka ọga-enweta site n'ilu ọgụ, ibu agha, na ikwafu ọbara nke ọgba-aghara na ebute? Okwesiri ka mmadụ kpọọ mmadụ ibe ya asi, bụ onye Chineke kere n'oyiyi ya?

Gini ga-abụ uru, ma-ọbụrụ na mmadụ na ibe ya enwee esemokwu, na-ebukwa iro n'etiti onwe ha? N'ezie, okwesiri ka mmadụ, onye ọfọduru naani ihe nta ka ọha-ka mmụọ-ozi, burukwa onye mmuo-ozi na-ejere ozi mgbe niile n'iru Chineke, nwee ezi udo n'ime uwa nkea.

Mmadu, onye Ihe kere ya nyere uwa niile ka obuda ya kwesiri inwe obi uto mgbe niile.

Obu onu ga-adi ańaa mgbe mmadu niile ga-enwe udo, ezi udo n'ime uwa nkea? N'ezie, oga-abu ihe onu, mgbe esemokwu na-agaghi adi n'etiti umu mmadu.

"Bukwara m abu ndia ozo
Okwu ebube nke ndu
Ka m hu ka m mara ha ra.
Okwu ebube nke ndu
Okwu nke ndu di mma.
Zim okwukwe n'olu.

Okwu oma, di itu n'anya
Okwu ebube nke ndu.
Okwu oma, di itu n'anya
Okwu ebube nke ndu".

Ubochi ahu oga-adi ańaa, mgbe umu mmadu n'ebe niile, n'asusu niile, ga-enwe ezi udo, naani ezi udo n'ime ha?.

Obi uto ga-ejuputa obi ha. Abu uto ga-aputa n'onu ha. Okwu ebube ebighi-ebi na udo nke-igwe ga-abu ihe iribe ama nye ụwa, naani ma ụwa nwee udo naani n'otu ụbọchi.

Otu n'ime asụsụ Chineke gọziri ri nne bụ asụsụ Igbo. Ọchọkwara ka ọgbasaa n'ebe niile. Ọbụ ọlụ diri ndi Igbo igbasa asụsụ ha, dika ozi- ọma n'ebe ọ bụla ha nọ.

N'ihi nkea, ka Igbo gaa n'iru n'igbasa ezi asụsụ ha. Ihe nyere ya gọziri agọzi. Okwu Igbo di ụtọ. Abụ abụrụ n'olu Igbo di mma karia.

Akwụkwọ edere n'asụsụ Igbo ka ana-aghọta nke ọma, ọna-abanyekwa mmadụ n'ite ụbụrụ karia. Ndi Igbo na-agbasa asụsụ ha, ọbụghi naani site n'okwu ọnụ, kama, sitekwa na mkpisi-akwụkwọ, bụ nke eji ede ihe.

Ọlụ niile ndi Igbo na-alụ na-ejikọ aka na-ewuli ala Igbo elu. Ọlụ ọma ezi nwa Igbo lụrụ, na-ewetara ndi Igbo niile aha ọma. Ezi aha ndi Igbo di mma, dikwa oke ọnụ ahia karia ọla edo.

Okpukpere Chi di iche iche jupụtara n'ala Igbo. Ma ndi Igbo n'oge ọgbụgba ndụ ọhụrụ a achọpụtawo na mmadụ nwere naani otu Chineke, bụ onye kere mmadụ.

Ha na-ebiri ya isi ala n'ụrụ site n'ekpere. Ha na-ewukwa ụlọ-ụka di iche iche, bụ ebe ha na ezukọ fee ya ofufe.

12

IDI N'OTU NDI IGBO

Idi n'otu bụ ike. Idi n'otu na-eweta ihụ-nanya. Ọna-eweta udo, ngọzi, na ọganiru. Idi n'otu bụ otu ihe so na-egosi na Igbo bụ eze.

Ala eze ọbụla chọrọ idi n'otu. Chineke bụ eze, Ọnọkwasiri n'oche eze ya. Ndi mmụọ ozi ya gbara ya gburu-gburu dika ndi ọna-achi. Ha nwere idi n'otu.

Ihe-okike niile Chineke nwere n'elu ụwa nkea ka Ọchọkwara ka ha niile di n'otu. Ụmụ arụrụ, dika ndanda, nwere idi n'otu. Ya mere na ha na-alụkọ ọlụ, n'enweghi esemokwu. Ijere nwere idi n'otu.

Ụmụ nnụnụ nweekwa nke ha. Anụmanụ chọrọ idi n'otu. Ụmụ mmadụ kwesiri ka ha di n'otu. Mmadụ ọbụla ekere n'oyiyi Ihe okike ka etinyere ihe atọ di iche iche ka ha jikọta ọnụ bụrụ otu.

Arụ mmadụ, mmụọ ya, na mkpụrụ obi ya jikọrọ ọnụ wee bụrụ onye ekere n'oyiyi Chineke. Mmụọ bụ ihe na-adighi agbanwe. Mmụọ di n'ime, ọdi nso Chineke.

Mkpụrụ obi bụ akwa mgbochi nke mmụọ. Anụ arụ bụkwa uwe nke mkpụrụ-obi. Ha niile jikọrọ ọnụ wee bụrụ mmadụ. Ndi Igbo nwere, na-enwekwa idi n'otu; ọbụghi naani n'ụlọ, kama, ha na-enwekwa ya n'obodo ndi ọzọ.

N'ala Igbo, ụmụ okoro na agbọghọ na ezukọta nwee ọgbakọ di iche iche. Ha na-enwe onye isi oche, onye ode akwụkwọ, onye oche akụ, onye oje ozi, na ndi nzukọ n'ime ọgbakọ ndia niile.

Ọlụ ha niile na-ejikọ ọnụ wee weta idi n'otu na ọganiru. Ndi Igbo na-enwe abamaba. Ụfọdụ n'ime ha bụ otu nzuzo, nzukọ ụka, ọgbakọ ndi ọlụ aka, otu ndi na-ere ahia, na nzukọ ndi na-alụ ọlụ oyibo.

Ha na-enwe tinti mbọrimbọ jikọtara ndi otu ha n'otu. Ha na-agba mbọ idebezu iwu nzukọ ha; dika ihe atụ, ndi dibia omenala n'ala Igbo nwere omenala pụrụ iche eji mara ha. Ha nwekwara iwu jikọrọ ha n'otu ha.

N'ala Ngwa, otu n'ime iwu ndi dibia n'agba aja (afa) bụ na dibia lọrọ obi ebule agaghi etinye aka ya n'ihe rụrụ arụ. Ha di nsọ. Ha di ọcha. Nzu ha na-ete n'iku anya ha na-egosi na omume ha di ọcha n'ezie.

N'obodo Ọnisha, ndi chiri ọzọ bụ ọpụrụ iche. Omume ha, ọnọdụ ha, echichi ha, na mbuli elu ha bụ ihe ndi ọzọ na-ekpupụrụ okpu.

N'Owerri, ndi chiri nze bụ ọgbọ arọpụtara, ndi kwesiri nsọpụrụ, ndi nwere agba, bụrụkwa ndi ana-enye otito n'ezie.

N'Umụahia, ndi na-agba egwu ikoro n'oge gara aga bụ ndi wara anya: Ndi bụ dimkpa; ndi kpara ike n'ọgbọ agha, oge naani dike pụrụ ipụta n'ọgbakọ kwue okwu.

N'ọlụ, naani ndi bụ eze bụ ụfọdụ n'ime aka ji akụ. Mmadụ dika Enyi-na-Ọbiangwo. Ndi eze di n'ala Igbo. Ee, dimkpa na dike ka ha bụ. Ee, ha bụ ekwu eme, eze udo, ọkụ-na-agba ọzara, aka ji mba, ọnụ ọra, ike obodo. N'ezie, Igbo bụ eze.

Ana-esite n'ụlọ di mma tutu apụa ezi. Ezi omume mmadụ na-esite n'ezi-na-ụlọ wee jerue n'ime obodo. "Zulite nwata n'ụzọ ọga-adiri ya mma, ọbụna mgbe o mere agadi, ọ gaghi esi n'ụzọ ya wezuga onwe ya".

Ọzọ, "osisi di mma adighi ami ajọọ mkpụrụ" Idi n'otu na-esite na ezi na ụlọ. Ezi na ụlọ n'ala Igbo di nsọ.

Ndi bụ nna na ezi na ụlọ na-agbali izulite ụmụ ha n'idi n'otu. Ọnọdụ ụmụ n' ebe nne ha nọ n'eweta ihụ-nanya n'etiti ndi nne na ụmụ ha. Mgbe ụfọdụ, ndi nne na-akpọkọta ụmụ ha kọrọ ha akịkọ ifo, bụa abụ, mụa ihe site n'akwụkwọ nsọ, kpekọọ ekpere.

N'ụzọ di otu a ka ha na-ejikọta ụmụ ha ka ha di n'otu. Ndi bụ nna na-egosi ụmụ ha ihụ-nanya ha site n'igotara ha akwa mgbochi, ikwuru ha ụgwọ akwụkwọ, ikụziri ha ọlụ aka, ime ka ha mụta ilụ ọlụ, inye ha ndụmọdụ mgbe ha na-emehie, na inye ha otito mgbe ọlụ ha di mma.

Ndi bụ ụmụ na-ewebata udo na ihụ-nanya site na ińa ndi mụrụ ha nti, ije ozi, ihụ ụmụ-nne ha na nne na nna ha n'anya, inye mmadụ ọbụla n'ezi na ụlọ ha nsọpụrụ.

Otu nwa-akwụkwọ n'ọdụrụ ala na-akọrọ ndi oyibo akịkọ banyere idi n'otu ndi Igbo, tụmadụ, idi n'otu nke ezi na ụlọ ha:

> "Ndi-Igbo nwere idi n'otu di ukwuu
> nke kwesiri ka ndi mba niile nke ụwa ńomie".

ka Onye-Igbo ahu malitere. Kpakpando nke Afrika ahu wee gaa n'iru n'ikọwa idi n'otu di n'etiti ndi ya:

> "Aga-eji ya tunyere ijere; ha niile
> na-alụkọ ọlụ n'otu maka ọganiru ha.

Ndi di ike n'ime ha na-echebe ndi-ozo, dika
ndi na-alụ ọlụ-nche. Ufọdu nime ha na-alụ ogu,
dika ndi-agha.

Ụfọdụ ndi ọlụ ha na-echebe eruru
na-amụpụta ha dika nne. Ndi ọlụ ụfọdụ
na-ebupu ụmụnne ha bụ ndi eruru
mụpụtara ọhụrụ. Nna ha na-anọdụ na
mkpu ya ime ka ọganiru di n'olu umu ya. Ọlụ
ha niile na-eweta idi-n'otu, nye oke-ijere,
nne-ijere, na ụmụ ha niile.

Ọzọ, nwa amadi a wee gaa n'iru:

"Ihụ-nanya ezi na ụlọ n'ala Igbo
dika udo di n'etiti ańụ di n'ọgbọ
mmanụ ańụ. Ha niile na-alụkọ ọlụ.
Ike ọlụ adighi agwụ ha".

Owee jee n'iru kọwaa:

"Nke chọtara ezi mmiri okoko
osisi, o mee ka ndi ọzọ mata".

N'ezie, nkọwa ndi a nwere nriju afọ. Otu a ka ndụ ndi Igbo di. Onye Igbo adighi eji udo di n'etiti ezi na ụlọ ya eti epele. Ọdighikwa achọ naani ihe nke aka ya.

Otu onye Igbo biliri ka ojee Obodo oyibo ikponye akwụkwọ n'ụbụrụ. Ndi mmadụ wee nye ya ọtụtụ ndụmọdụ:

"Echezọkwala ezi na ụlọ a bụ ebe isina-apụ".
Ka ọkpara nne ya kwuru, "Chetakwa ụmụ-nna gi, ndi nzukọ gi, ndi enyi gi, na ndi niile hụrụ gi n'anya, nyekwara gi aka tutu oge a wee zue".

Nwoke ọzọ wee bilie kwue:

"Mmuta bụ ihe anyi na-achọ. Ọganiru dikwa n'ime ya. Ụkpaka adighi ahapụ mgbọrọgwu ya. N'ihi nke a, ezigbo eyim, echezọla ezi na ụlọ a, bụ ebe ina-ahapụ n'ụbọchi taa, ka ichua nta mmụta".

Onye ọzọ wee bilie:

"Cheta na ndụ mmadụ na-adi na-adabere site n'ińa nti. Ya mere dika anyi matara omume gi site na nwata. Biko esikwala n'ime ya wezuga onwe gi. Emesia, ighaghi ilọghachi. Mụ onwe m bụ Jọn Wosu, onye Ọhanze-Isiahia ga-n'etinye gi n'ekpere mgbe niile,

ka Chineke nke ụsụ niile nke ndi agha
nwekwa nlekọta anya na-arụ gi".

N'ebe ọzọ, ndi odozi-akụ bụrụ abụ si:

"Nwa m echezọkwala nne mụrụ gi.
Echezọkwala ahụhụ mtara gi….."

Nnekwu-ọkụkọ adighi echefu onye fopụrụ ọdụdụ ya n'oge udu mmiri. Ehi adighi eti ụgbala na-atacha akpiri tadoro n'arụ ya mpi. Oke-ụlọ adighi arapụ ọnụ ya mgbe ọmatara nke ọma na nwa-ologbo na-eche ụlọ ahụ nche. Nwa ọkụkọ adighi ahapụ olu nne ya bụ: *chọkọm chọkọm'* wee ńaa olu egbe nti bụ: *tiiriọọ.*

Ọtụtụ ụlọ ụka di n'ala Igbo. Ha nwekwara ndi otu ụka ha. Otu ụka ọ bụla n'ala Igbo nwere onye nkuzi, ndi nna, ndi nne, ndi okenye, ndi oje-ozi, ndi ọbụ-abụ, ụmụ nwoke, ụmụ nwanyi, na ụmụ-ntakiri..

Na nzukọ ụfọdụ, ndi-nkuzi ha na azụpụta ndi otu ha, ka ha nyewanye aka n'ikuzi ihe n'ụlọ nzukọ ha.

Mmadụ di otu ahụ nwere ike bụrụ ụmụ nwoke na ụmụ nwanyi. Idi n'otu ndi Igbo pụrụ iche. Ọpụrụ iche site n'idi n'otu nke ndi mba ọzọ.

Otu ilu n'obodo oyibo bụ:

"Ka anyi na-eme ka anyi mata mmadụ karia,
ka anyi n'ewezuga ihụ-nanya anyi nwere na-arụya".

Ma n'ebe ndi-Igbo nọ, ihụ-nanya ha pụrụ iche. N'ezie, ka ndi-Igbo na- amata ndi-ọzọ karia, ka ihụ-nanya ha na-amụba dika mmanụ. Ndi Igbo na elekwasi anya ha naani n'ebe ezi omume mmadụ di, ma nye ha ndumọdụ maka ncheghari ebe ha mere ihe ọjọọ.

Ha na-abiakute onye mehiere ha na nzuzo, were olu di nwayọọ mee ka onye a mata mmehie o mehiere ha. N'uzọ di otu a ka ndi Igbo na egosi ri nne bụ ihụ-nanya ha nwere n'ebe idi n'otu di.

Otu nwa-okorọbia n'ọdụrụ ala na-eche echiche banyere nhuju anya ya niile. Ọnụma wee juputa ya obi. Ochetara ihụ-nanya na idi-n'otu di n'ala Igbo. Ma ọ nọdụrụ na mba ọzọ na ahụsi anya.

Owee lee anya n'elu riọ Ọbasi di n'elu maka inye aka. Ma otu ihe batara ya n'ime obi: "Agam edegara nwanne m nwoke akwụkwọ ozi". Ka mkpụrụ obi ya gwara ya: "Agam eme ka ọmata nhuju anya m niile".

Ọwere mkpisi akwụkwọ, wee malite ide akwụkwọ-ozi. Na

mgberede, o chetara akwụkwọ ozi ikpe azụ o detara ya. Owee nwee ezi mkpebi na nke a bụ oge kwesiri ka ya nyekwa akwụkwọ ozi a ọziza. Owee bido:

"*Ezigbo Dede m,*

Ana m ekele gi nnukwuu ekele n'ihi akwụkwọ ozi izitere m. Ana m ekpupụrụ ndumọdụ-nna nke inyere m okpu, n'ekelekwa gi dika imere ka m mata arụ idi ike nke nnem.

N'ezie, ana m ekele gi n'ihi ndumọdu inyere m ka m ghara idapụ n'okwukwe anyi kwere na Chineke n'ihi omume ndi mmadụ n'ebe a. N'akụkụ nke ọzọ, onye ọ bụla na-efe Ihe kere mmadụ aghaghi inwe olile anya na ọghaghi ikpuchite ya, nyekwara ya aka n'oge mkpa. Ọtụtụ mmadụ n'ụbọchi taa agaghi achọ ka ha fee Chineke ofufe dika Mosis, bụ onye sitere na ala Ijipt rubere ya isi rue nsọ Kenan, naani ụgwọ ọlụ ya bụ Chineke igosi ya ala nkwa ahụ n'okweghi ka ọbanye n'ime ya. Adọgbuwo m onwe m nọlụ nihi nzukọ ụka. Ọfọdụrụ nani ihe nta ka agụkọ m na ndi ridaruru ala mmọọ nihi ojije ụlọ ụka mjere n'oge obodo anyi na agha na-eme. Otu afọ funariri m tupu mhapụ ụlọ jee obodo oyibo nihi na ajụwaram isi inye mmadụ ibe m awufu, ma-ọbụ ngari. N'obodo oyibo a, ọkara ụgwọ akwụkwọ m efunariwo m n'otu oge ọmụmụ ihe n'ihi ọlụ ndi okwukwe anyi. Ugbụ a aghọwo m onye-iro n'ihi na ekweghi m ilụ nwanne ha nwanyi.

Etufuwo m ego m, ije eje na ilọ alọ, jerue obodo Teksas wee lọghachikwa Sọsi, ihe ndia niile n'ihi nzukọ ụka. Echeghim na aga m anọgide ikasi onwem obi na ụgwọ ọlụ m di ukwuu n'ime ubụbụ nke elu-igwe. Adighi m ekwu dika onye na-achọ ka anụ olu ya, kama, ọbụrụ n'ezie na Chineke hụrụ m na-anya, okwesiri ka ọbia ọsisọ, bụrụ onye ogbugbo n'oge mkpa m. Ọga-adi mma ka mmadụ nupu isi n'olu Chineke dika Jona, gbaso ya mgba dika Jekọb bụ onye anyi nụrụ akụkọ ya n'akwụkwọ-nsọ, rapu n'idabere na nkwa ya bụ nke oge ya na-adighi eru eru.

Ugbu a achọrọ m ka m were aka m chọpụta ma-ọbụ n'ezie na Chineke hụrụ m nanya. Ana m ewezuga ụfọdụ ọnọdụ m n'okpukpere Chi. Nke a apụtaghi na aga m enupu isi n'iwu ya; kama, achọrọ m inọdụ, lepụ anya imata ma-ọbụ n'ezie na Chineke n'onwe ya ga enye m igba ụme.

Ana m achọ ka akwụkwọ ozim biarute na njedebe. Biko mee ka ekele m rute ezigbo ezi na ụlọ gi.

Abụ m nwanne gi.
"Maazi Oje mba".

Okwu nke akwụkwọ ozi a wee wute nwoke a ri nne. Owee nwee mwute n'obi. Ochetara na nnekwu ọkụkọ adighi ahapụ ụmụ ya mgbe egbe na-achọ iburu ha.

Owee bilie mee ngwa ngwa ilụpụta nzọpụta nke nwanne ya. Ochetara na nkasi obi na igba ume bụ ihe kwesiri inye nwaokorobia a n'oge di otu a. Owere akwụkwọ, werekwa mkpisi akwụkwọ wee bido ide:

"*Ezigbo nwanne m,*

Ewere m obi ańụri n'abata akwụkwọ ozi gi bụ nke idere na abali asatọ n'ọnwa isii na afọ a. Ma mgbe m gụsiri ya, ọńụ m wee ghọọ obi ilu, nke n'emekwa ngbawa. Elegidere m ihe odide gi ọtụtụ ugboro, kpuchie ya, gụghachikwa ya ọzọ ime ka m kwenye n'ezie na akwụkwọ ozi a si n'ebe inọ bia.

N'ezie, amataghi m mkpa gi niile. Ma enwere m mnwute ri nne n'ime mkpa gi nke m gụtara na akwụkwọ ozi gi. N'ezie, dika mmadụ, ighaghi inwe mwute n'ebe mmegbu mmadụ ụfọdụ n'emegbu ibe ha. Ọbụ naani otu amamihe nke okwukwe kwenyere na anụ arụ mmadụ ekwesighi inwe arụ ụfụ. N'ihi nke a, adighi m ata gi ụta ma-ọli ime ka m mata ahụhụ niile ina-ata.

Ma otu ọdi, onwere ajụjụ ole na ole mchọrọ ijụ gi. Ichọpụtawo n'ezie na elu-igwe adighi na ọbụ naani ụbụbụ mmadụ na-abụ? Kedu ka isi mata na nkwa niile nke Chineke bụ nke oge ha n'adighi eru eru? Site n'oge ighọrọ onye kwere ekwe o nwere onye mere ka imata na ụwa nke a bụ ebe mmadụ niile ga-alụ ọlụ ziri ezi? Onwere onye mere ka okwenye na mmadụ igbapụ n'ahụhụ n'egosi na Chineke di, n'egosikwa ihụ-nanya ya? Nakụkụ nke ọzọ, emeghi ka imata na onwere obe nke mmadụ n'aghaghi ibu? Mmadụ aghaghi isoro Jisọs hujukọ anya n'ụwa nke a. Ma eleghi anya, nke a bụ otu n'ime ụbụbụ ndi ahụ.

N'ezie nwanne m, ahụrụ m gi nanya, nweekwa ezi olile anya n'ebe inọ. Ekwela ka ihe ọ bụla neweta obi ilu mee ka ikwulue aha Chineke. Ọbụna ugbu a Chineke hụrụ gi n'anya. Naani tụkwasi ya obi. N'ikpe azụ, aghaghi ime ka ọnụ ọchi gi saa mbara.

Aga m n'echeta gi n'ekpere.

Abụ m nwanne gi.
"Maazi Onye Igbo".

Ulọ akwụkwọ bụ ụlọ amamihe. Ọmụmụ akwụkwọ nwere iru abụọ: Nke mbu, ọna-eweta ọganiru, iwa-anya, nchọpụta, udo, na idi n'otu. N'iru ya nke ọzọ, ọna-eweta esemokwu, ọgba aghara, ibu agha, ibu iro, na mmebi.

Ọbụ site na nchọpụta-nke-ọmụmụ-ihe ka enwere ngwa agha nke jọgburu onwe ya na njọ n'ime ụwa.

Ọbụkwa site n'ọmụmụ akwụkwọ ka ụfọdụ mmadụ kwenyere, n'ekwenyekwa na Chineke adighi. Site n'ụlọ akwụkwọ ka mmadụ chere echiche wee kwenye na ụwa nke a anyi bi n'ime ya bụ ihe siri na anyanwu wee dapụ.

Ha jụwara isi na ọbụ ihe ekere eke. Otu ọdi, mmadụ anaghi ewepụ anya n'ọtụtụ uru ha na-enweta site n'idi n'otu ọmụmụ akwụkwọ n'eweta. Ụmụ aka di iche iche n'ezukọta n'otu ụlọ akwụkwọ imụkọ ihe. Ha na-enweta ọtụtụ enyi di iche iche, bụ ndi si n'obodo di iche iche bia.

Ha na erite uru buru ibu site na amamihe ndi nkuzi di iche iche n'ụlọ akwụkwọ ha. N'ebea ka ụmụ-akwụkwọ ndia na-enwe ike imụta karia, bụ mmadụ na ibe ha idi n'otu, ichara ndi ọzọ ụzọ, irubere ndi okenye, tụmadụ ndi-nkuzi ha isi, ikele ekele, idote onwe ha ọcha, na ije ihe n'oge.

Idi n'otu nke obodo dika oke-osisi. Onwere oko-oko na, mkpụrụ, na akwụkwọ na abaka, na ogologo osisi ya bụ nke jikọrọ abaka ya niile, ukwu ya, na mgbọrọgwu ya niile. Ha niile jikọrọ ọnụ wee bụrụ otu osisi.

N'otu aka ahụ, obodo ọ bụla n'ala Igbo nwere onye eze, ụmụ-akwụkwọ, ndi nzukọ di iche iche, ndi ụmụ agbọghọ, ụmụ okorobia, ndi odozi akụ, na ndi Okenye. Ha niile n'alụkọ ọlụ iweta idi n'otu n'obodo.

Ndi Igbo adighi ewezuga idi n'otu ha mgbe ha nọ n'obodo ọzọ. Kama, ha na-eme ka ọ di ike karia. N'ihi nke a, ha na-enwe nzukọ di iche iche mgbe ha nọ na mba. Nkea na-eme ka ha nwee ike imata, gbookwa mkpa nwanne ha ọsisọ.

Igbo adighi ekwe ka ihere mee nwanne ha na Mba... Ọna-eju ndi mmadụ anya ka ndi Igbo ndi na-ere ahia n'obodo ọzọ na-enwe oke ihụ-nanya n'ebe nwanne ha nọ karia.

Ọlụ ha mgbe ha n'ejekọrita ozi n'egosi na ha bụ ndi nche ụmụnne ha. Omume ha n'ụlọ akwụkwọ di n'obodo ọzọ n'egosi udo, nsọpụrụ, ihụ-nanya na idi n'otu. Nke kachasi, ha na eje na ejekọrita nleta n'ụlọ ụmụnne ha.

Ha na akpọkwa oriri na ọńụńụ". Site n'omume ndi a ka ihụ-nanya ha dika ndi di iche na-amụ dika anyanwụ.

13

CHI IGBO MỤ ANYA.

Otu abụ kwuru si:

"Jisọs Kraist hụrụ m n'anya
Akwụkwọ nsọ gwara m otu a.
Ụmụnta bụ ndi nke ya.
Ha adighi ike ma-ọdi ike....."

N'ezie, Chi ndi Igbo hụrụ ha n'anya. Ọdighi arado ha ụra ma-ọli. N'otu ebe n'akwụkwọ nsọ, anyi gụrụ na Chineke adighi atụ oru ụra. Ọdighi ararụkwa ụra bụ onye na- echedo Isrel. Ya mere, onye Nche ndi Juu nke Afirika nwere anya nke ghere oghe mgbe niile.

"*Anya n'ele ụwa n'ele Chi*". Anyi na-ele Chi. Chi na-ele anyi. Chi kere Igbo gbara ha ogige ka ha ghara ikpafu. Ndi Igbo, oriọna nke Afrika batara n'ogige nke Chukwu. Onwere otu onye ọka ikpe na ndi ọkọ-iwu nọ n'otu ụlọ ikpe.

Onye ọkọ-ikpe ahụ adighi ekwu ọtụtụ okwu, ya mere na ndi ọkọ-iwu niile n'ụlọ ikpe ya, na-atụ ya egwu. Nke kachasi, nwoke ahụ na-eme ka ibubo nwua ndi mmadụ niile n'arụ, mgbe ọbụla ha batara n'ọgba ikpe ya, ka ekpee ha ikpe.

Otu nwoke ahụ ga-esi lee onye ọbụla ana-ekpe ikpe anya, ga-eme ka ọmaa jijiji. Omume nwoke ahụ wee bụrụ ihe iribe-ama nye ndi niile na-abia n'ọgba ikpe ya.

Orue otu ụbọchi, otu nwoke wee chipụta ndi ọkọ iwu di n'ụlọ ikpe a ukwu n'ama. Oboro ha ebubo na ha adighi ekpe ikpe ziri ezi. Ezi Onye-ọka-ikpe a jere ozuzu ike mgbe ihe ndi a niile na-eme.

Egwu wee tụa ndi-ọkọ iwu a niile n'ihi na mgbada biara agụ ụgwọ mgbe ụkwụ jiri ya. Ha amaghi ihe ha ga-eme n'ihi na agwọ agụụ na-agụ biakutere nwa oke mgbe ọ na-ararụ ụra.

Onye ebubo ụgha a wee kpọrọ ha jee ka ha zara ọnụ ha n'ụlọ ikpe nke kariri ụlọ ikpe ha. Okwua rutere

Ọka-ikpe ahụ nti. Omekwara ọsịsọ izọpụta ha n'ihi na nnekwu ọkụkọ adighi arapụ ụmụ ya mgbe egbe na-achuso ha. Orue ụbọchi ikpe, okwe wee gbazue.

Orue mgbe achọrọ ka ndi ọkọ-iwu a pụta ka ekpee ha ikpe, na onye ọka-ikpe ahụ pụtara n'ọnọdụ ha. Ezi mmadụ a wee kwue na ọka-enweghi mgbe onye ọ bụla n'ime ndi ọkọ iwu ya gbaruru ikpe ziri ezi. Iru dike na-eme ka atọgbọọ mma-agha na-ala. Ikpe wee chaa onwe ya. Site n'ụbọchi ahụ, ndi ọkọ-iwu ndia niile atụkwaghi nwoke ahụ egwu ọzọ, n'ihi na ha amatawo na inọdụ nwayọọ, na olile-anya-di-egwu onye ọka-ikpe ahụ na-ele, bụ maka nchedo ha.

Ha wee nwee ezi ntụkwasi obi n'ebe ọnọ. Otua ka ọdi n'etiti ndi Igbo na Chineke. Mgbe ụfọdụ, ha na-atụ ya egwu ri nne. Mgbe ụfọdụ, ọna-adika Chineke n'ọdụrụ na-echere nwa obere oge ha mehiere ka onwee ihe ita ha ụta, ka owee nye ha ahụhụ di ukwuu. Ma n'ezie, ọnọdụ Chineke n'ebe ndi ya ọrọpụtara pụrụ iche.

Onwere otu oge, otu nwoke dabara n'oke ọnwụnwa di iche iche. Ọnọdụ ya jọrọ njọ dika nke Joobu. Mgbe ọna-achọ ka osi n'ọnwụnwa nkea pụta, ma lee, na Chi ya tinyere ya n'aka ọnwụnwa ọzọ di njọ karia.

Ọnọdụ ya dika nwata agwọ biakutere n'ebe ndina ya, ka ọna-agbapụ, ma lee, ọdụm n'ọchiri ọnụ ụzọ. Nwoke a wee kwenye n'ezie na Chi ya kpọrọ ya asi, kpọkwa nzọpụta ya ugwọ.

Ọdi ya ka ala ụlọ ya meghee ka ya daba n'ime ya. N'ezie, mgbe olile anya niile gwusiri, ka nzọpụta na ewere olu di nwayọọ ekwu si: Atụla egwu. Anọm gi nso mgbe niile.

Onwere otu nwanyi, onye Igbo. Ọnwụnwa di iche iche dakwasiri ya. Chi ya wee duru ya na-aridaru ndagwurugwu ọnwụnwa nke ndụ ya. Ụzọ ya di mkpagide. Ala ya na-emikwa emi.

Mgbe ọnwụnwa ndia niile gasiri, ezi nwanyi ahụ wee were nwayọọ jegharia gburu gburu, site na ndagwurugwu, rue n'elu ugwu nke ọnwụnwa ya. Ọhụrụ nzọ ukwu ya niile.

N'ebe a ala na emi-emi karia ka ọ hụrụ naani otu nzọ ukwu. N'ebe ọzọ, ọ hụrụ nzọ ukwu abụọ. Owee bilie jụa Ọkpara Chineke n'ekpere ka osi hapụ naani ya mgbe ọnwụnwa ya di ukwuu karia….Ma wee n'ọgide ya mgbe ọnwụnwa ya bụ naani ihe nta.

Jisọsi wee zaghachi ya si: "N'ogea enwere nzọ-ụkwụ abụọ, ka ọtụtụ ọnwụnwa gi di nfe, ka m n'ọduru gi naani nso ka iwere ụkwụ gi abụọ na-agabiga ha. N'ezie, mgbe ahụ, enwere naani otu nzọ-ụkwụ n'ụzọ gi, ka ọnwụnwa gi buru ibu. Mwee buru gi n'ubu m ka ighara ida. Ya mere na ihụrụ naani otu nzọ-ụkwụ,; n'ezie, n'ezie, nzọ-ụkwụ ahụ bụkwa nkem".

Mgbe osimiri nke ndụ a na amaghari ka ọ na-ekwu si "Elela anya gburu-gburu n'ujọ". N'ihi na Chi nke ndi Igbo ga-agba ha ume. Ọga-enyere ha aka.

Otu nwoke n'ọdụrụ na agụkọ ihe ọjọọ niile Chi ya mere ya. Ochetara otu Chi ya si kpọọ ya asi, n'ọlụ ya niile. Obi wee di ya ilụ n'ihi na oriọna ahụ di n'ime obi ya bụ naani ọchichiri.

Owee chee ihe ọ ga-eme ka ya na Chi ya gbaa alụkwaghi m. Otu ihe banyere n'ime obi ya. Owere ụdọ na mma banye n'ime ọhia ka ya mee ka ajọọ ọnọdụ ya gwusia. Ima ihe mere? Nwoke a zutere onye ngwọrọ n'akụkụ ukwu osisi ka owere eze di n'ọnụ ya na-atabi eriri.

Nwoke a wee jụa ya si: Gini bụ nke a ina-eme? Ọbụ na mma adighi iga-eji gbubie eriri ahụ? Onye mgwọrọ a wee kọwara ya ajọọ ọnọdụ nke ya. Nwoke a wee tulaa uche ya azụ, cheta otu mgbe ozutere onye isi-mmebi na Aba.

Onye isi mmebi a biarutere ebe ụgbọ-ala gburu mmadụ. Ka ndi nwe mmadụ a na-akwa akwa, etiku Chi ha, onye isi mmebi a wee biarute ozu a tọgbọrọ n'ụzọ nso si "Jewaebe ina-aga.

Atụpụkwala ha ọnụ. Eleghachikwala anya gi n'azụ". Mgbe okwusiri nke a, ndi mmadụ niile wee dapụ n'ọchi. Anya mmiri takọkwara ndi nwe ozu a na-anya ka ha na ọchi na-eme.

Nwoke ahụ wee si n'ọhia tụgharia, laghachi n'ụlọ ya n'ihi na onye Chi ya na-akwatubeghi, olile anya diri ya. Igbo na-aga n'iru, Chi ha na-eso ha na-azụ.

Ndi-ukwe na-abụ abụ si:
"Ka anyi gaa n'iru n'izisa ozi
nke onye nwe anyi
Nke a bụ ọlụ diri anyi"

Chi Onye-Igbo na-eso ya. *"Agaghim arapụ gi...Agaghim ara gi aka".* ka onye nwe anyi kwuru. Ebe anyi nwere onye-nche di otua, ka egwu ghara itụ anyi, ma-ọli. Ka ebili mmiri nke ndụ ghara ime ka onye-Igbo ọbụla maa jijiji.

Naani lekwasi Jisọsi. bụ Ọkpara nna anyi anya. Cheta Maazi Pita, onye-na-eso ụzọ nke onye-nwe-anyi, mgbe ọna-eje ije n'elu mmiri. Nweekwa ntụkwasi-obi kachasi-elu, n'ebe Chineke, bụ nna, di.

Ọbụ naani mgbe owepụrụ anya ya site n'ebe Jisọsi nọ ka ọmalitere idaba n'ime mmiri. Ọbụkwa naani mgbe ndi-Juu wepụrụ anya ha site n'agwọ ọla-edo ahụ Mosis weliri elu n'ọzara ka ọdida ha rutere ha nso.

Ebe Igbo nwere ezi ntụkwasi obi na Chi ha; ka onye ọbụla ghara ida mba. Otu nwata na nne ya na-eje n'ụzọ, n'oge abali, mgbe ọnwa na-amụ. Nwata nwoke ahụ wepụrụ aka ya ka nne ya jide ya ka ha na eje.

Nne ya weputara nke ya, ma obu naani otu mkpisi-aka. Nwata ahu wee jide otu mkpisi-aka nke nne ya ahu. Nne ya wee gwa ya ka ha na-ekwu okwu ka ha na-aga n'uzo. Nwata ahu ekwue na oka mma ka ha bunye abu.

N'edu m n'ije m niile
N'edu m onye nwe anyi
N'edu m n'edu m.

Obi toro nne ya uto ka onuru ka nwa ya malitere abu ahu. Ka ha na-abu, ha na-aga n'uzo. Ha matara na o nwere onye na-edu ha n'uzo mgbe ha na-aga. Mgbe ha busiri abu ahu, nwata ahu chetara abu ohuru akuziri ha n'ulo nzuko ha. Omalite:

"Chi m di mma.
O na-esom jee ije
Kam ghara idahie.
Ka onye-iro ghara
Ikwapum dika ugbo
Chi m di mma.
Onye ka m ga-atu egwu?".

Chi ndi-Igbo adighi arapu ha mgbe o bula. Oga-anonyere ha rue ogwugwu oge. Nkwa ya niile di uto. Okwu ya niile kwesikwara ntukwasi obi. Oga-egboro ha mkpa ha niile. Ogaghi ekwe ka ihere mee ha.

Anya na-ele Igbo na-esite n'afọ nne chedoo ha rue ụbọchi ha ga-alakuru ya. Site n'ụbọchi amụpụtara mmadụ rue ụbọchi ọnwụ ya, onwere ọtụtụ ihe na-egosi nlekọta anya nke Chineke n'arụ ndi ya.

Mgbe nwata nọ n'ime afọ nne ya, onwere aka na-echedo ya dika nnekwu ọkụkọ na-ekpudo ụmụ ya n'akwa. Ọnaghi ekwe ka ụfọdụ n'ime okpom ọkụ nke afọ nne ya kpugbue ya.

Ọdighi ekwekwa ka ọbara nke di n'arụ nne ya bipụ ya. Ọzọ, ọna-echebe ya site n'aka mmiri di iche iche nke arụ mmadụ pụrụ imipụta. Aka na-eche Igbo na-enwe nlekọta anya na-arụ ha mgbe niile.

Nwata amụpụtara n'ụwa nwere aka pụrụ iche na-eche ya nche mgbe niile. Ọbụ ezie na nne na nna ya ga na-ekutụ ya, elekọta ya ka mmekpa arụ ghara irute ya arụ. Ma otu ọdi, anya Chineke di n'arụ ya mgbe niile.

Ọna-enye nwoke, bụ onye-nwe-ụlọ obi añụri mgbe ọna-apụta n'etiti abali hụ na ndi nche ogoro ọlụ mụrụ anya, chebiri maka ihe mgberede. N'ezie, onye ọbụla chetara na ihe kere ya adighi arado ya ụra na enwe afọ ojuju na obi añụri.

Mgbe nwata na-eto, Chi ya na-aguko nzo ukwu ya onu. Ihe a nwere ukwu ano mgbe odi na nwata, nwee ukwu abuo mgbe odi na okorobia, ma nwee ukwu ato mgbe omere agadi, bu ihe ekere n'oyiyi Chineke.

Mgbe ono n'onodu ukwu abuo, bu oge ona-achuso otutu ihe n'ime ndu ya. Obi ya kwuu oto, Ike dum juputara ya na-aru. Ugbu a ka o nwere oge ichu nta mmuta, ichu-nta ego, ichu nta oganiru, ichu-nta ndoro ndoro ochichi na ichu nta iluputa nzoputa nke onwe ya. N'ezie, oge di bu oge okorobia na agboghobia.

Chi kere Igbo na elekota ya, obuna mgbe o mere agadi. Chi Igbo huru ha n'anya. Obu ezie na mgbe ufodu na okpukpu kara nka na-eme ka onye nwe ya sua ude, ma otu odi, onye Okike adighi echefu ihe Okike ya.

Onwere otutu ihe Chi Okike jiri choo ndi ya mma. Nke mbu, omenala Igbo, olile anya na aga-azoputa anyi, ehihie na abali. Ozo, afo ohoo, onwa ohoo, izu uka ohoo na ubochi ohoo.

N'ezie, onyekwara anyi anyanwu, onwa na kpakpando ka ha na-enye anyi ihe, ehihie na abali. Tukwasi ihe oriri, akwa oyiyi, na ulo nke mara mma, ka oburu ebe obibi anyi.

Udu mmiri na okochi na emekwa ka ihe okuku anyi kuru

n'ubi too nke oma. Ikuku na mmiri ozuzo bukwa ufodu n'ime ngozi ya. Onyekwara Igbo ike iluputa olu aka di iche iche dika mma, Oche, akwa ndina, na otutu ihe ndi ozo na-enyere ndu mmadu aka.

Amamihe, olu-ebube di iche iche dika eke na egwurugwu, egbe elu-igwe, osimiri, mkpuru osisi, ezi aha na ezi na ulo bukwa ufodu n'ime onyinye ya.

Omenala Igbo di uto, Obu ya ka eji amata ndi Igbo dika ndi puru iche. Inye ndi obia oji n'egosi iru oma enwere n'ebe ha no. Ibi nwata amuru ohuru ugwu mgbe ubochi asato gasiri.

Igba mgba; ichi echichi dika lolo na ozo; igbu isi maka igba ikoro n'oge gara aga. Ikwu ngo, mgbe ana-alu nwanyi; igo ofo, n'ihi na ofo na ogu bu mmere gini; ili ozu, n'ihi na elizie ozu eze, ikenga aka ya adighi aputa, ma-oli; iluso igba alukwaghim ogu, n'ihi na iketo olulu di na nwunye bu ihe aru n'ala Igbo.

Ibo uzo, n'ihi na uzo di ocha na-eme ka ndi obia mata obodo mepere emepe; idu isi, ka mmadu goro onwe ya site n'ebe emere omume ojoo: na ikpa nganga, n'ihi na o bu onyinye Chi Igbo nyere ha.

Olile anya diri ndi kwere ekwe. Ndi Igbo kwenyere na Chineke ri nne. Ha nwere olile anya na nzoputa ha.

Ọga-abụ ihe mwute n'ezie, Ee, ọ ga-abụ ihe anya mmiri ma-ọ bụrụ na Chineke emezughi nkwa ya. Ihe abụọ di nke Chineke jiri gọzie ndi Igbo, Ee, ihe abụọ ndi a kewara oge ọlụ na oge ozuzu ike.

Ehihie na abali bụkwa aha ha. Ehihie bụ oge Igbo ji alụ ọlụ. Ọbụkwa abali bụ oge ọ rọpụtara ka ha raru ụra, izuru ike site n'ọlụ ha niile.

Ehihie na abali nwere ụmụnne. Aha ha bụ ụbọchi, izu ụka, ọnwa na afọ. Ha niile jikọrọ ọnụ buru oge.

Chi kere Igbo nyere ha nnukwu onyinye. Ọtụtụ ihe ka o nyere ha ka ha na-enye ha ihe ehihie na abali. Anyanwụ ka odotere n'ehihie.

Ọbụkwa ọnwa na kpakpando ka onyere maka abali. Ha na-alụ ọlụ ha n'oge enyere ha. Ọlụ ha niile na apụtakari ihe n'oge ọkọchi.

Ọbụkwa n'oge udu mmiri ka mmiri ozuzu na-enye ha nsogbu. Anyanwụ na-eme ka mmadụ di gara gara dika ugo. Ọnwa na-eme ka ụmụ-ntakiri pụta n'ezi n'oge abali maka egwu ọnwa.

Kpakpando na-enye ihe nke ha; ha na-emekwa ka Igbo cheta ọnọdụ ha dika oriọna nke mba niile nke Afirika. Ihe oriri na-eme ka mmadụ nwee ume.

Ọna-emekwa ka ọdi ike, meekwa ka arụ ya di ike na-ile anya. Ihe-oriri di iche iche ka Onye-okike mere ka ha na-esi n'ala Igbo epupụta---Nezie, ụfọdu nime ha bu ji, ede, ụna, akpụ, osikapa, unere, agwa, na ụkwa. Ụfọdụ mkpụrụ osisi na amipụta bụ ose, ube, ańara, ose-ọji, ụgba, ụkpaka, epe, ma-ọ bụ oroma, koko, ụdara, na akwụ.

Akwụkwọ-nri di iche iche dika; ụgụ, ụkazi, ańara, olugbu na ụgbọghọrọ. Igbo nwekwara anụ ọhia na anụ ụlọ ha na eri: Agụ, ele, mgbada, nwa-nzụ, ebi, ehi, ewu, na atụrụ.

Ọzọ, Chi ha nyekwara ha anụ ufe dika ihe oriri: Ọkụkọ, egbe, ọkwa, kpalakuku. N'ezie, onwekwara anụ ụlọ ndi Igbo nwere dika ndi-nche: nkita na-achụ ndi ori, nwologbo ha na egbukwa oke-ụlọ. N'ezie, Chi kere ndi Igbo bụ onye onyinye.

Ikuku, mmiri ozuzu na igwe ojii bụ ụfọdụ n'ime ihe Chi Igbo ji nwee ezi nlekọta anya n'arụ ha. Ikuku ya na-eme ka mkpụrụ osisi dika ụdara, aki bekee wee si n'elu osisi ha wee daa.

Mmiri-ozuzo na-eme ka ihe ọkụkụ nke ubi nwee ihe oriri. Igwe ojii na-eme ka anwụ otiti kpaa oke. Ọna-emekwa ka mmiri ozuzo dere duu. Ee, igwe ojii na-eme ka anyanwụ na udu-mmiri ghara ilubiga ọlụ ha oke.

Ọlụ aka niile nke mmadụ bụkwa onyinye si n'ebe Chineke nọ bia. Amamihe ka onyekwara mmadụ ka ha wee lụpụta ha.

Ihe-omimi di iche iche ka Onye Okike chọrọ ka ndi-Igbo chọpụta. Ihe ebube di iche iche ka owere chọọ ha mma. Egwurugwu na-emeka mmadụ chọpụta ihe omimi di n'etiti ihe anyanwụ na mmiri ozuzo.

Aha Chineke nyekwara ndi Igbo di ụtọ. Nke kachasi, onyekwara ndi Igbo ezi na ụlọ.

Ọbụ gini na-egosi na Chi kere ụwa nwere nlekọta anya n'arụ ya? Arụ idi ike bụ otu n'ime ihe na-egosi nlekọta anya Chineke n'arụ ndi ya. Ọna anọnyere ha n'oge ha nọ n'ọria.

Ọna echebe ha n'ebe ndina ha. Ọna-egboro ha mkpa nke ndụ ha dika ihe oriri na ihe ọńụńụ, uwe ma-ọbụ akwa mgbochi, na ụlọ obibi. Ọna-enye ha ike, na-agba ha ume ka ha lụpụta ihe ndia, nye onwe ha.

Ụmụ bụkwa onyinye ọna-enye ha. Chineke na-emekwa ka ndi ya, bu ndi niile ọrọpụtara, mata ụwa ha bi n'ime ya. Ya mere na ọna-eduru ha gaa mba di iche iche nke ụwa, ka ha mata omenala ha, okwukwe ha, okpukpere Chi ha, na olile anya ha.

Nke kachasi, ndi Igbo nwere olile anya ndụ ebighi-ebi mgbe ndụ onye ọ bụla n'ime ụwa nke a gwusiri.

14

NTACHI OBI NDI IGBO

Ntachi obi di mkpa na ndụ mmadụ niile: Ntachi obi n'ọlụ. Ntachi obi n'oge ọnwụnwa. Ntachi obi mgbe ndi ọzọ na-esogbu gi n'ihi ezi ọlụ gi. Ntachi obi mgbe oke-ọnwụnwa di nso.

Ntachi obi mgbe ọgba-aghara di n'ime ụlọ, esemokwu di n'ọnụ ụzọ, iro-na-ekworo di n'ezi.

Ntachi obi mgbe onye ihụrụ na-anya na arapụ gi; ntachi-obi mgbe ina-eche nnukwu echiche banyere ndi gi jere obodo ọzọ; ntachi-obi mgbe ina-eri uju n'ihi nsogbu nke ụwa; na ntachi-obi mgbe ndi ahụrụ na-anya na alakuru ebighi-ebi ha.

Onye ọbụla nke na-enweghi ntachi obi apụghi ilụ ọlụ siri ike. Ọbụkwa mmadụ nke nwere ntachi obi na ejeru mgbe ndi ọzọ na ada mba n'ụzọ. Mgbe ihe siri ike, mgbe oke ọchichiri na-agba n'ụzọ, mgbe ifufe na-efesi-ike; oge eji ama ndi bụ dike, mgbe eji awa anya, ọbụ naani ndi nwere ntachi obi na eguzo, bụ mmadụ ndi ga eguzo guzoro maka mmeri.

Otu nwoke nọ n'ọgbọ agha na-akwa mgbọ. Ndi iro gbara ya gburu-gburu. Ndi enyi ya niile arapuwo ya. Ọbụ naani ya. Nwoke a bụ ọkụ na-agba ọzara n'ọgbọ agha. Egwu atụghi ya ma-ọli.

Ọlụgidere ọgụ, ike agwụ ndi iro ya. Aha Onye-agha ahụ bụ Maazi Ọgụ-otu-onye. Mmadụ di otu a nwere ntachi obi ri nne. Ebili mmiri nke ndụ ga-ebili, makwasi ya; ma, ọgaghi ada.

Nsogbu ga ezokwasi ya dika mmiri, oguzoro. Ibu ogbenye ga abiakute ya, buso ya agha, mgbe nke a gasiri, obilie na-eje. Ndi enyi ga-arapụ ya, ha ga-akpọkwa ya asi, ma ntachi obi ya ga emeri ha niile.

Onwere otu nwoke, Onye Igbo. Ụmụ nna ya kpọrọ ya asi. Owee hapụ obodo ya jee biri na Aba. Nwoke ahu nwere ntachi-obi n'ọlụ. Onwere okwu nke owere dika ọkọlọtọ ya: *"Biri kam biri; nye m nsọpụrụ ruru m, aga m akwanyere gi ugwu gi".*

Ọlụgidere ọlụ wee zụa ụgbo-ala ole na ole. Ọmalite iwu ụlọ ọlụ. Omesia nke a, ọ malite iwe ndi mmadụ n'ọlụ. Chi ya azaa ya oku. Ọlụ ya niile na-aga nke ọma.

Mgbe ana-ebu agha n'obodo anyi, ihe-ọlụ niile nwoke ahụ mebiri. Ụmụ nna ya wee malite ichi ya ọchi. Ma nwoke ahụ nwere otu ihe; ihe ahụ di mkpa na ndụ onye ọbụla nke kwesiri nsọpụrụ.

N'ezie, aha ihe ahụ bụ *'ntachi obi'*. Nwoke a wee bilie jekwuru ndi ụlọ akụ, wee biri ego site n'aka ha.

Ọmalite ọlụ. Ọmalitere nwa mgbere mgbere ikpọghachi ndi ọlụ ya. Ọbasi di n'igwe ahapụghi ya n'oge ahụ nwoke ahụ di n'oke-mkpa. Chi ya zara ya. N'ezie, ụlọ ọlụ ya wee biliekwa ọzọ. Mmadụ nke nwere ntachi-obi ga-ada, ugboro asaa, wee biliekwa.

Mgbe ahia eke-ọha gbara ọkụ n'ala Enyimba, ihe mere. Ọtụtụ mmadụ tie elu, tie ala, bekue Chi ha.

Anyi nụrụ akụkọ banyere ụfọdụ mmadụ febara n'ime ọkụ ahụ n'ihi na ihe niile ha ji biri alawo n'iyi. Ụfọdụ n'ọdụ na-ele anya ka ọkụ na erugide akụ ha niile dika Osimiri na-erikpu ụgbọ n'oge ebili mmiri. Ụmụ mmadụ wee tabie aka n'eze, tie, "ihe m kwa".

Ọkụ emejue ndi Igbo niile anya. Eche m ndi Igbo adighi echefu ihe mere n'ala Aba. Ihe iribe ama di iche iche pụtara n'oge a n'ala Igbo. Ndi egwu di iche iche gosiri mwute ha nwere banyere Chi ọjọọ ahụ biakutere ndi Igbo.

..... Ọkụ gbara eke ọha lee

..... Ala aka ....

[Chike; Ndi egwu Apostle]

Ndi mmadụ erie uju, kwaa akwa. Ndi ụfọdụ wee chee na nke a bụ ihe iribe ama banyere ọgwụgwụ oge. Ndi ụka di iche iche wee jegharia, bue ọnụ, kwue ka ndi mmadụ nwee ncheghari.

Eche m ndi Igbo adighi echefu ihe mere. Eche m Igbo ga-echetakwa. Ihe wee siere mmadụ niile ike, tụmadụ ndi ahụ ọkụ gbara ibu ahia ha. Emesia, ụgbọ nzọpụta wee biarute ndi-Igbo nso.

Ihe ọma na ihe ọjọọ na alụkọ ọlụ, iwetara ndi Chineke ezi ihe. Ugbua, Ariaria bụ otu n'ime ahia na-ewi ewi n'ala Igbo.

Onye ọbụla nke nwere ntachi obi n'ọlụ aghaghi ilụ ọlụ di ike. Idi ume mgwu ka ihe kere mmadụ kpọrọ asi. Mmadụ di otu a ka Onye-mkpọkọta kwuru okwu si:

"Jekwuru ndanda.
Gi onye ume ngwu.
Lee ụzọ ya niile
mara ihe".

Ọnwụnwa bụ ihe edotere ka orute mmadụ ọ bụla Chineke kere. Ọ ghaghi ibiakute onye ọ bụla n'otu oge n'ime ndụ ya. N'ezie, ọbụghi ihe di njọ bụ mmadụ inwe oge ọnwụnwa, kama, ọnwụnwa bụ ihe eji anwapụta ntachi obi mmadụ nwere.

Ọbụkwa ya ka Chi kere ha ji arọpụta ha dika ndi kwesiri ntụkwasi obi. Ndi ụfọdụ ga-ekwu na onye nwe anyị kpere ekpere ka aghara iduba ụmụ ya n'ọnwụnwa. Ma n'ezie, ọnwụnwa okwuru okwu banyere ya bụ nke mmadụ na enweghi ike inagide.

Mgbe ụfọdụ, Chineke na-arọpụta oge itule ntụkwasi obi ụmụ ya nwere n'ebe ọnọ. Job bụ onye ima atụ n'ezie. Chineke zutere ekwensu jụa ya si "Itulewo oru m bu Job?"

N'ebe a ka Chineke rọpụtara ezigbo oru ya Job ka ekwensu nwaa ya ọnwụnwa di egwu. Ọnwụnwa ụfọdụ na-esi ike karia ibe ya. Anyi aghaghi icheta na Onye-Okike adighi arapụ ụmụ ya n'oge ahụ onye-iro na-ewere ha na-eti epele, dika ihe-eji agba bọọli:

> Mgbe ebili mmiri nke ndụ na amaghari,
> Mgbe ọchichiri gbachiri ụzọ gi,
> Lee anya n'igwe, iga-anụ olu si;
> Ezi nwa m atụla egwu ọzọ.

Lee n'ihi gi ka m siri nwụ a.
Lee abụ m onye nwe gi.
N'ihi gini ka ina-echegbu onwe gi?
Ezi nwam atụla egwu ọzọ.

Mgbe nchegbu na-abia n'ihi akụ
nke ụwa nke a.
Buru ụzọ mata na ụbọchi na-abia.
Mgbe iga-eti mkpu si; Ewoo onye
nwe m, amaghi m na ọ ga-adirim otu a.

Biko nwa m teta, bilie chi na-achọ ibọ.
Rapụ nchegbu niile nke ụwa nke a
Memesia iga-ahụ ebe-obibi n'elu.
Ezi akụ nke kasi nke ụwa mma".

Mmadụ abụghi ihe ekwensu ji eti epele mgbe niile. Ọgbachaa bọọli, ike aghaghi igwu ya.

Ọkpara Chineke meriri n'oge ọnwụnwa ya; n'ihi ya, anyi ga-enwe mmeri, Ee, anyi nwe mmeri. Mmeri bụ nke anyi. Otu nwoke jere ahia zụta nne ọkụkọ. Mgbe ọlọtara, ọchọpụtara na ọkụkọ ya nwere ọria. Ọria ahụ nyegidere ọkụkọ ahụ nsogbu, ike agwu ya. Mgbe ụfọdụ, ọria ahụ na-aña ọkụkọ ahụ olu. *Ogbu-na-*

orie bụkwa aha ya.

Ogbu-na-orie ńagidere ọkụkọ ahu olu, ma onweghi ike igbu ya. Emesia, nne ọkụkọ ahụ wee di ndụ. Onye nwe ọkụkọ ahụ wee gụa ya aha; Nwa ọńińa. Ọria di otu a enweghi ike igbu ọkụkọ ahụ.

Ha abụọ agbaala mgba. Otu nwoke n'ọduru na nrọ, mmụọ-ọjọọ nwere isi asaa wee biakute ya. Ọlugidere ọgụ ike agwu ya. Ọsọsọ iru wee jupụta ya na-arụ.

Orue ka obiliri site n'ụra, otie: Chukwu ekwela ihe ọjọọ! Ọbụrụ ọgwụ, ọgaghi ere ire! Ekwensu, azi gbakwa gi! Ọnwụnwa na-abia n'ụzọ di iche-iche. Otu nwoke si obodo oyibo lọta.

Otinyere akwụkwọ n'ụbụrụ ri nne. Ojere ụlọ akwụkwọ di iche iche mgbe ọnọ n'obodo oyibo. Emesia, owee ghọọ dibia. Ezi na ụlọ ya nwere ańụri n'ihi ya.

Owee malite ọlụ, lụa nwanyi, wue ụlọ-ọgwụ nke aka ya. Imakwa ihe mere? Ọnwụnwa wee dakwasi ezi na ụlọ ya. Ezi nwa okorọbia ahụ ka ụgbọ-elu-ọgụ gbagburu n'ime ụlọ-ọgwụ ya, n'oge ahụ ana-ebu agha. Oge egwu na-atọ ụtọ karia ka ndi na-afu opi na akwụsi.

Ọnwụ kwọpụrụ nwa-mmadụ ahụ dika ọkwọrọ. Ahụhụ niile ezi na ụlọ ya tara tutu ọgụsia akwụkwọ wee bụrụ ihe lara n'iyi. Nwunye ya, onye biara n'ụwa ọma, wee ghọọ nwanyi mkpe. Ụmụ ya abụọ abụrụzie ụmụ ogbenye na mgberede. Ọdi mwute. N'ezie, ọnọdụ a di mwute ri nne.

Ọnọdụ ọzọ kwesiri ka mmadụ nwee ntachi obi bụ mgbe ọna-eri uju. Ụgwọ ọnwụ biara mgbada adighi abọ chi. Mgbada zaa si: *"Biko ọnwụ, laa n'ụbọchi taa, echi aga m akwụ gi ụgwọ".*

Ọnwụ zara si: "Mba, agaghi m echere".

Ọnwụ na ewetara mmadụ oke iri uju. Ọbụkwa onye ọbia nke ihe ọ bụla na-eku ụme ndụ na-achọghi ka ọbia leta ya. Ọbibia ya na-ebute anya mmiri, Nleta egbe na eleta nnekwu ọkụkọ na ewetara ya obi ilu.

Wepụ ọnwụ na ọria n'etiti ihe n'eku ume-ndụ, nezie, ndu ya enwe izu ike. Ọnwụ nwere ọtụtụ ndi na-alụrụ ya ọlụ: Ọria, ihe-mgberede, mmiri, ọkụ, egbe. Ọna-eziga ha dika ndi ozi.

Ọlụ ya dika nke nnụnụ ana-akpọ ebelebe. Ihe ọjọọ mee, ndi mmadụ etie: "ebelebe egbue". Ndidi ana-enwe n'ebe ọnwụ mere uche ya ka ana-echeta rue ọnwụ. Ọnwụ di ụfụ. Ọna eweta obi ima etili. Ọna eme ka nwata sụa ude. Ọna ekuli nwanyi di ya nwụrụ n'etiti abali.

Anya mmiri na ọnụma ka eji ezute ya. Ọbụkwa ikwa akwa na ita ikikere eze ka eji edula ya. Ọnwụ na-ebute oke echiche.

Ọnwụ na akwatu obi dike. Ọnwụ di mgbagwoju anya. Ọdi ọcha? Onweghi onye mara. N'ezie, ọdi ojii? Mmadụ amaghi. Ọburu ibu? Onweghi onye pụrụ ikọ. Ọtara ahụ? Mmadụ ọbụla amaghi.

Otoro ogologo? Onweghi onye pụrụ ikọwa ka ọnwụ di. Ọdi mkpunkpu? Mmadụ amaghi. Ọdi ka mmadụ? Onweghi onye mara. Otoro ogologo dika osisi? Odighi onye pụrụ ikọwa.

Ọdi obosara dika ọzara na oke-ọhia? Mmadụ ọbụla amaghi. Onwere ụkwụ-anọ dika anụ-ọhia? Onweghi onye matara. Ọna-efe efe dika anụ-ufe? Mmadụ niile apụghi ikọ. Ihe-omimi di iche ka ọnwụ bụ.

Ntachi-obi di mkpa n'ọlụ ọbụla ana-alụ. Onye ọbụla nke na-enweghi ntachi obi n'ebe mmadụ ibe ya nọ apụghi isoro ndi ọzọ lụkọọ ọlụ.

Ọpụghikwa inwe mnwekọ. Ọna-apụ iche mgbe ndi ọzọ na ezukọ. Ọna achọpụta onwe ya mgbe niile dika onye ezi-omume. Ọna-ewezuga onwe ya na nzukọ nke ụmụ nna ya.

Mmadụ ndi ọzọ ka ọna-eribe ama dika ndi ajọọ omume. Ndụ ya dika nke ndi Farisii, bụ ndi Ọkpara Chineke kpọrọ ndi-irụ-abụọ. Ọlụ ya niile ka ọ matara dika ezi omume. Uche nke aka ya zuru ya.

Ọna eme ọsisọ iwezuga onwe ya mgbe ana-enye ya

ndụmọdụ. Mgbe niile, ọna-azaghachi "Apụa m!. Adighi m echere". Omume ya na-ewetara ndi ọzọ obi ilu.

Ọna eme ọsọ ọsọ inupu isi site na ndụmọdụ ndi okenye. Ọdighi enwe obi izu-ike. Mmadụ di otu a echezọwo na ndidi ka eji eso ụwa. Onwere otu oge, Awọ na nwanne ya bụAkiri na-adọ ndọrọ-ndọrọ ọchichi.

Awọ nwere obi ume-ala. Okwenyekwara na ntachi-obi ka eji amata dike. Akiri nwere obi-ọkụ. Ọdighi ańa-nti. Uche nke aka ya zuru ya. Ụmụ anụmanụ wee zukọọ ka ụmụnne abụọ ndi a kwue okwu otu ha ga-esi chi a ha. Akiri ebilie, kele ha.

Okwue na ya nwere ụkwụ-ọsọ di egwu. Ojekwara n'iru gwa ha na ya nwere ike ijekwuru ụmụ-anụmanụ niile n'otu ntabi anya.

Mgbe okwusiri, Awọ ebilie. "Ụmụ nna m, ekele m unu. Ọbụghi tum n'ọhia, tum n'ụzọ ka eji achi obodo; kama, ọbụ irudata ala taa ọji. Emesia, anyi ga-ezukọ, kụọ ụlọ gba m gba m".

Ụmụ anụmanụ niile ajụa ya si "Ikwuru na anyi ga-akụ ụlọ gba m gba m?".

Ọzaa ha si: "Ee, kụọ, kụọ, kụọ, kụọ".

Ha niile anụria n'ihi na ha achọpụtawo onye ọchichi matara mkpa ha. Ntachi-obi ka eji ewu obodo. Ọbụ-kwa ya ka eji eche ya nche. Oruru otu mgbe, otu anụ-ọhia biliri na-esogbu ụmụ-mmadụ bi n'otu Obodo.

Ọna-adọgbu na-erikwa mmadụ na anụ-ụlọ ha. Ndi obodo ahụ wee kwadebe, n'ọdu na nche, mgbe niile. Tutu nwanyi ejee ubi, nwoke abụọ ma-ọbụ atọ ga-esoro ya. Egwu wee na-atụ ụmụ-ntakiri si n'obodo ahụ mgbe ha na-eje, na-alọta n'ụlọ-akwụkwọ. Ihe ahụ wutere ndi mmadụ ri nne.

Orue otu ụbọchi, otu nwata nwoke biliri were ụta na akụ nna ya banye n'ime ọhia ichọpụta anụ ndọgbu ahụ. Ọnọgidere n'ime ọhia rue oge abali, ma ọ chọtaghi ya.

N'ụbọchi nke ọzọ, ọ laghachi ichọpụta anụmanụ ahụ. Ka ọna-ejeghari naani ya n'ime ọhia, ọ tụghi egwu, kama, ojikere ka ihe ọ bụla ga-apụta, ka ọpụta. Orue n'ehihie, ike wee gwu ya. Owee jee n'ọdu n'ukwu osisi. Ometụrụ ya n'obi ka ọrigoro n'elu. Ka ọ na-arigo, ma lee, ajọọ anụ ọhia ahụ na-abiarute osisi ahụ nso. Ọnụrụ ụnara osisi ahụ.

Obilie ka ọchọpụta ihe ọbụ. Nwata nwoke a hụrụ anụ ahụ ka ọna-abia; Omee ọsọ ọsọ rigorue n'elu. Anụmanụ ahụ hụrụ ya, wee biarue n'ukwu osisi ahụ, na eche ya ka ọridata.

Ha abụọ wee na-elekọrita ibe ha anya. Nwata nwoke ahụ wee were nwayọọ wepụta ụta ya. Owere otu akụ legide anụ ahụ anya, tinye akụ ya n'ụta ya.

Ọtụgide ọnụ akụ ahụ n'iru anụ ahụ na-ele ya anya. Ọdọọ ụta ya, wee rapụ ya. Akụ ahụ fepụ "tam". Ọnụ-akụ ya wee banye n'ime anya anụ-ọhia ahụ. Obilie, gbọọ ụja di egwu. Ọgbaa ukwu osissi ahụ gburu-gburu, ma akụ ahụ arapụghi ya.

Obilie, fee isi ya kpaka kpaka, ọ bụrụ n'efu. Nwata ahụ etinye akụ ọzọ n'ụta ya, gbaakwa ya. Akụ nke a abanye ya n'afọ. Ọdaa n'ala.

Otinye ọzọ, gbaa, onwetaghi ya. Otinyekwa gbaakwa ọzọ, nke a atụ ya n'ọdụdụ. Ọgbagidere ya akụ tutu anụ-ọhia ahụ anwụa.

Ọridata n'ala, biakute ya, hụ na ike ya agwuwo. Ọgbara ọsọ jekwuru ndi obodo ya, kọrọ ha ihe omere. Ha wee soro ya jee n'ebe anụ ọhia ahụ tọgbọrọ.

Ndi obodo ya wee buru ozu anụmanụ ahụ bulata n'ime obodo ha. Ụzụ atụ a n'elu, tụa n'ala, n'ihi na emeriwo onye iro. Ọbụ ntachi obi ka nwata ahụ jiri gbue anụ ahụ sogburu ndi obodo ya.

N'ezie, ntachi obi ka eji alụ ọlụ buru ibu. Ndidi bụkwa okpu eze di ike. Igbo na-aga mba. Ntachi obi ka ha ji anabata omenala mba ọzọ. Ọdi mkpa ighọta ndi mmadụ.

Okwesiri ekwesi bụ mmadụ ime ka ndi ọzọ ghọta ya. Ińa nti mgbe ndi ọzọ na-ekwu okwu na-egosi amamihe. Ọbụ ihe atụ nke ọlụ ọma.

Ọna-ewepụta mmadụ dika onye nwere ntachi obi, n'ihi na ọ bụghi mmadụ niile na-anọdụ nwayọọ, ńaa naani nti mgbe ndi ọzọ na-ekwu okwu. Ntachi obi di mkpa na-ndụ onye ọbụla.

Ọtụtụ uru ka mmadụ na-enwe site n'inwe ntachi-obi. Na mbu, ọ na-eme ka mmadụ ghọta ndi ọzọ dika ha si di. Mgbe ụfọdụ, ndi mmadụ na-enwe nghọtahie n'ebe ndi-ọzọ nọ. Ihe di otu a na-ebute isụ-ngọngọ, na igba nkewa n'etiti ụmụnne, ụmụnna, nne na nwa, di na nwunye, na n'etiti ndi-enyi abụọ.

Nke kachasi, ọna-ebute isụ-ngọngọ n'obi na ọgba-aghara di egwu n'ime ọgbakọ. Esemokwu, ibu-iro, ilụ ọgụ, na ibu agha di n'ime ụwa n'ụbọchi ndi a n'ihi nghọtahie.

Ndi enyi abụọ di. Ha nwere ihụ-nanya di ukwuu nye onwe ha. Ọganiru ha n'ihi ihụ-nanya ha bụrụ ibu nke ukwuu. Ọnọdụ ha wutere ekwensu n'ihi na omume mmadụ abụọ ahụ megidere iwu ya.

Orue otu ụbọchi, ekwensu wee kpọkọta ndi mmụọ ọjọọ atọ. Mgbe ha gbakọtara, ha chọpụtara, ọsọ ọsọ, na onwere obi ilu. N'ezie, ka ha gwaritara onwe ha n'ime obi ha, "Ọga-enweriri ihe na esogbu nna anyi ukwu nke mere na obi adighi ya ụtọ, ọbụna mgbe ndi oru ya kwesiri ntụkwasi obi guzo n'iru ya". Ekwensu wee bilie n'oke iwe, kwue:

"Lee, enwere m obi ilu n'ihi mmadụ abụọ bi n'ime ala eze m. Ọlụ ha na-eme ka ọnụma m bue ibu".

Okwu ya wutere ndi mmụọ ọjọọ ya. Otu n'ime ndi ozi ya wee zaghachi, si:

"Nna anyi ukwu. Gini bụ ọlụ ha? Biko mee ka anyi mata ya. Anyi aghaghi imeso ha rue mgbe iga-enwe mgbasa iru n'ọlụ anyi".

Ekwensu ewelie anya ya elu, legide oru ya ahụ, kwe n'isi n'ihi na onwere amamihe. Ekwensu wee malite ikọwara ha ihụnanya di n'etiti mmadụ abụọ ahụ. Ka ọkpụ okwu ya n'ọnụ, oru ya nke ọzọ zaghachi:

"Esogbula onwe gi, anyi ga-etinye iro n'etiti ha".

Ọjụa ha, "Kedu ka unu ga-esi kposaa idi n'otu ha?"

Mmụọ ọjọọ nke atọ azaa ya: "Anyi ga-etinye nghọtahie

n'etiti ha. Nkea ga-eme ka ha nwee esemokwu. Ọga-erukwa na ha abụọ ga-enwe ilụ-ọgụ n'etiti ha".

Onye nwe ha wee nye ha oge ka ha jikere maka ọlụ. Mmụọ ọjọọ atọ ndi ahụ wee jee, gbaa izu imebi ihụ-nanya di n'etiti ndi enyi abụọ ahụ. Otu n'ime ha wee tinye n'ime akọ na uche otu n'ime enyi abụọ ndi a ka ọkpọọ oriri na ọṅụṅụ.

Oge akara-aka wee rue. Ha abụọ wee zukọta. Mgbe ha risiri nri, ha malitere izu ike. Na mgberede, otu n'ime ndi mmụọ ọjọọ ndia wee buru okpokoro etere otu iru ya unyi, tee iru ya nke ọzọ nzu, wee gafee n'etiti ndi enyi abụọ ahụ.

Otu hụrụ naani iru-okpokoro nke etere unyi; nke ọzọ hụ naani nke etere nzu. Enyi nke mbu etie nkpu si:

"Ewoo! Nna, ihụkwara okpokoro ahụ di ọcha gafere ugbua?"

Enyi nke ọzọ azaghachi ya si:
"Mba, okpokoro ahụ di ojii. Ihe ebube ka ọbụ, ọdi egwu".
Enyi nke mbu azaghachi:
"Ikwuru gini? Okpokoro ahụ di ọcha, kpọm kwem".
Nke ọzọ azaa:
"Mba o!, Ina-ahụkwa ụzọ nke ọma? Ọdi ojii".

Iwe amalite iwe nke mbu n'ihi na enyi ya gọrọ ya mmụọ.

Ha amalite ikọrita onwe ha ọnụ. Ọgụ amalite. Iro abata n'etiti ha.

Ihụ-nanya na idi n'otu ha wee gbasaa. Ndi mmụọ ojọọ atọ ahụ ańụria. Obi tọrọ ekwensu ụtọ mgbe ọnụrụ akụkọ ọlụ ha.

Inwe ntachi obi na-eweta udo n'ebe ndi mmadụ nọ. Ọbụ ihe kwesiri ka mmadụ nwee mgbe ọ na-alụ ọlụ siri ike. Ọna-eme ka mmadụ kwuru chi m, n'omume ya. Ọbụkwa ihe ima atụ nke ọlụ ọma.

15

IGBO BỤ ONYE NCHE NWANNE YA

Onye bụ onye-nche? Gini bụ iche nche? N'ihi gini ka ndi Igbo na-etufu ọtụtụ oge ha site na iche nche?

N'ezie, ọbụghi naani site n'oge ha bụ nwata ka ha na-eche nche; kama, ha na-echegide nche rue mgbe ha mere agadi. Ajụjụ ndi ahụ na-agba ọtụtụ mmadụ gharii. Ma n'ebe Onye Igbo nọ, ọbụ ihe di nfe, n'ihi na azụpụtara ya ka ọbụrụ onye- nche nwanne ya.

Dika amamihe Chineke nyere ndi Igbo si di, ha matara uru iche nche bara. N'ezie, nghọta ndi Igbo banyere iche nche di elu karia nke ndi obodo ndi ọzọ.

Ndi-ọcha na-ekpupụkwara ha okpu mgbe ha na-agụ, na-ahụkwa omume ndi Igbo banyere iche nche. Ọlụ ndi Igbo na-agbara ha ama n'ebe ọbụla ha na-aga. Ọbụkwa ya ka ha na-agụ dika akwụkwọ n'ebe ọbụla ha jere.

Ezi onye nche na-enwe ntụkwasi-obi onye goro ya ọlụ. Ihụ-nanya o nwere n'ebe nwunye onye goro ya ọlụ na-erute ezi na ụlọ ya. Onwere akụkọ aga akọ n'ebe a: *"Kọrọ anyi ka obi di anyi mma".*

Otu nwoke goro onye nche ọlụ. Nwoke a natara akwụkwụ ozi nke ndi na apụnara mmadụ ihe degara ya. Obi efeba ya n'ime afọ. Ọchọghi ka ndi oji egbe ezu ori mejue ya anya.

Owee kpọọ onye nche ya, nye ya ndụmọdụ ka ọghara iraru ụra. Onye nche a wee kwe. Onye-nche ahụ na nwoke ahụ nwere ọnọdụ di mma. Orue otu ụbọchi, mgbe chi na-abọ, ọbiakute onye goro ya ọlụ, kọrọ ya ezi nrọ ya rọrọ banyere ya. "Anọ m na nrọ" ka onye-nche a malitere. *"I wee wue nnukwu ụlọ-elụ mara mma. Ijekwara ahia, gote ụgbọ-ala mara mma".*

Ka onye nche ahụ na-echere ka ya nata otito n'aka nna ya ukwuu, gini ka ọnatara? Mgbarụ iru. Ọnụma jupụtakwara Ọga ya obi, n'ihi na onupuru isi n'iwu onyere ya. Nwoke ahụ na nwunye ya wee gbaa izu. Ha mere mkpebi na onye-nche ọzọ ga-anọchi ọnọdụ ya.

Ndi Igbo matara, kpọ m kwe m, na oge mmadụ tufuru

site na idọpụta nwanne ya n'agha abụghi ihe lara n'iyi. Kama, ọbụ akụ nzuzo dika ihe iko achicha, oko achicha na-etinye n'ọgbe achicha.

Ka okopụtara ya achicha buru ibu. Mgbe Onye Igbo na-alụ ọlụ ọma, ọ na-enwe ntụkwasi obi na ya na-atupu nri ya n'elu akpụkpọ mmiri, bụ mgbe ọtụtụ ụbọchi gasiri, na ya ga-enweghachi ha n'ụba. Ọna-eju ndi mmadụ anya na ndi Igbo adighi ele anya nkwughachi ugwọ n'oge ha na-alụ ọlụ ọma. Mgbe ụfọdụ, ha na-echefu ọlụ ọma ha n'ihi na ha matara na ọbụghi ọlụ ọma niile mmadụ lụrụ ka ha na-enwe nkwụghachi ugwọ ọlụ. N'obodo oyibo, onwere ilu ha na-atụ. Ilu ahụ na-egosi ndụ na omenala ha:

"Onweghi ihe oriri di na nkiti; onwere ugwọ onye ọbụla chọrọ ya na-aghaghi ikwụ".

Nke ahụ na-egosi, n'ezie, tutu onye bekee emere gi ihe ọbụla, ọghaghi iribe ama ụgwọ-ọlụ ya. Ndi Igbo di iche. Kpakpando nke Afirika di iche n'ezie. Ọtụtụ mgbe ka ndi Igbo na-alụ ọlụ ọma dika ihe ichụ-aja.

Ha jikekwara ichụ aja nye mgberede. Obi ọma ha bụkwa ihe eji ama atụ n'ebe niile. Ọma iko ha n'ebe ndi chi ha rere afụ bụ ihe kwesiri ekwesi.

IGBO BỤ EZE.

Ndi Igbo adighi eleda ndi ọnọdụ ha jọrọ njọ anya; kama, ha na-anwa oko ha inyere ha aka. N'ime obodo ukwu di iche iche n'ala Igbo, onwere ọtụtụ ndi si mba ndi ọzọ bata, na-ariọ aririọ.

Ọnọdụ ndi di otu ahụ kwesiri ka emere ebere. Mgbe ụfọdụ, ndi ọbịa n'ala anyi na-enwe nghọtahie n'ebe ndi aririọ ndia nọ. Ụfọdụ kwenyere na ha bụ ndi Igbo. Nke a na-ewetara aha Igbo nkọcha.

N'ezie, ndi Igbo na-ewere aka ha abụọ lụpụta ihe ha na ezi na ụlọ ha ga-eri. Ndi Igbo adighi ekwe ka ihere mee nwanne ha. N'ihi nkea, ha ewuwo, na-ewukwa ọtụtụ ụlọ ọlụ-aka maka ndi ha, bụ ndi mgbọ-egbe merụrụ ụfọdụ n'ime anụ-arụ ha.

Ọtụtụ mmadụ, bụ ndi agha ahụ napụrụ otu aka, ukwu ma-ọ bụ otu anya ha, na-alụ ọlụ inyere onwe ha aka. Onye Igbo ọbụla achọghi ka agụkọọ nwanne ya dika otu n'ime ndi aririọ.

Igbo achọghi mkpari di otu ahụ ọzọ. Ha kwenyere, na-alụpụtakwa nzọpụta nke onwe ha. Ọbụ ihe mwute na ndi si mba ọzọ na-enye aha Igbo ntụpọ. N'ezie, okwesighi ka ihe di otu a gaa n'iru.

Ndi Igbo di-ike n'ọlụ. Ha chọkwara ka onye ọbụla ńomie omume ha. Ya mere, ha ebiliwo, na-akpọkwa ndi aririọ ndi a ka ha malite ilụ ọlụ. Omume ndi Igbo na-atọkwa ha ụtọ.

Ana-akwụkwa ha ụgwọ di mma, iwulite mmụọ ha elu. Ugbua, ụfọdụ n'ime ha na abanye n'ọlụ, dika, iche-nche, iwuzi obodo, ime ka obodo di ọcha, na ije ozi dika ndi ọlụ egoro ego.

Ha chọrọ ka ndi aririọ ndi ahụ si n'ọchichiri nke ibụ-ogbenye banye n'oke ihe nke aku-na-ụba, dika ndi Igbo ndi ọzọ. Otu nwoke n'ọdụrụ n'ọnụ-ụzọ onye goro ya ọlụ, na-eche nche. Obi jupụtara ya n'ańụri. Ọmalitere ibu abụ. Ka ọna-abụ abụ ya, otu nwata nwanyi ribere abụ ya ama. Emesia, owee malite itapia ya:

> "Ndi aririọ ndi ọzọ efuwo n'ọchichiri njọ.
> Ihe nke ụwa bụ ala Igbo.
> Ihe ha na-amụkwasi ndi-aririọ si mba ọzọ
> Ihe nke ụwa bụ ala Igbo.
>
> Bata n'ala Igbo ka iwee hụ ụzọ.
> Ihe ahụ amụkwasiwo m,
> Na mbụ abụ m onye aririọ.
> Ma ugbu a, Igbo enyewom ụba.
> Ihe nke ụwa bụ ala Igbooo".

Mgbe nwata ahụ busiri abụ ahụ, nne na nna ya jụrụ ya onye kuziri ya abụ ụtọ di otua. Okwue na ọbụ onye-nche ha. Ha wee dapụ n'ọchi n'ihi na ha matara na nwoke ahụ amaghi ka esi asụ asụsụ Igbo.

Ima ihe mere? Nwoke ahụ bụkwara abụ ya ọzọ, mgbe nna ya ukwuu na nwunye ya nyechara ya ihe oriri.

Ọbụghi n'olu Igbo ka ọbụrụ abụ ya; kama, abụ ahụ gosiri obi ụtọ ya.

Igbo kwenu – Ha.
Kwezuenu – Ha.

Ala Igbo di mma. Ọdi mma n'ezie. Ala ahụ na-eme ka onye ariọriọ nweta ọlụ, rijue afọ, wee nwekwa obi añuri, nye ibu ibu, igosi na ala Igbo bụ ebe mgbapụta ya.

Akwụkwọ- nsọ kwuru si:

"Zulite nwata n'ụzọ ya, ọbụna mgbe omere agadi, ọgaghi esi n'ime ya wezuga onwe ya".

Ụzọ ọbụla egosiri mmadụ mgbe ọdi na nwata na-enwe ihe iribe ama na-ndụ ya. Ibu onye nche nke Onye Igbo ọbụla na esite n'oge ọdi na nwata. Ọzụzụ di otu a na-esite n'aka nne na nna ya.

Ọbụkwa mgbe ọtọtara nwa ka ọlụ ya na-ebu ibu karia. Ndi mụrụ ya ga na-eme ka ọmata na ọbụ ọlụ diri ya ilekọta nwanne ya nke nta. Mgbe ụfọdụ, nne ya ga-ekunye ya nwata ahụ.

Ọzọ, nne ya na-eme ka ọnọgide nwanne ya, tụmadụ, n'oge ọ na-asa arụ. N'ụzọ di otua ka ha na-eme ka nwata ahụ mata ọlụ diri ya. Ọbụrụ na nwata ahụ enweghi ike ikutu nwanne ya nke ọtọtara, nne ya ga-abara ya mba.

Ọna-esitekwa n'ụzọ di otu a mee ka ọmata karia mkpa ọdi bụ mmadụ ighọ onye nche nwanne ya. Mgbe ụfọdụ, ọbụrụ na nwata amụrụ ọhụrụ na ararụ ụra, nne ya ga-eme ka nwanne ya n'ọgide ya.

Mgbe ụfọdụ, ọga-abụ na nne ya na-anwa ya ọnwụnwa. N'oge ụfọdụ, nne ya ga-agwa ya ka ogwusara nwanne ya egwu. Ọbụkwa n'ụzọ ndi ahụ ka nne na-eme ka nwa ya ghọọ onye nche nwanne. Dika mkpụrụ akụrụ n'ala di mma, otu a ka omume nwata ahụ ga-eto, miakwa ezi mkpụrụ.

Ndi Ngwa na atụ ilu si: "Ana-esi n'ụlọ mara mma fụọ ama". Osisi ụkpaka adighi amipụta mkpụrụ ụdara. Ụdara adighi amipụtakwa mkpụrụ ube. N'ezie, ọzụzụ ọbụla enyere nwata n'ụlọ nne na nna ya aghaghi inwe ọnọdụ n'ime ndụ ya mgbe otolitere.

Mgbe Onye Igbo na-ekwu okwu banyere nwanne, ọpụtaghi naani mmadụ ahụ bụ onye otu nne na otu nna mụrụ ha abụọ, kama, ọna-ekwukwa okwu banyere ndi Igbo ndi ọzọ. N'ihi nke a, ndi mba ọzọ na-ekwu na nwanne Onye-Igbo adighi agwụ agwụ. Ijụa ya si: *"Onye nke a ọbụ onye? Ọzaa si: "Nke a bụ nwanne m"*. Ijukwaa ya, *"Kedu maka onye nke ọzọ?"*.. Ọzaa, *"Nke ọzọ bụkwa nwanne m nke ọkpara nnenne m mụrụ"* N'ụzọ di otua ka ndi Igbo na-enwe ụmụ-nne, nwetee ya aka.

N'obodo ndi ọcha, ha matara naani ndi mmadụ bụ ndi otu nne na otu nna mụrụ dika ụmụ nne, N'obodo ndi di otu ahụ, adighi enwe nwanne, nwetee ya aka.

Omume ndi Igbo n'ebe ndi ọzọ nọ dika ọlụ onye Sameriya ọma lụrụ nye nwoke ahụ bụ onye ndi na-apụnara mmadụ ihe zutere n'ụzọ. N'ezie, ndụ onye Igbo di ụtọ.

Ọna-enye ańụri mgbe ana-akọ akụkọ banyere ya. Ọna-eweta obi ụtọ mgbe ana-agụ ya n'akwụkwọ. Okwesikwara ka eńomie ya mgbe ana-alụ ọlụ. N'ezie, ndụ Onye-Igbo bụ ezi ndụ n'enweghi ima-atụ.

Otu nwoke di, aha ya bụ Ezindụ. Onwere akụ ri nne. Ọlụ Chineke na-atọkwa ya ụtọ. Owee kpebie wue ụlọ-ụka nye ndi ụka di n'obodo ya. Ndi mmadụ wee na-enye ya otito, n'ihi ọlụ ọma ya.

Orue otu ụbọchi, onye ụka-Chukwu wee bia ilete nzukọ

ahụ. Mgbe ọna-ekwu okwu Chukwu, onyere ndi nzukọ ahụ ndụmọdụ ka ha nwee ezi-ndụ n'ime ha. "Nweenu ezi ndụ n'ime onwe unu" ka nwoke ahụ kwuru. "kweenu ka ezi ndụ bata n'ime unu".

Ọzọ, owee kwue, "Ugbua, ezi ndụ adighi n'ime unu, kwenu ka ezi ndụ bata n'ime unu". Oke ọnụma wee jupụta Maazi Ezindụ n'obi. "Anọ m n'ebe a, ma onye ụka Chukwu a na-ekwu na mụ anọghi n'ebe a".

Ka ọmalitere ikwu n'ime obi ya, si: "Agaghim anata mkpari di otua ọzọ. Ụlọ nke a bụ nkem. Ha aghaghi ikwapụ n'ụbọchi taa". Mgbe nwoke ahụ kwusiri okwu, Maazi Ezindụ wee bilie, malite okwu:

"Biko ezi onye ụka-Chukwu na ụmụ-nna n'ime onye nwe anyi. Ana m ewere oge nke a na-ariọ unu ka ụbọchi taa bụrụ ụbọchi ikpe-azụ anyi ga-enwe nzukọ anyi n'ime ụlọ a. Anam achọ iwere ụlọm. Achọghim okwu na ụka. Ọga-adi m nnọọ mma ma-ọbụrụ na onye ọbụla ewere nwayọọ pụọ n'ụlọa mgbe ekpesiri ụka n'ụbọchi taa. Okwum agwuwo".

Okwu nwoke ahụ wutere mmadụ niile nọ n'ime ụlọ ahụ. Nke kachasi, nwoke ahụ enweghi njikere maka iza ajụjụ onye ọbụla n'ime ha. Mgbe ụfọdụ, nghọtahie na-ebute ọgba-aghara.

Ezi akọ na uche ndi-Igbo pụtara ihe mgbe ha na eche nwa-nne ha nche. Ọtụtụ ndi ọbia n'ala Igbo na ajụ ajụjụ si: Gini mere na Onye Igbo adighi eche naani onwe ya nche?

Gini bụ uru ha mgbe ha na-etufu oge ha, ilụpụta nzọpụta nke onye-ọzọ? Ọbụ ezie na ha nwere ihụ-nanya n'ebe nwanne ha nọ karia nke ha nwere n'ebe ha onwe ha nọ?

Ndi Igbo matara uru ọbara bụ iburu onye nche nwanne. Ha matakwara na ọlụ ọ bụla mmadụ lụrụ bụ ihe na-alọghachiri ya. Onye lụa nke ọma, ihe ọma na-echere ya. Onye lụa nke ọjọọ, njọ na-echere ya.

Ọzọ, Igbo kwere na igwe bụ ike. Idi n'otu bụ ike. Otu nwata nwoke na ụmụ-ntakiri na-enwe mgwuri egwu. Orue otu ụbọchi, nwata ahụ ekweghi isoro ha jee.

Ha jụrụ ya: Gini mere? Ọzaa si: *"N'ihi na anam echegide ụlọ anyi. Achọghim ihapụ ya pụa".* Ha lere ya anya, otu n'ime ha achia ọchi, jụa ya si: "Ibu ncheke na-echebe ụlọ?".

Owelie anya ya abuọ elu, lee ya, ọmaghi ihe ọga-aza ya. Ncheke bụ obere anụ-ụlọ, Ọdi nta. Ọdika ngwere. Ma, ọdi ntakiri karia ya.

Ndi mmadụ kwenyere na ọna-echebe ụlọ mgbe onye nwe ya pụrụ apụ. Eleghi anya, ncheke bụ ihe iribe ama banyere iche nche nke ndi Igbo.

Onye Igbo ọ bụla matara uru ọbara bụ mmadụ ibu onye nche nwanne ya. Ọmatakwara na *"mgbe mmadụ kwara ibe ya, ka ọkwara onwe ya"*.

Aziza zukọta n'otu, ogbue ijiji. Atụrụ na-etiri ebule mkpu si: *"Imere m, mụ emere gi"*. Otu ahụ ka ọdi, bụ mmadụ ighọ onye-nche nwanne ya. Idi na nche bụ idi ike, n'ihi na mgberede nyiri dike.

Oruru otu mgbe, agụ malitere igbu ụmụ-anụmanụ na-erikwa anụ ha. Omume di otu ahụ wutere ha niile. Maazi Mbekwu wee kwue:

"Okwesiri ka anyi zukọta, gbaa izu banyere ihe anyi ga-eme. Ọbụrụ na anyi chọrọ idi ndụ". Ha niile kwere. Orue otu ụbọchi, ha niile ezukọta. Ha ekpebie na ha ga-ejekwuru Maazi Agụ, riọ ya aririọ ka ha nwee ọgbụgba-ndụ banyere ọnọdụ ha.

Mgbe ha rutere, Maazi Mbekwu amalite okwu:

"Ọkpara-Eze ụmụ anụmanụ, anyi biara ka anyi riọ gi aririọ. Ọbụrụ na ọga-ekwe mee, anyi na-ariọ ka eze anụmanụ na ụmụ oru ya kwekọrita, taa ọji, tinye aka n'ọfọ ka ụmụ ọrụ Ọkpara-Eze kpebie n'onwe ha n'ebutere Ọkpara-Eze otu anụmanụ, kwa ụbọchi, n'onwe ha. Ọzọ, Ọpkara-Eze ga-ahapụ ụmụ anụmanụ ndi ọzọ ndụ, ka ha jegharia dika osi sọọ ha".

Ọkpara-Eze Maazi Agụ ele anya n'elu, kwe n'isi, zaa si:

"Ọdi mma".

Ha wee laghachi. Ụbọchi ọzọ wee rue, ha niile wee zukọta, fee nza; nza wee maa Maazi Mgbada. Ụmụ-anụmanụ ndia niile wee jide ya. Buru ya bugara Ọkpara-Eze ụmụ-anụmanụ.

Owere anụ Maazi Mgbada mee ọnụ mụrii mụrii. N'ụbọchi ọzọ, ha efeekwa nza, ọma Maazi Ele; ha ejidekwa ya, buru ya, bugara Maazi Agụ, bụ Ọkpara-Eze ụmụ-anụmanụ niile.

N'ụbọchi nke atọ, ha ejide Maazi Ezi-ọhia. Obi wee tọọ Ọkpara-Eze-ụmụ-anụmanụ-gburu-gburu ụtọ nke ukwuu, n'ihi na abụba jupụtara n'arụ ezi-ọhia ahụ.

Ha megidere otu ahụ, rue otu ụbọchi, nza wee maa Maazi Atari. Ha ejide ya, buru ya na-aga. Ka ha bu ya na-aga n'ụzọ, Maazi Uze, bu nwanne ya, kwụsiri ha.

"Rapụ ya" ka Maazi Uze kwuru.

Na mgbagwoju anya, ha niile wee guzoro na-echere ihe ọzọ ọga ekwu.

"Achọrọm ka mụ were ụkwụm jee n'ọnọdụ nwanne m".

Ha wee hapụ Maazi Atari, n'ihi okwu nwanne ya.

Uze wee jee n'ọdụ n'ime ọhia di nso n'ebe Ọkpara-Eze ụmụ-anụmanụ niile bi. Agụ chegidere ihe-oriri ya, tutu orue oge ehihie, ma oruteghi ya. Agụụ na-agụ ya, na-etinye ya ose n'anya.

N'oke iwe, owee bilie ka ojekwuru ụmụ-anụmanụ maka ihe-oriri. Ka ọna-eme mkpọtụ na-aga, Maazi Uze siri n'elu osisi jụa ya ihe mere na dimkpa dika ya na-eme mkpọtụ di otu ahụ, n'oge ụmụ-mmadụ na ụmụ-anụmanụ na-alụ ọlụ.

Ọkpara-Eze Maazi Agụ azaghachi ya na ya eribeghi ihe oriri n'ụbọchi ahụ.

"Ọbụ ihe mere ina ebigbọ, na-eme mkpọtụ niile ndia?" bụ ajụjụ Maazi Uze juru ya.

Ibubo wee nwụa ya na-arụ, n'ihi na anụ di ntakiri nyere Ọkpara-eze nke ụmụ-anụmanụ ndụmọdụ. Owutere ya nke ukwuu. Uze wee gwa ya na ọbụ nwanne ya ka arọpụtara. *"N'ihi na ọdighi ike ije ije, mwee tigbue ya, buru ozu ya lie ya n'ala".*

Okpara-Eze bụ Agụ wee rịọ ya ka ogosi ya ebe oliri ozu nwanne ya. Uze wee kpọrọ ya jee n'ebe di-nta sere ọnya. Ọgwa ya si: "Lee anya n'iru" Agụ wee lee.

"Were isi gi wezuga ahihia-ndụ ndị ahụ n'ọdụrụ n'ukwu osisi ahụ, n'ebe ahụ ka m liri ya". Ka Maazi Agụ na-eme ọsisọ, ka okpochapụ ahihia ahụ niile, ọnya di-nta sere wee ma ya n'olu. Ọnwaa ike ya ka ọzọpụta onwe ya, ọbụrụ n'efu. Ọnya ahụ ejisie ya ike. Ọnwụa n'ebe ahụ.

Maazi Uze wee laghachi, kọrọ ụmụ-anụmanụ niile ka ya si gbue agụ. Ụzụ atụ a n'elu, tụ a n'ala. Ụmụ anụmanụ niile añụria ọñụ. Ha niile ekwee ya n'aka n'otu n'otu. Ha wee kwue n'ezie, na *"mgberede nyiri dike".*

Igbo kwenyere na nwanne di ụtọ. Ozu sie isi, enyi ọma alaa, nwanne ajụrụ ajụ apụta. Nwanne mmadụ na-ebu ozu nwanne ya nwụrụ anwụ n'isi. Ihụ-nanya di ukwuu di n'etiti ụmụnne n'ala Igbo.

Onwere ndi-ọlụ na-ere ọgwụ. Ha rute n'ahia, ha etinye egwu ka ụmụ mmadụ zukọta. Otu n'ime egwu ha na-ekwu si:

"Nne maa mma, nne bụ nne,
Nne jọọ njọ, nne bụ nne.
Otu ọ bụla nne mmadụ si di....
Nne bụ nne.
Otu ọ bụla mụ na nne si di....

Nne bụ nne..."

Otua ka ọdị: nwanne bụ nwanne. Nne bụkwa nne. Ndi-Igbo na-egosi na ha bụ ndi-nche umu-nne ha site na iziga ụmụnne ha nke nta ụlọ-akwụkwọ, ka ọga-abụ mgbe ha gụsiri, ka ha nwee ike iguzoro onwe ha.

Ụfọdụ na eduga ụmụnne ha ka ha mụa ọlụ aka, dika ndi ọkwa-nka, ọkpụ ụzụ, onye ose-foto, onye na-akwọ ụgbọ ala, na ọtụtụ ihe ọmụmụ ndi ọzọ. Ha na ewulikwa mmụọ ụmụnna ha elu, ka ha nyere onwe ha aka.

Ndi-Igbo na-akwado ụmụ-okoro na agbọghọ, ka ha ghọọ nnukwu mmadụ na mgbe n'iru. Maazi Bernald Enweremmadụ, Eze-Ukwu Mbụ, nke Ngwa Ukwu, bụ onye nwere agba n'ebe ọlụ ọma di otu a di.

Ezi mmadụ a na-akwado ọlụ ọma di iche iche dika Onye ozi Banabaasi, nke akọrọ n'akụkọ banyere ọlụ ya n'akwụkwọ-nsọ. Ezigbo onye-Igbo ahụ akwadowo, na-akwadokwa ọtụtụ ụmụ-akwụkwọ n'ala anyi niile.

N'ezie, n'ezie, ọna-akwụkwara ụfọdụ n'ime ha ụgwọ akwụkwọ. Obi ọma ya, na ọlụ ọma ya na ezi-ọchichi ya mere ka Onye-ọchichi Ala-Imo nye ya ọkwa dika Onye-isi oche nke ndi eze n'ala Imo niile. Ọlụ ọma di otu a kwesiri ka aka-ji akụ niile n'ala Igbo ńomia.

Maazi Samuweeli Mbakwe bụ Onye-ọchichi ahụrụ n'anya, ri nne, n'ala Imo. Okwu ya n'ụbọchi afọ ọhụrụ na-eme ka ndi-Imo niile cheta ihụ-nanya onwere na-arụ ha. "Ezigbo ndim nke Imo Steti...".

Mgbe ezi onye ọchichi a hụrụ ọnọdụ ụmụnna ya, tụmadụ ndi na-ebi ndu ha dika ndi-oru egoro-ọlụ n'ime Enyimba, owutere ya ri nne.

Ogosikawara mwute nke ndi Igbo nwere, n'iru Onye-Isi-ala anyi, bụ Ọchi-obodo nwere agba, Maazi Shehu Shagari...Ọlụ ọma ya dika nke Jeremaya, nke agụrụ ihe banyere ya n'akwụkwọ nsọ.

Site n'ikwa akwa Jeremaya ka ewuziri mgbidi nke mba Izireeli. N'otu aka ahụ ka Eze Samuweli Mbakwe sitere na iri uju, na-iwedata onwe ya n'ala n'iru ndi-ọchichi ndi ọzọ, wee lụpụtara Imo ihe ndi Igbo ji akpa nganga. Onye ije ọbụla jere n'ime Aba, Owerri, na ọtụtụ obodo ndi-ọzọ n'ala Imo, tutu Mbakwe abanye n'ọchichi, na-enwe mgbaru-iru n'ihi nhapụ ahapụrụ ha. Ma, ugbu a, obodo ndi ahụ bụ ihe eji ama atụ n'idi mma.

Echue mmiri rapụ imo, orie mmadụ. Achụ a aja, udele abiaghi, ọbụrụ na eze mmụọ anabataghi, aja onye dibia na-achụ. Ndi Igbo adighi echezọ ọlụ Ikemba Nnewi, Eze Ọdụmegwu Ojukwu, dika onye nzọpụta.

Ọlụ ya bụ ihe amazuru n'ụwa niile. Owere akụ na ụba niile nna ya nwere chụa aja, gbapụta ndi Igbo niile n'oge agha.

N'ezie, ndi Igbo were dimkpa a dika onye mgbapụta ha, n'ihi na ọbụ onye-ndu n'oge ahụhụ na onye-nche n'oge ebili mmiri. Mbuli elu nke ọchi-agha Ọdụmegwu di elu karia. Ebube aha "Ikemba" bụ ihe amazuru n'elu ụwa niile.

Mmadụ na arapụ enyi, n'ihi na ozu nwanne sie isi, ezi enyi gbalaga, ajọọ nwanne apụta. Ọna arapụ ikwu na ibe, ma ọbụrụ na mkpa ya na-achọ ka owezuga onwe ya site n'ebe ha nọ.

Ọna-arapụ di, ma-ọ bụ nwunye, mgbe igba naani alụkwaghi m bụ ihe ga-eme ka udo di n'etiti di na nwunye ya. Ọna-arapụ ọlụ-aka ya, mgbe ihe mara mma karia na ewere ezi ọnọdụ.

Ọna arapụ obodo ya, wee jee mba ọzọ ichụ nta, dika akara aka ya si di. Nke kachasi, mgbe ụfọdụ, ọ na arapụ okpukpere Chi, n'ihi na ihe mmadụ nwere nkwenye na ya ka ọ bụ n'ezie. Ma otu onye di, bụ nke mmadụ na-adighi arapụ ma-ọli, bụ mmadụ enyere aha ahụ di mkpa ri nne na ndụ ya. Aha ahụ bukwa "NWA-NNE M".

16

IHỤ ỤZỌ

Aha mmadụ gini ka ọ bụ, bụ mmadụ akpọrọ Onye Igbo, bụ mmadụ Chi ya nyere ezi akọ na uche, nyekwa ya amamihe nke-igwe, ilepụ anya ya n'iru-Ihụ ụzọ. Ka owee mata ihe na-aghaghi ime mgbe oge ya na aka-erubeghi. Ọbụ gini bụ nkea, gini mere na Chineke nyere ndi Igbo onyinye di otua? "N'ezie", ka akwụkwọ nsọ kwuru, "Ezubewo m ya, aghaghi m imezu ya".

Chineke kere anyi ezubewo n'obi ya ka ndi ya, bụrụ ndi ọrọpụtara, tinye n'etiti mba nke di n'ime Afrika; bụ ọgbọ otinyere n'ime obodo kachasi idi elu, dikwa ọtụtụ n'ọnụ ọgụgụ karia mba ndi ọzọ; ya bụ n'ime obodo ndi Oyibo na-akpọ "enyi nke Afirika".

Ọgbọ ahụ pụrụ iche ka onyere ọnọdụ ahụ---ka ewee site n'ime ọgbọ ahụ hụ ụzọ, wepụta ezi ihe nye, ọbụghi naani mba niile di n'ime Afirika, kama, ka e wee site na ha mee ka ụwa niile nwee ihe nketa site n'aka ha. Onwere ọtụtụ ụzọ ndi Igbo si ahụ ụzọ. Otu n'ime ha bụ site n'ińomi ndi bụ ọgaranya.

Nwata saa aka ya nke ọma, osoro ezigbo Onye-eze rie nri n'otu okpokoro. Onye Igbo ọbụla na-eme ka o nwee ihe ima-atụ dika onye eze. Omume di otu a mere ka otu Onye Igbo amara aha ya n'ụwa niile wee kwue na Onye-Igbo ọbụla bụ eze. Otu nwata nwoke were onwe ya makụa otu Onye-eze amara aha ya. Onye-eze ahụ nwere akụ na ụba.

Onwekwara ndi nwunye ọna-alụ, na ọtụtụ ụmụ. Nne nwata nwoke a bụ ezi-enyi onye eze ahụ.

Uche ya niile bụ na ọbụrụ na ya akpọrọ nwa ya nwoke nye onye eze ahụ, ka obiri na ezi na ụlọ ya, na emesia, na nwa ya ahụ ga-eńomi ụfọdụ n'ime omume ezi nwoke ahụ.

Nlepụ anya n'iru nwanyi a wee mezue. Nwata nwoke ahụ wee n'ọdụ n'ezi n'ụlọ nwoke a tolite. Onwekwara iru-ọma n'ebe eze ahụ nọ. Emesia, owee due ya ụlọ. N'ezie, nwata nwoke ahụ bụ onye amara aha ya n'ala Igbo n'ụbọchi taa.

Onwekwara onye ọzọ, ọbụ okorọbia, ma ụmụnna ya were ya dika onye *anya-elu*, n'ihi aghara ọna-eme. Otu nwa akwụkwọ na ụmụ ibe ya n'ọdụrụ na akọ akikọ, owee tipụ *"onye ọbụla na uche ya; ibe akwụkwọ nke onye tụtara, ka ọgụ a"*.

Okwu ahụ dika *"onye ube ruru, ka ọrachaa"*. Onye ọbụla

na uche nke aka ya na-eme. Nwa okorọbia ahụ nwere onye owere dika ọkọlọtọ nke ọna-ele anya. Ọbụ ezie na onye ọbụla na-ebu obe nke aka ya; ma omeghi omume na-egosi na onwere ezi nchekube nye onwe ya.

Ndi enyi ya wee na-agbakute ya azụ. Orue otu ụbọchi, onye ogbu ekwue okwu. Omere ka ndi a niile were ya dika onye anya elu kpudoo iru ha n'ala. Ọzọ, ndi enyi ndi a mesiri bia were mkpisi aka ha tụtụkọọ okwu ọnụ ha. N'ezie, nwoke a bụ otu n'ime aka-ji-akụ anyi nwere n'ala Igbo n'ụbọchi taa. Otu Onye Ngwa kwuru si: "Nri m jụrụ ajụ, adighi m efe ya ijiji ma-ọli".

Okwesighi ka mmadụ fepụ ijiji bekwasiri n'elu ihe oriri bụ nke ọjụrụ ajụ. Ma mgbe ụfọdụ, omee-ma-Chi ekweghi na-eme ka ajụchaa anara. Ajọọ Chi na-eme ka nwanyi dara mkpe sụa akwu n'oge abali.

Ụwa ọma mmadụ na-ekpu dika ụgbọ n'oge ụfọdụ. Ma, onye n'ewereghi onwe ya biri ego, welie anya ya elu.

Ọbụrụ na nwoke ma-ọbu nwanyi daa, ma okweghi ka olile-anya ya daa mgbe uwa ya dara: lee mmadụ di otu ahụ anya nke ọma, n'ihi na onwere ihe Chi-kere-ya dotere nye ya.

Akwụkwọ abụ kwuru si:
"Wezuga onwe gi n'ime

ọgbọ ndia niile......"

N'akụkụ nke ọzọ, abụ ahụ wee kwue "Mee ka ụzọ gi di ọcha n'anya Chukwu.......". Onye mere nke ọma, ihe ọma na-echere ya. Otu ahụ ka ọdi bụ mmadụ nke omume ya jọrọ njọ. Ma, otu ọdi, okwesiri ka onye ọbụla wezuga onwe ya site n'ebe ihe n'abaghi uru di.

Ọbụghi naani ndi mmadụ na-agbakute ihe niile rụrụ arụ azụ; kama, Ọbasi bi n'igwe kpọkwara ha asi.

"Ihe isii di nke Chineke
kpọrọ asi, Ee, ihe asaa bụkwa ihe rụrụ arụ n'anya ya.
Onye afuliworo elu.
Ire nke na-ekupụta okwu ụgha dika ume.
Aka nke na-akwafu ọbara onye ezi omume.
Ụkwụ nke na–eme ọsisọ ime mmadụ ibe ya ihe arụ.
Onye na-agba ama ụgha.
Na onye na-agha ọgba-aghara dika mkpụrụ,
n'etitii ụmụ-nna"

Ajọọ omume na ekpudo mmadụ ihe mkpudo n'iru ka ọ ghara ihụ ụzọ.

Okwesighi ka mmadụ were ezi oge ya tufue n'ọlụ di nzuzu dika ikwu okwu ụgha, ikwafu ọbara, na ikwu okwu nke n'eweta nkewa n'etiti ụmụ mmadụ. Ime mpako, ime ka mmadụ Chineke kere eke taa ntu bụkwa ụfọdụ n'ime ihe na-egosi asọpụrụghi Chineke.

Ndi na-eme omume di otu a ka ekwensu jiri mee ngwa ọlụ n'ezie. Anya ukwu bụkwa otu n'ime ihe Chineke kpọrọ asi. Onye nke na-achọ ezi ndụ ga-agbakute omume di otu a azụ.

Dika akwụkwọ nsọ si kwue "Ezi aha di mma karia mmanụ otitena na-esi isi ụtọ, Ee, ọdi mma karia ọla ọcha na ọla edo". Otu ahụ ka ọdi bụ ezi ọlụ. Onye ọbụla nke na-alụ ezi ọlụ bụ nwa nke Chineke.

Ọbụ ezie na ụfọdụ mmadụ na-enwe obi mgbawa mgbe ha na-ahụ ndi ọzọ ka ha na-alụ ezi ọlụ, ma otu ọdi, anyi agaghi echefu obi ụtọ mmadụ na-enwe mgbe ọ lụsiri ezi ọlụ.

Ezi ọlụ na-ewetara mmadụ ọtụtụ enyi bụ nke n'ọtụghi anya ha. Ọna-emekwa ka mmadụ bụrụ onye ana-enye otito n'ebe niile. Ezi ọlụ bụ otu n'ime ihe n'ewetara mmadụ akụ na ụba.

Ọna-emekwa ka mmadụ nwee afọ ojuju n'ihi na ọlụrụ ọlụ nke Chi kere ya na achọ. Ezi ọlụ ka Onye Igbo ji egosi onwe ya dika ọpụrụ-iche n'ebe ndi ọzọ nọ, ọbụ ezie na ọtụtụ ndi mmadụ si n'ọgbọ ndi ọzọ nke ụwa na-alụ otu ọlụ ahụ mgbe ụfọdụ.

Ezi ọlụ bụ ihe Chineke chọrọ ka mmadụ lụa. Na akwụkwọ Kọlọsi isi atọ, site na ama okwu nke mbu, anyi nụrụ na ọbụrụ na anyi soro Kraist anyi bilikọọ, na anyi aghaghi ichọ ihe di n'elu ebe Kraist anyi nọ.

N'ibe akwụkwọ nsọ n'otu ebe, owee kwue na "ọkpụkpere Chineke nke di ọcha, bụ nke ana-emerughi emeru n'iru Chineke bụ nna anyi bụ nke a: ileta ụmụ ogbenye, na ndi inyom di ha nwụrụ, na enweghi ntụpọ site n'ụwa". N'ebe ọzọ, omekwara ka amata na ọbụ naani ọlụ mmadụ ka aga-eji wee cheta ya.

Ọbụghi okwu mmadụ, ọbụghi mmadụ ikwupụta na ya di mma karia ugo, kama, ọ bụ naani ọlụ mmadụ ka aga-eji cheta ya. Igbo ribere okwu a ama wee na-agbasosi ya ike.

Ha matara uru ọbara. Ya mere na ha adighi eji ya egwuri egwu. "Burunu ndi na-eńomi mụ", ka Pọọli onye-ozi kwuru, "dika mụ onwe mụ na-eńomi Karayisiti".

N'ezie, n'ezie, onye-ozi ahụ ekwughi: *"Mee ihe mụ kwuru; eńomila omume m"*. Ọdi mkpa ka omume anyi gosi na anyi bụ ụmụ Chineke n'ezie. N'ezie, n'ezie, okwesikwara ka anyi na-agbaso ọlụ-ọma, n'ihi na ọlụ-ọma bụ ọlụ kwesiri ka kpakpando nke Afirika lụa.

Chineke mere ka ọpụta ihe na ya ga-arọpụta nzọpụta site

na mkpụrụ nke Eze Deevidi nye ndi Isrel niile. Otu ahụ ka ọdi, na ihe-kere-mmadụ rọpụtara ndi-Igbo nyefee ha ọlụ ahụ di mkpa, bụ ime ka mba niile nke Afirika nwee ihe site n'ori-ọna ahụ, bụ nke otinyere n'aka ha.

Itụ ụkpụrụ bụ ụzọ mmadụ si achọpụta akara aka ya: *"Atụwom ụkpụrụ nke a, aghaghim imezu ya"*. Itụ ụkpụrụ di mma nke ukwuu. Site na itụ ụkpụrụ ka Atọ-n'ime otu kere mmadụ n'oyiyi ya. Ọbụkwa site n'itụ ụkpụrụ ka ụmụ Hiburu wuru ụlọ ukwuu nye Chineke n'ime Jerusalemu mgbe Maazi Solomoni bụ onye-eze ha.

N'itụ ụkpụrụ ka Owelle nke Ọnisha na ndi otu ya dọkapụtara obodo anyi site n'aka ọchichi mmegbu nke ndi mba ọzọ. Ọbụkwa site n'itụ ụkpụrụ ka ana-agbanwe ọchichi site n'oge rue n'oge ime ka obodo anyi bụrụ asụrụ-ọkwụrụ. N'ezie, itụ ụkpụrụ bụ ihe kwesiri ekwesi.

N'ala Igbo, n'oge ndi a, ndi mmadụ ejikereghi ka ha kwọchaa aka ha tiere ọkụkọ aki. Onye ọbụla chọrọ ọganiru.

Oge agafewo bụ mgbe ndi-Igbo kwenyere na: *"Ntama ụgba, ńụrima mmai, onye ụyọ elu kuruma o"*. Okwu di otu ahụ anọkwaghi n'ọgbụgba ndụ ọhụụ. Igbo ugbua n'ọzi: "ọpụsa okpogho apusa m".

Ọganiru bụ ihe anyi na-achọ. Omume ọma, ọbụ ihe anyi na-achọ. Inomi ezi ọlụ, ọbụ ihe anyi na-achọ. Arụ idi ike, ọbụkwa ihe anyi na-achọ.

Ndi-Igbo n'oge ugbua na-agbakute omume di aghughọ azụ. Ha na-akpọkwa ajọọ omume asi dika Chineke kpọrọ ekwensu ụgwọ.

Ikpọ-asi, ibu-iro, esemokwu, ekworo, igba-asiri, na igọ mmadụ mmụọ bụ omume ụfọdụ na-eme ka ụmụ-ọgbụgba-ndụ ọhọọ n'ala Igbo gbarụa iru n'ihi na ha adighi eweta ọganiru ma-ọli.

Ikwesi ntụkwasi obi, inwe obi ọma, obi udo, obi ebere, imeru ihe n'oke, inwe nghọta, ime ka ha na ụmụ mmadụ ibe ha di n'ụdo mgbe ha na alụkọ ọlụ bụ ụfọdụ omume na-eme ka ọlụ ndi-Igbo gaa nke ọma.

Ihụ ụzọ abụghi naani iweli anya elu lee ugwu niile; kama, ọbụ mmadụ imata na inye aka ya sitere n'ebe Chineke nọ bia. Ọbụrụ na Onye-onyinye enyeghi mmadụ amamihe na nghọta, onweghi mgbe ọ ga-enwe ike ilụpụta ihe ọbụla ma-ọli.

Ụbụrụ-isi Chineke kere tinye n'ime isi mmadụ nwere ọtụtụ ihe-omimi nke ọga-alụpụta mgbe ọbụla mmadụ kpebiri, were ya lụa ọlụ.

Onwere ọtụtụ ụmụ eriri, ntinti na mbọrimbọ di iche iche Onye-okike kenyere n'ime ya nke gafere njeri iri isii na abụa n'ọnụ ọgụgụ.

Ọbụ site n'ihe omimi nke di n'ụbụrụ-isii mmadụ ka ọna-echepụta wue ụlọ, lụa nwunye, zụa ụgbọ ala, wuekwa ụlọ ebe ana-azụ-ahia, kpebie ka ọdọkwa ndọrọ ndọrọ ọchichi.

Ọbụkwa site naani n'ụfodụ onyinye ndi a di n'ime ụbụrụ-isii ka mmadụ nwere akọ na uche ilụpụta igwe na-ekwu okwu, ụgbọ-mmiri, ụgbọ ala, na ụgbọ elu. Onwere ọtụtụ njeri-mbọrimbọ ndi ahụ, bụ nke mmadụ na-akpatụbeghi aka ha ma-ọli.

Ihe-Okike chọrọ ka mmadụ were ike ya niile chọpụta ihe omimi ndi ahụ, bụ ndi ozotere n'ime ụbụrụ nke okenyere n'ime ha. N'ezie, onwere ọtụtụ ihe nchọpụta bụ nke ga-abụ dika akwa-ọkụkọ mgbe ọbụla mmadụ were ntachi-obi chọọ ihe ọma ndi ahụ niile, bụ nke n'ọdụrụ na-echere ka mmadụ chọpụta ha, werekwa ha mee ka ndụ ha nwewanye ihe ańuri.

Chọọ ha, ndi Igbo, chọpụta ha n'ihi na ha bụ nke ụnụ. Chi kere Igbo chọrọ ka ha hụ ụzọ. Otinyere ọla-ọcha na ọla-edo n'ime ala, ma nye mmadụ ike na ume ka ha wee gwupụta ha.

Ọchọghi ka ha were ihe nkpuchi kpuchie iru ha dika ekpo. Ọchọghi ka ha di ume ngwụ dika udele.

Ọchọrọ ka ha di gara gara dika ugo. Ọchọrọ ka ha di ike dika agụ. Ọchọrọ ka ha nwee ume dika enyi.

Ọchọrọ ka ha nwee amamihe dika mbekwu. Ọchọrọ ka ha wezuga onwe ha site n'ebe nsogbu di dika nduri. Ọchọrọ ka ha nwee akụ na ụba dika Onye-eze Solomoni, bu nwa Eze Devidi.

Ọlụ ọma ọ bụla mmadụ na-alụ dika ihe iko achicha nke ọna-etinye n'ime achicha ekoghi eko, ka okopụtara ya ogbe achicha buru ibu.

Otu n'ime ihe na-enye aka ka mmadụ na ibe ya na-enwe nnwukọ di ụtọ bụ site n'inyekọrita onwe ha otito mgbe ọbụla alụrụ ezi ọlụ. Ichọọ ka ndi mmadụ hụ gi na-anya karia, bido na-enye ha otito mgbe ọbụla ihụrụ onye na-alụ ezi ọlụ.

N'ezie, onye ọbụla nke n'ekwutọ mmadụ ibe ya na-enweta ikpọ asi dika ụgwọ ọlụ. Onwere otu nwoke, mgbe niile ọna-ekwulu Chi ya na ọkpọrọ ya asi. *"Lee ka Chi ndi ikwu m si gọzie ha. Ọbụrụ na Chi m hụrụ m n'anya, agaghị m anọdụ n'ime ajọọ ọnọdụ di otu a ma-ọlị".*

Nwoke a n'enweghi ọnụ ekele wee chefue na Chineke kenyere ya ụbụrụ ka owere ya chepụta, lụpụtakwa nzọpụta nke onwe ya. Onwere otu nwata nwoke na-eje akwụkwọ n'obodo oyibo.

Ọbụ ihe mnwute na nwa akwụkwọ ahụ, mgbe niile, ka ọnọdụrụ na-ariọ ndi mmadụ ọtụtụ aririọ. Omegidere omume ahụ, ndi mmadụ wee bido igbakute ya azụ.

Orue otu ụbọchi, o wee kpebie na ya ga-ariọ naani onye ya na ya bi n'ime ụlọ aririọ. Ihe kachasi njọ n'omume nwata nwoke a bụ na ọbụghi naani na onweghi ọnụ ekele: kama, onwekwara anya ukwu ri nne.

Obido na-ariọnwa-akwụkwọ nke ọzọ aririọ n'ike n'ike. Ma nke kachasi bụ na ọnaghi ewere obi di ume ala ariọ aririọ.

Mgbe ụfọdụ, ọ na achapụ anya ka aga-asi na ihe ọ na-ariọ maka ya bụ nke ya. Ọriọ uwe, nwata nwoke nke ọzọ enye ya.

Ọriọ ego, onyekwa ya. Omegidere omume ahụ rue na onye agbata-obi-ụlọ ya apụkwaghi inagide ya. Owee kpebie na kama igba mgba pụa ọgụ, na ọka mma ka mmiri ozuzo were ọnọdụ.

Ọriọ aririọ a wee lee anya n'elu, lee n'ala, hụ na ejula arapụwo okpokoro ya. Onwere nwata nwoke ọzọ, ndi mụrụ ya mere ka ọmata n'oge ọdi na nwata na ọ bụ ihe kwesiri ekwesi bụ mmadụ inwe ọnụ ekele, tụmadụ mgbe ọnatara ihe onyinye. *"Zulite nwata n'ụzọ ya, mgbe otolitere, ọgaghi esi n'ụzọ ya wezuga onwe ya".*

Otu onye-nkụzi kọwara okwu ndi ahụ nke ọma, mgbe okwuru si: "Zulite nwata n'ụzọ di mma, ọbụna mgbe omere agadi, ọgaghi esi n'ime ya pụa". Nwata nwoke a n'ọgidere n'ikele ndi mmadụ nnukwu ekele ọbụna mgbe mmadụ ibe ya nyere ya onyinye di naani nke nta.

Ndi mmadụ wee hụ ya n'anya ri nne. Chi ya wee gosi ya ụzọ. Owee kpebie na ya ga-eje obodo oyibo itiwanye akwụkwọ n'ụbụrụ.

Ima ihe mere? Nwata nwoke ahụ wee nwue dika kpakpando. N'ezie, mgbe ọbụla ọna-aga n'ụzọ, iru-ọchi ya ana-achapụ dika ọnwa. Ndi mmadụ wee bido ibiakute ya nso.

Ndi onyinye ebido na-enye ya. Inwe ọnụ ekele ya wee rute mmadụ niile nti n'ụlọ akwụkwọ ha. Ndi mmadụ wee bido ime ya enyi na ihụ ya n'anya karia.

Achọọ ndi ga-anọchite ụlọ-akwụkwọ ha n'okwu, ana ebu ụzọ chọta ya. Omume ya wee mee ka ọha na eze n'ụlọ akwụkwọ ha wee mazue ya.

Onwere otu ụlọ-akwụkwọ di n'obodo Amerika. Aha ya bụ

Hadini Yunivasiti.

N'ime ụlọ-akwụkwọ ahụ, otu nwoke di, nke hụrụ ụmụ akwụkwọ n'anya ri nne. Ọna-atụkwa egwu Chineke. Ihe ya n'atọkwa ụmụ akwụkwọ ụtọ, tụmadụ ndi si obodo ndi ọzọ.

Ezi nwoke ahụ bụ otu n'ime ndi okenye nke nzukọ ụka ha. Nwoke a nwere ezi omume dika ndi Igbo. Nke kachasi, ọna-agbali igba ụmụ okoro na agbọghọ ume ka ha biarute Jihova nso. Aha ezi mmadụ ahụ bụ Dibia Kaa.

Mgbe ụfọdụ, ọna emetụ mmadụ n'obi ka ọjụa ajụjụ si: "ọbụ gini mere ka ndi-Igbo na-eweli anya ha abụọ ka ha hụ ụzọ?". Uru gini ka ọbara mmadụ itufu oge ya n'ọlụ di otu ahu?

Ọbụ ihe kwesiri ka omee, ka ọbụ na ọna-etufu oge ya? Ọziza ajụjụ ndia pụtara ihe dika ọnwa.

Ọna-agba ama dika anyanwụ otiti n'oge ọkọchi. "Ekwe kụa, ama agbaa". Akwụkwọ nsọ kwuru, *"Ọbụrụ na olile anya adighi, ọbụ ihe n'abaghi uru, bụ mmadụ ife Chineke ofufe"*.

Mmadụ nke mara ihe adighi eme ihe n'adighi abara ya uru, ma-ọli. Otu nwoke biliri wee were ugbọ ala ya ije ime nchọpụta. Ya na enyi ya nwoke so jee ije ahụ.

Ha abụa na-ere ncha. Mgbe ha rutere n'obodo di anya,

ha chọpụtara na ndi obodo a enweghi ncha dika nke ha ma-ọlị. Ha jekwara ahia ha, jeghariakwa gburu gburu. Ma ha achọpụtaghi ọbụna otu.

N'ụbọchi ọzọ, ha wee kpebie were ncha ha ole na ole gaa ire n'ahia. Ima ihe ha mere? Ha were ncha ndi ahụ nye ụfọdụ mmadụ n'ime ahia di n'obodo ahụ dika ihe onyinye. *"Akara di ụtọ, ma egheta ya ike"*...Ụmụ okorọbia abụọ ndi ahụ wee laa, chere izu ụka abụọ tupu ha alaghachi. N'ije ha, n'oge nke atọ, ha were ọtụtụ ncha ka ha ree.

Akụkọ banyere ncha ndi ahụ ha nyere dika onyinye eruwo mmadụ niile nti n'obodo ahụ. Ka ha hụrụ ụmụ nwoke abụọ ndi ahụ, ha niile wee biakọta ọnụ.

Ahia di mma na-ere onwe ya. Ha regidere ncha ha n'ebe ahụ tutu ha enwee ọtụtụ uru n'ime ya.

Esemokwu bụ otu n'ime ihe Ọbasi bi n'elu-igwe na ezi mmadụ na-agbakute azụ. Mmadụ ọbụla na-achọ ezi ndu na-achọ ka udo soo ya.

N'ezie, mgbe ụfọdụ, ọbụ ihe mgbagwoju anya ihụ ka ụfọdụ mmadụ na-achọ ka ha na esemokwu nwee ụlọ-obibi. Mmadụ di otu ahụ ka ekwensu jiri mee ngwa ọlụ ya.

Ọbụghi ihe kwesiri ekwesi ka ụmụ Chineke tinye aka ha

niime ya ma-ọlị. Mgbe mmadụ na-ewere oge ya lụa ọlụ, ọna-eme ka esemokwu nwee ozuzu ike, n'ihi na oge ndi ahụ, bụ nke otinyere n'ọlụ, ga-ewere ọnọdụ idọ esemokwu na ọgba-aghara.

Onye Igbo ọ bụla na agbali ime ka oge ya niile nwee ezi ọnọdụ: Ezi ọnọdụ n'ibụ abụ; ezi ọnọdụ n'ikpọ isi ala nye Chineke; ezi ọnọdụ n'ije nleta; ezi ọnọdụ n'igbasa ozi ọma; ezi ọnọdụ n'inye ndi okenye nsọpụrụ, na ezi ọnọdụ n'ime ka ha na mmadụ ibe ha di n'udo site n'ichara ndi ọzọ ụzọ.

Otu n'ime ndụmọdụ Chineke nyere mmadụ ka odebe bụ ilụpụta nzọpụta nke onwe ya. Ọbụ ezie na edeghi nke a na iwu iri.

N'ezie, n'ibe akwụkwọ nke ọgbụgba ndụ ọhọọ, anyi nụrụ na mmadụ ọ bụla ga-aza ajụjụ banyere onwe ya. N'ihi nkea, ọbụ ihe kwesiri ekwesi ka mmadụ ọbụla were oge ya dika ihe kachasi oke ọnụ ahia.

N'ezie, oge niile mmadụ nọ n'ime ụwa nke a ka Chineke gụkọrọ ọnụ. Ọbụkwa oge ọbụla n'ime ndụ ya ka mmadụ ga-aza ajụjụ n'iru Chineke banyere ya. Mgbe Chineke na-ekwu: *"Onye na-eme ihe ọjọọ mere gaa n'iru"*, abụghi n'efu n'ezie n'ihi na ọbụghi n'efu ka okwu Ọbasi bi n'igwe n'ebuli mma iru abụọ.

Ndi-Igbo matara nke a nke ọma, n'ihi ya, ha na agbali

ime ngwa ngwa iwezuga onwe ha site n'oke iwe nke gaje ibia. Ọzọ, ilepụ anya niru bụ onyinye nke ndi n'enweghi ya na-ariọ Chi ha ka ha nweta. Ọna-ebuli aha mmadụ elu. Ihụ ụzọ na emekwa ka enwee obi anụri.

Ihụ ụzọ n'ala Igbo dika agbụzụ, ejide ya, ụkwụ ya ekote nwanne ya. Ndi Ngwa na-atụ ilu si: *"Njije bụ ụba"*.

Mgbe mmadụ hụrụ ọganiru nke ndi buru ya ụzọ, ọ chọọ ime ka ibe ya mere. Ngọzi na-adiri ndi n'agbaso ezi ihe, n'ihi na ndi di otu ahụ na-achọ ọganiru nke elu-ụwa niile.

Nkọcha na-adiri ndi na-akpọ ezi ọlụ asi, n'ihi na ndi di otu ahụ ka aga-akpọ ndi anya ukwu. Ahụhụ ga-adiri onye ọbụla nke na-ewere ụbụrụ-isi na akọ-na-uche ya na-echepụta igwọ-nsi, igbu-mmadụ, na ibu-iro.

N'ezie, n'ezie, ahụhụ ga-adiri onye ọbụla nke na-ewere ezigbo akọ-na-uche ya na-etinye n'ọlụ niile nke megidere iwu niile nke Ọbazi bi n'elu-igwe. Mmadụ nke na-eme ihe ndia bụ onye-nzuzu n'ezie.

Onwere otu oge, Maazi Pọọli, bụ onye-ozi nke onye nwe anyi, wee kwue okwu si: *"Bụrụnụ ndi n'eńomi m, dika mụ onwe m n'eńomi Karayisti"*. Ihe mmadụ n'eńomi ka ọga-abụ.

Otu nwata di, mgbe niile, ọna-eńomi otu agadi nwanyi

na-asụ nsụ. Ọtụtụ mgbe ka nne ya tiri ya ụtari ka owepụ omume di otu ahụ na ndụ ya; ma nwata ahụ kpọchiri nti ya, nupụkwa isi.

Ima ihe mere? Nwata ahụ ghọrọ onye nsụ. Isụ nsụ ya mere ka aghara ilụ ya mgbe otoruru dika agbọghọ. Agwa nti ma ọnụghi, ebere isi, ebegide ya na nti. Nwata amụrụ ọhọọ adighi enwe obi añụri ma-ọbụrụ na ara nne ya adighi abụọ.

Otu nwoke di, onwekwara akọ na uche ri nne. Echiche ya bụ na ya aghaghi ibụ eze.

Okpebie na ya ga-ewere onwe ya rapara na arụ otu onye eze di n'obodo ya. Okorọbia ahụ wee n'ọdụ n'ezi na ụlọ eze a ńomie omume ya niile. Mgbe Onye-Eze ahụ jere ụlọ ebighi-ebi ya, ndi obodo ahụ wee gbakọta, chee echiche, kpebiekwa na okorọbia ahụ ga-arigoro oche eze ha, n'ọnọdụ eze ha nke lara ala mmụọ.

Mmadụ ọbụla Chineke kere ekwesighi iwere aka ya abụọ fanye n'ụkwụ. Omume di otu ahụ ka Onye-nwe-ụwa na ndi-okere-n'oyiyi-ya na-akpọ ọlụ di iberibe. Ndi na-eme omume di otu ahụ ka akwụkwọ-nsọ kwuru ka ha jekwuru ndanda n'ihi ume ngwu ha.

Mmadụ iwuli ọnọdụ ya elu bụ otu n'ime ihe na-eme ka okpupụrụ echi-nke-gafere-agafe okpu. Ee, ọga-eme ka oyipụrụ ụbọchi taa uwe; n'ezie, ọga-eme ka osetipụkwa aka ya maka echi na-abia abia.

Ndi-Igbo hụrụ nkpa ọdi, bụ mmadụ iwuli ọnọdụ ya elu; ya mere, na ụfọdụ mmadụ n'ala-Igbo na-enye nwa ha aha, dika nke a: Nkem-akọlam. Ma mgbe nke a na-eme, onye agbata obi ha ebilie, hụ ka nke a na-eme; ka ọna-ahụ ka ikwu-na-ibe na-alụ ọlụ iwuli ọnọdụ ha elu, omee ọsisọ gụa nwa ya aha nke ya: *"Ichọrọ-ka-nke-onye fue?"*.

Ọzọ, mgberede ka eji ama dike. Onye ọkụ na-agba ụlọ ya adighi achuso oke. Ọbụrụ na ọkụ agbaghi ụlọ Nwa-ụzụ-ụka, onweghi onye ga-amata na ọka-kpọrọ-nkụ na-achi ọchi n'ezie.

Onye Chi ya rere afụ na-ekwu, *mmere gini bụ ogu*. Ọchọrọ akara aka ya, wee chọta ya, aghaghi inwe ihe ikpa nganga n'ebe ndi Igbo nọ. Ee, n'ezie, n'ezie, ndi Igbo nwe mmeri. Onye-ọkụ na-egbu azụ were ụgbọ-mmiri ya, na mgwo-mgwo eji-egbu-azụ, banye n'ime osimiri. Mgbe orutere n'etiti osimiri, Mmuọ-Osimiri abiakute ya, jụakwa ya ajụjụ si: "Enyi m, ọbụ onye ka ina-achọ?"

Onye-ọkụ na-egbu azụ azaghachi: "Ezigbo enyi m, abiara m inyere gi aka".

Mmụọ-osimiri elee anya n'aka-nri, leekwa n'aka-ikpe, kwee n'isi, kpaka-kpaka, n'ihi na ọghọtara nke-ọma na ogbu-azụ ahụ biara ije n'oke-osimiri bụ di-aghụghọ n'ezie.

Omatakwara na naani ihe Onye-ọkụ ahụ na-achọ bụ iwere ụfọdụ n'ime azụ di n'ime Osimiri laa.

N'ezie, aghụghọ ogbu-azụ n'ime Oke-osimiri bụ ihe Mmụọ-Osimiri ghọtara nke ọma. N'ezie, n'ezie, Onye-Igbo achọghi mmegbu. Ee, aghghọ bukwa ihe-arụ di egwu n'anya ndi-Igbo niile.

17

ỤBA DI N'UCHE ONYE IGBO

N'ezie, mmadụ ahụ, bụ onye ekere n'oyiyi nke Ihekachasi-elu, matara na mkpebi ọbụla onwere aghaghi inwe ezi ọnọdụ n'ogologo ụbọchi niile nke ndụ ya, Ya mere, onye-Igbo nwere otu n'ime ihe di mkpa n'uche ya. Ihe ahụ bụkwa ụba. Ụba dikwa n'uche ndi Igbo niile.

Ụba bara uru; ezi-ụba bụ ọganiru; ụba-ọma di mma, n'ezie. Ee, ụba di mma; ụba dikwa ụtọ. Ụba ka eji amata onye-Igbo chọtara akara aka ya. Ụba bụ enyi ndi-Igbo. Ụba bụ otu n'ime ihe eji mara ha.

Ichọta ụba, ichọtawo onye-Igbo. Ọbụ ezie na ndi-Igbo niile abụghi eze; ma, ụba na-abiaru ha nso mgbe niile. Nwata topụta, ọchọwa ka omee ka ibe ya mere.

IGBO BỤ EZE.

N'uche onye-Igbo ọbụla, o nwere ọtụtụ nzube onwere, bụ ndi na-eduru ya rue n'ụlọ ebe obibi nke enyi ya bụ ụba. Nke mbụ, okwenyere na ụba bụ ihe nketa nke onye Igbo. Ọzọ bụ ilepụ anya n'iru.

Nke so ya bụ inwe nchekube banyere mnweta. Inwe okwukwe na ya nwere ike iba ụba. Ilụ ọlụ na idozi ego ya nke ọma. Ime ka mnweta ya karia mmefu ya. Iburu onye kwesiri ntụkwasi-obi. Na itinye ego ya n'ụlọ akụ, na n'ụlọ ahia.

Ọbụ ihe-nketa nke Onye-Igbo, ka onweta ego, baa ụba, rie nne. Onwere otu oge, na mgbe ana-ebu agha n'obodo anyi. Ndi-agha obodo Nayijiriya, bụ ndi busoro ndi-Biafra agha, wee chee echiche, ka ha mata mgbe Onye-Igbo ọbụla ha gbara egbe nwụrụ-anwụ, n'ezie. Ha wee ririta ụka, tụakwa izu.

Ufọdụ n'ime ha kwenyere na Onye-Igbo ọbụla bụ Ọhụrụ-ego-ekwe ọnwụ. Oge ha na-atụ arọ ahụ, otu n'ime ha wee kwue na ọbụrụ na ha erute Onye-Igbo ọbụla dinara ala, dika onye nwụrụ anwụ, na ụzọ ha ga-esi mata n'ezie na ọnwụrụ-anwụ bụ iwere ego tinye ya na nti, ọbụrụ na omeghi ụńara, eleghi anya, ọga-abụ na ọna-aghọ aghụghọ; ma-ọbụ, nakụkụ nke ọzọ, na ndụ onye-Igbo ahụ nọ n'etiti mmadụ na ndi mmụọ.

Ọzọ, na okwesiri ka ewere ego ahụ werue ya nso, were aka mepee anya ya abụọ ka owee hụ ya. N'ezie, ọbụrụ na obilighi n'ike ya niile, na mgbe ana-eme nke a, ka ha ga-amata, kwenyekwa n'ezie na ọnwụrụ anwụ. Ha niile wee kwere.

Okwu di otu ahụ rutere ndi-Igbo nti. Ha wee chia ọchi; n'ezie, n'ezie, ọtụtụ mmadụ niime Obodo Biafra, n'oge ana-ebu agha, kwenyere na okwu ndia bụ ezi okwu.

Ndi-mmadụ ụfọdụ, di iche iche, bi ndi Igbo gburu gburu, bụ ndi na-asụ asụsụ ọzọ di iche iche na-ekwu mgbe ụfọdụ, na ndi-Igbo adighi ewere nwayọọ nwayọọ achuso ego. Na ụfọdụ na etinye aka ha n'ihe rụrụ arụ ka ha wee nweta ego. Ebubo di otu a bụ ihe Onye Igbo ọ bụla kwesiri igọpụrụ onwe ya, ma-ọbụrụ na ebubo a bụ ezi okwu.

Dika akwụkwọ Ọbasi di n'elu si kwue, nwa bụ ihe nketa nke Chineke na-enye. Ọbụkwa ndi ọhụrụ na anya ka ọna-enye ya. Mmadụ, bụ ihe okike nke Chneke, kwesiri ibi ndụ di ụtọ, bụ ebe ego, akụ na ụba buru ibu ri nne. Chi kere ya achọghi ka ọnọdụ n'ụkọ.

Ọchọrọ ka onwee ezi ihe mnweta. N'ezie, Onye-okike chọrọ ka mmadụ baa ụba, rijue afọ mgbe niile.

Ọchọghi ka ihe okere n'oyiyi ya n'ọdụ ala na-akasi onwe ya obi na ọnọdụ ya ga-adi mma n'ụwa ọzọ, bụ nke gaje ibia. Kama, Chineke chọrọ ka onwee ihe mnweta, ọbụghi naani n'ụwa nke a, kama, ka onweekwa akụ na ụba, tụkwasi ndụ ebighi-ebi n'ụwa nke gaje ibia.

Mgbe Chineke chụpụrụ mmadụ site n'ubi ahụ agbara ogige, ana-akpọ Ideeni, ọchọghi ka ọnọdụ na-akasi onwe ya obi na ebe mmadụ tọgbọrọ ka Chi ya kwaturu ya. Kama, Ihe kere mmadụ gosiri ya ala, ogwu-na uke, werekwa obere ihe mgbochi ka di na nwunye ahụ kpuchie ọtọ ha.

Omekwara ka ha nwee ilepụ anya n'iru. Ichọpụta ihe omimi niile Chi kere ha dotere ha na ụmụ ha niile, ime ka ibi ndụ ha wee di ụtọ. N'ebe a ka Onye kere ụwa tọrọ ntọ ala, kpọ m kwe m, ka onye ọbụla lụpụta nzọpụta nke onwe ya.

Otu akụkọ di, otu Onye-Igbo kpọrọ ụmụ ya nwoke asaa ka ha zukọta. Owee wepụta mkpụrụ ụdara gosi ha, jụa ha si: "Ihe nke a ọbụ gini?",

Otu wee zaa: "Ọbụ mkpụrụ ụdara".

Nke ọzọ wee zaa si: "Mba, ọbụ nnukwu osisi ụdara buru ibu, mia mkpụrụ ri nne".

Mgbe ụmụ nna ya ndi ọzọ na-elekọrita onwe ha anya, na-mgbagwoju anya, nna ha wee kwee n'isi, zaghachi ya si: *"Site n'ilepụ anya gi ka iga-abụ eze bara-ụba na-mgbe n'iru"*.

Ụmụ nwoke abụọ di,ha bụ enyi dika Devidi na Jonatani. Ha banyekwara ụlọ-akwụkwọ otu mgbe, n'otu ụbọchi, pụtakwa otu mgbe. Ima ihe mere? Ha dapụ ichụ nta ego. Ka afọ ole na ole gasiri, otu wee nwee ọtụtụ ụlọ ahia, nwekwa ụgbọ-ala di iche-iche.

Onwekwara ndi na-alụrụ ya ọlụ. Onye nke ọzọ n'ọkwa na-alụrụ ụlọ-ọlụ ọzọ ọlụ. Ha abụọ bidoro n'otu mgbe, ma site n'ihụ ụzọ, ihe mnweta ha nwere ikpa-oke ri nne.

Onwekwara ụmụ-okorọbia abụọ, nne na nna ha enweghi ego ri nne. Ndi mụrụ ha gbaliri zurue ha n'akwụkwọ ebe aka ndi-mkpumkpu chọrọ ka ha kobe akpa ha. Otu wee bilie jee Legọọsi ichọ ọlụ-oyibo. Nke ọzọ wee chọta ọlụ-Igbo n'Aba, lụtụ ọlụ ahụ, hapụ ya wee banye ọlụ ndi-uwe-ojii.

N'otu ụbọchi, o zutere Onye ọcha dara iwu okporo ụzọ obodo anyi mgbe ọkwọrọ ụgbọ ala ya na-agafe. Onye uweojii ahụ wee mere ya ebere. Mgbe ụbọchi ole na ole gasiri, onye ọcha ahụ zutere ya n'ụzọ nye ya mpempe akwụkwọ ebe edenyere aha ụlọ-akwụkwọ ụfọdụ bụ nke di n'obodo ya.

Kwa ụbọchi, Onye uwe ojii ahụ na-eche echiche ka ọga-esi rute obodo oyibo, ibanye igụ-akwụkwọ n'ime otu n'ime ụlọ akwụkwọ ndi a edere na mpempe akwụkwọ.

Ọraru ụra, teta, echiche ya bụ maka ụlọ-akwụkwọ ndi ahụ. Okpebiri dika Maazi F. C. Ọgbalu dere na "MBE DI ỌGU"na *"mgberede nyiri dike"*. Ya mere na *"ọlụ biara mmadụ mgbe ọbụ okorọbia, biara ya n'ụwa ọma"*. Okpebikwara na nwayọọ nwayọọ ka eji aracha ofe di ọkụ. N'ihi na ihe ọbụla, dika onye amamihe kwuru, *"nwere oge"*.

Oge di maka ikwadobe maka igụ-akwụkwọ. Omalite, ntakiri, ntakiri, n'edote ihe n'ụlọ-akụ, na-akpado ya. Omegidere otu a wee rue ihe dika afọ abụọ ma-ọbụ atọ. Owee bilie ije, ziga ego ndi a niile n'obodo oyibo. Ka ihe ndi a niile na-eme, ọna-edegara ụlọ-akwụkwọ ndi a akwụkwọ ozi, ka ha n'abata ya.

Okpebikwara, wee ziga ego ahụ n'ụlọ akwụkwọ nke ụgwọ-akwụkwọ ya dikarisiri nta. Emesia, owee bilie jee Obodo oyibo, itinye akwụkwọ n'ụbụrụ. Enyi ya nke ọzọ n'ọgidere ilụ ọlụ na Legọọsi, Legọọsi wee laa ya isi, gọọ ya ọfọ, sikwa ya n'ọdụ ala.

Ojere obodo Oyibo mụchaa akwụkwọ, buruzie dibia mmụta, wee lọta. Emesia, ha abụọ wee zukọọ, ihe di iche dikwa n'etiti ha. Onwekwara otu nwata nwoke, onwekwara ọtụtụ ụmụnne.

Ọbụ ezie na agụụ na-agụgbu ewu nke ọtụtụ mmadụ nwere, mgbe ụfọdụ, ma ụmụ nne ya ụfọdụ hụrụ ya na-anya.

Ima ihe mere? Nwata nwoke ahụ sitere na nwata na-atụtụkọọ akị, etikwa ha, ere ha, n'edote ego ọbụla oretere na aki ya niile.

Orue otu oge, owee were ego ahụ niile jee ahia zụta obere nnekwu ọkụkọ. Nnekwu ọkụkọ a dika ugo na-eyi akwa ọla-edo. Emesia, owee na-eyi ọtụtụ akwa, na-abụkwa ọtụtụ ụmụ.

Mgbe nwata ahụ gụchara akwụkwọ nke ana-akpọ elementiri, ọgụrụ ya aguụ ka osoro ụmụ ibe ya banye nke ana-akpọ kọleji. Nwanne ya nke ọkpara wee si, 'mba', na ọga-eje mụa ọlụ aka, bụ ikwazi ụgbọ-ala. Ma nwata ahụ jụrụ ajụ, wee were ụfọdụ n'ime ọkụkọ ya ree.

Owekwara ego oretara site na ha tinye ule ibanye ụlọ-akwụkwọ kọleji. Mgbe ọnwa ole na ole gasiri, okwe wee gbaa, owee gafee n'ule, ma onweghi ego di.

Otu n'ime ụmụ nne ya kpọrọ ya gaa denye aha ya n'ụlọ akwụkwọ, ma nwụnye ya tara ikikiri eze juwapụ isi, gbochiekwa di ya inyere nwata nwoke ahụ aka ma-ọlị. Mgbe Ọkpara nne ya hụrụ na alili ga-ele ya nke ukwuu, ma-ọbụrụ na nwanne ya nwoke ejeghi ụlọ-akwụkwọ ahụ, owee bilie kwue si: kama ji si n'ite, na ọka mma na nkụ gwụsiri n'ubi ya. N'ezie, nwoke ahụ gbaliri, gosi onwe ya dika dimkpa.

Ugbua, nwata nwoke ahụ gụchara, ọ bụghi naani akwụkwọ nke kọleji, kama, obiliri, hapụkwa ala Igbo jee obodo oyibo itinyekwa akwụkwọ n'ụbụrụ.

Ụdi mmadụ di otu ahụ bụ dimkpa, n'ihi na dimkpa kariri dike. Otu n'ime abụ ndi otu ụka machiri nti n'ala Igbo, bụ Seventh Day Adventist kwuru:

"N'edu m, n'edu m na-aga.
N'edu m, n'edu m na-aga.
Mgbe ọchichiri gbachiri ụzọ ndụ.
N'edu m, Jisọs n'edu m na-aga".

Chi nwata nwoke a na-edu ya na-aga. Otu ezi nwoke mụtara nwa, ọkpọọ ya Chinedu, Chi na edu ndi Igbo. Chi onye Ije na-edu ya.

Na mbu, ọchichiri nke amamihe gbachiri ụzọ nwata nwoke ahụ. Ma Jisọs duru ya gafee. Otu nwoke di. Aha ya bụ Ụkọ-chukwu Rọbọọti.

Omewo ọtụtụ afọ ọnwụrụ. Okwu nwoke ahụ di ndụ, dikwa ire rue ụbọchi taa. Nwoke ahụ bụ onye Ụmụeke Ohanze. Ọbụ nwanne Maazi Feredi Njọkụ.

Ezigbo nnem kọrọ mụ ihe banyere ya. Omere ka mụ mata na: "Saa Rọbọọti" kwuru si: "Mgbe ọbụla mmadụ gakwuru oke itiri ma-ọbụ oke-ọchichiri, ọbụrụ na onye ahụ ewere ntachi-obi gagide. Mgbe n'adighi anya, na ọ ga-ahụ oke ihe di egwu".

Ihe abiawo. Ọna-enyekwa obi añụri. Mgbe mmadụ nọ n'oke mkpa, na mgberede, inye aka na adakwasi ya dika nri nke igwe. Mgbanwe di otu ahụ na-enye mmadụ obi añụri ri nne.

Onwere mkpa, dika oke mkpa ga-adakwasi mmadụ, otie elu, tie ala, kpọkue Chi ya. Ọga-erukwa mgbe ụfọdụ na ọga-eche na Chi ya agbakutewo ya azụ. Ma na mgberede, Chi kere-Igwe kekwa Ụwa ezoo nzọpụta, zokwasi ya dika mmiri. Ihe ahụ bụ ihe omimi. Ọna-agba mmadụ gharii mgbe ụfọdụ. Ma Chineke mazuru ihe niile.

Inwe nchekube banyere mnweta bụ otu n'ime ihe di n'uche ndi-Igbo niile. Ka Onye-Igbo na anọdụrụ ala, ochewa echiche ihe ọga-eme ka onweta ego na mgbe n'iru. Ka ọna-eche, mmụọ ya na obi ya na-alụkọ ọlụ.

Ugbua, akpa uche ya ebido inye aka itụpụta ihe di iche iche na eweta ego. Ụbụrụ isi ya ebido iyọcha, na irọpụta ụfọdụ n'ime ihe ndia, bụ ndi kachasi mma site na nrọpụta ahụ niile akpa uche ya mere.

Obi ya etiwe kpum, kpum igosi ụzọ ọga-esi wee mezue nrọ ndi ahụ niile akọ na uche ya na-arọ. Mmụọ ya ebido sogbuwe ya ka obilie mezue ihe ndia. Ka nke a na-eme, akpa uche ya ayọkọta nchepụta ya niile wunye ha na nziza bụ ụbụrụ isi ya.

Mkpụrụ-obi ya ebido inye aka iyọcha ha site n'ikwọsa ha mmiri bụ ọbara. Mgbe ayọpụsiri nrọpụta niile bụ ndi n'ezughi oke, ọrọpụta nke kachasi mma n'ime ha niile.

Ugbu a, ọburuzie na mmadụ enweela mkpebi n'ime onwe ya, banyere ihe n'ọghaghi imezu. Dika ihe ima-atụ, mgbe ụfọdụ, mmadụ ga-eche echiche banyere ilụ nwanyi, izụ ụgbọ ala, iwu ụlọ, na imepe ụlọ ahia.

Ọbụrụ na ọrọpụtara ka ọlụa nwanyi, ọbụrụzie mkpebi ya. Ihe ndi a niile ka mkpụrụ obi ya ga-adọgbu onwe ya n'ọlụ banyere ha tutu ọrọpụta ya.

Inwe nchekube bụ ihe Chineke kwadoro dika omere ka ọpụta ihe n'akwụkwọ Ayizaya, isi iri anọ na isii, ama-okwu nke iri na otu.

Ụfọdụ mmadụ adighi enwete ihe mkpụrụ obi ha na-achọsi-ike n'ihi na ha adighi enwe nchekube.

Mmadụ ndi di otu a na-enye onwe ha nkasi obi onye ụwa ahụhụ n'ọnọdụ ahụhụ ha. Ha adighi eme uńara ka ha bilie. Ha kwenyere na ebe mmadụ tọgbọrọ ka Chi ya kwaturu ya.

Ha na echefu na onye-isi agha dote mmadụ n'iru ọgụ, n'ọgbọ agha, owere aka ya dogharia onwe ya. Ha chefukwara na Chi nyere ha akọ na uche chọrọ ka ha were ha lụa ọlụ.

N'ezie, onye ume-mgwụ di otu ahụ ekwesighi ijeru akwụkwọ-nsọ nso, n'ihi na Chineke achọghi ka ihe okere n'oyiyi ya di ume ngwu. Ụfọdụ na-asi: "Tụkwasi Chineke obi. Ọga-egbokwara gi mkpa gi niile". N'oge ha na-ekwu okwu ndi a, ha na echefu na ọdighi atụdakwa mana dika ọtụdara ụmụ Izireeli n'ọzara. Kama, ọchọrọ ka onye ọbụla lụpụta nzọpụta nke onwe ya.

Ihe kasi mkpa na ndụ mmadụ abụghi ọnọdụ ya n'ụbọchi taa, kama, ihe ọnọdụ ya ga-abụ n'oge gaje ibia.

N'ihi ya, ighaghi irute ọnọdụ ahụ, naani ma-ọ bụrụ na inwee nchekube banyere echi. Mgbe diri mmadụ imezu nrọ nchekube ya, Dika akwụkwọ Ekilisiastis isi atọ, ama okwu nke mbu: "Oge diri ihe niile".

Oge di ka mmadụ nwee ezigbo nchekube. Oge di inweta ego. Oge di ichedo ya. Oge dikwa imefu ya, iwere ya zụa ụmụ gi, tụmadụ n'oge a ụmụ nta na-achụsọ ụlọ-amamihe dika nwamba na-achuso oke.

Oge di inweta akụ na ụba, ka inwee ike ibuso ihe

mgberede agha, dika n'oge ọria. Oge di, inweta, ma kpadoo ihe dika ndanda na-edote nri ya n'oge ọkọchi maka udu mmiri. N'ihi na Igbo achọkwaghi nkasi obi ahụ bụ: *"Mere nke a, mere nke a, ekweghi nwa-nwanyi gbaa afụ ọnụ"*.

Oge di ka mmadụ banye n'ezi ọnọdụ ahụ, bụ: *"igbo chia onwe ya"*. N'ihi na Onye Igbo ọbụla kwesiri ka obue ibu nke aka ya.

Oge di, ka mmadụ nwee ezi ụlọ obibi ebe ụmụ ya, nwunye ya, na ya onwe ya ga-anọdụ na ekpori ndụ. Oge di ka ha nwee ego buru ibu, wee nwee ike igbanari iche echiche "Gini ka mụ na ezi na ụlọ m ga-eri n'ihi na enweghi m ego?".

Oge di ka mmadụ na ezi na ụlọ ya jee nleta, wee gbara anya ha kirisimaasi, n'ihe okike nke Chineke dika n'ebe edotere ụmụ anụmanụ di iche iche n'ọgba. Oge dikwa ka mmadụ kpebie ihe nketa ya nye ụmụ ya niile, ikwado ha tupu owee nwụa.

Kedụ uru imụ-akwụkwọ bara, ma-ọbụrụ na mmadụ agaghi ewere ya mee ihe ga-abara ya uru?. Ihe ọbụla mmadụ zutere n'ụzọ abụghi naani ngọzi, kama, ọbụkwa ọmụmụ ihe, ikwadobe ya ka onwee ike imeri ihe nzute ọzọ nke ga-ezute ya.

Ihe ọbụla mmadụ mere, kwa ụbọchị, dika ego ọna-etinye n'ụlọ akụ nke ụgwọ ọlụ; ọna-alọghachiri ya, n'ezie, okpukpu-

okpukpu dika ụgwọ ọlụ. Ihe ọma na-eso ezi ihe. Otua ka ihe ọjọọ na-eso ajọọ ihe. Mgbe ụfọdụ, ihe ọjọọ na-eso ezi ihe. Otu ahụ ka ihe ọma na-esokwa ajọọ ihe.

Mgbe ụfọdụ, "ihe ọma na ihe ọjọọ na alụkọ ọlụ, iwetara" ụmụ mmadụ ezi ihe. Ilụ ọlụ bụ ihe Chineke na-achọ ka mmadụ mee. Ọbụkwa ya ka ụmụ-mmadụ na-ebuli elu.

"Aka aja aja, na-ebute ọnụ mmanụ mmanụ". Ihe okike niile nke Chineke n'egosi mmadụ ilụ ọlụ. Onye Igbo lee ndanda anya, obilie jewe ọlụ nke ya. Igbo siri ike n'ilụ ọlụ.

Ọna-ewute Onye Igbo mgbe ọna-ahụ ndi ọzọ ka ha n'ọdụrụ ala, fanye aka ha n'ụkwụ, dika ndi ume ngwu. Ma akwụkwọ nsọ n'ekwu si:

"Jekwuru ndanda.
Gi onye-ume-ngwu.
Lee ụzọ ya niile,
wee marakwa ihe.
Nke nenweghi onye isi,
Ma-ọbụ onye nlekọta n'ọlụ.
Ọna edote nri ya n'oge
okpom-ọkụ.....".

Onye ọbụla di ume ngwu kwesiri imere onwe ya ebere.

Ọzọ, mmadụ di otu ahụ ekwesighi iwere akwụkwọ-nsọ gụa, ma-ọli, n'ihi na edeghi ya maka ndi ume-ngwu.

Naani ụmụ Chineke kwesiri igụ akwụkwọ nsọ. Ha kwesiri idi ike dika ọdụm, nwekwa ume dika enyi. Mgbe Chineke na-agwa oru ya nwoke bụ Jọshụa okwu, okwuru si: "Di ike, nwekwa ume".

Ndi Igbo kwenyere na ha si n'agbụrụ ndi Juu pụta. Ha nwere ume, dikwa ike. Onye ọbụla n'ime ha na alụpụtakwa nzọpụta nke aka ya. Mgbe Chineke chụpụrụ mmadụ site n'ogige Ideeni, omere ka ọmata na site n'ọsọsọ iru ya ka ọga eriju afọ. N'ihi ya, Chi kere mmadụ enyewo iwu ka ọlụ a ọlụ.

Chineke bi n'igwe abụghi onye ume ngwu. Jisọsi, ọkpara ya mere ka idi ike ọlụ, Chineke pụta ihe mgbe okwuru si: *"Nnam na-alụ ọlụ rue ugbua".* N'oge okike ụwa, anyi gụrụ n'akwụkwọ nsọ si na Chineke lụrụ ọlụ, ụbọchi isii, wee zue-ike naani otu ụbọchi.

Anyi gụkwara na "nnọ arọ abụọ na ọgụ iri di ka otu ụbọchi na-anya Chineke". Onye ma, ka ọ bụ na Chineke lụrụ ọlụ puku ụbọchi isii tutu ozue ike. Ụfọdụ mmadụ ga akọcha gi si: *"Rapụ ya ka ọdọgbue onweya site n'ilụ ọlụ",*

Lee, ọga-eburu akụ na ụba laa ala mmụọ?". Isi na anwụ

agaghi etigbu ya n'oge ndi a niile ọnọdụrụ n'ubi na-adọgbu onwe ya n'ọlụ?". Ma, rapụ ha. Mmiri zoo, ọbụghi oge ọna-abanye n'ime ala.

Ọkpanaka ga-anọgide n'igwuri egwu n'oge ọkọchi; ma, ndanda na-adọgbu onwe ya n'ọlụ n'otu oge ahụ. Mgbe udu mmiri biara, ka aga-ama onye bụ nwa akọ.

N'ezie, ndi nkwutọ ndi a niile ga-alọghachi wee tụtụrụ ọnụ ha. Rapụ ha "Ndi mmadụ ga-ekwuriri" ka ụmụ Orientali gụrụ n'egwu. N'ezie, nsikọ aghaghi ijụ ejula ajụjụ si: *Inwere anụ?"*. Emesia, osi-ite ga-achọpụta n'etiti ejula na nsikọ onye nke nwere anụ karia ibe ya.

Dika mụ kwuru na mbu, Onye di ume ngwụ na-eleda ọlụ anya, ma ọlụ wee kpọọ ya asi n'ihi idi ume ngwu ya. Ka chi na-abọ, n'oge ọkọchi, ndanda, di-ọlụ ebilie ilụ ọlụ, ańụ efepụ ilụ ọlụ, ọbụ ezie na ha di nta, ma ike ọlụ adighi agwu ha.

N'abali, n'oge udu mmiri, ejula arapụ ebe obibi ya, jee ikpa ihe oriri; awọ na akiri amipụ ilụ ọlụ nke ha; mkpụrụ aghara n'ubi ana-atuli mma ha elu, n'ọlụ, imata onye ga-etoli karia ibe ya.

Azụ buru ibu di n'oke osimiri egwupụta ilụ ọlụ nke ha. N'oge di otu a ka ha na ndi ọkụ-azụ na ama aka mgba. N'etiti abali, osimiri ufodu amalite inwe izu ike site n'olu ha n'ogologo ubochi ahu niile.

Obu olu? Ee, ihe niile na-akwado ya. "Ndu mmiri, ndu azu". Umu nnunu, umu anumanu, umu mmadu, ndi-Igbo, ihe niile Chineke kere, ha niile, ihe obula, onye obula, otu mgbe, na mgbe ozo, na alu olu nke ya.

Ahihia na-amiputa ezi okoko, mkpuru, na akwukwo ya. Ha na-alu olu nke ha. Osimiri na-esi n'ugwu na-eruda na ndagwurugwu, ona-alu olu nke ya. Mmiri ufodu na-esite n'osimiri rigoo n'igwe ojii; mgbe igwe-ojii juru, ozoo. Nke a bukwa olu ozo osimiri na-alu.

Ilu olu bu idebezu iwu Chineke. Idi ume ngwu bu inupu isi n'ezie. Chineke choro ka ihe okike ya niile di ike, na-alukwa olu ha niile. Otu nwoke kwuru na ida ogbenye nwere nwanne, aha ya bukwa ume-ngwu. Akwukwo nso na-etiku mmadu di otu a mkpu n'akwukwo ILU:

"Rue ole mgbe ka
Iga edina ala, gi onye ume ngwu?.
Nwa ira ura nta.
Nwa iridaru ura nta.
Ogbenye gi wee dakwasi gi dika oji-egbe eje ori…."

Onyinye di iche iche ka enyere mmadu. Ha n'okwa n'etiti

ya mgbe niile. Ha na-agba ya gburu gburu. Ụfọdụ n'ime ha na-ariọkwa ya ka owere ha lụa ọlụ, mee ka ndụ ya nwee añụri.

Ụfọdụ n'ime onyinye ndia bụ: ezi na ụlọ ya, ndi enyi, nne na nna ya, akara aka ya, ọmụmụ akwụkwọ ya, na arụ idi ike ya; ndi ọzọ bụ ezigbo ndi-enyi, nne na nna ya, ihe mmadụ jiri mụa akọ na oke-amamihe ya; ndi ọzọ bụkwa omume ya, igba ume ya, na idi ike ya.

Mmadụ nke di ume-ngwu na-echefu ọtụtụ onyinye ndia Chi ya nyere ya. N'ezie, ọgaghi enwe ngọpụ na ya enweghi otu, ma-ọbụ abụọ, n'ime onyinye ndi ahụ niile. Ọzọ, onweghi ngọpụ ọbụla. N'ezie, onweghi ngọpụ ọ bụla ma-ọli. Onweghi ngọpụ, ọbụna otu.

N'ezie, ọga-enwegodi ihe mere onye ọ bụla nke di ume ngwụ. Onye ume-ngwu nwere ọria na-efe efe. Nke kasi njọ bụ na ọna-eme ọsisọ ime ka ume ngwụ ya nwee ezi ọnọdụ n'ebe ndi ọzọ nọ. Onye ọbụla nke mara ihe na-agbakute onye di ume ngwụ azụ.

Ilụ-ọlụ abụghi naani izụ ahia, ilụ ọlụ oyibo, igụ-akwụkwọ, na ichi ọchichi, igbasa okwu Chineke bụkwa ilụ ọlụ. Onye ọbụla ga-arọpụta, nye onwe ya, Chi nke ọga-efe ofufe... Ọbụ ire ahia? Ya na izụ ahia na -eme. Ọbụ igụ-akwụkwọ? Ya na ụlọ-akwụkwọ ana-eme.

Ihe ọbụla mmadụ na-eme site n'okwukwe na-aga nke ọma. Mgbe ụfọdụ, okwukwe mmadụ nwere n'ọlụ ya na-adaru ala, kụakwa afọ n'ala. Aghọtahiekwala ọnọdụ di otua, n'ihi na ọganiru nke na-enweghi ọdida n'ụzọ ya abụghi akụ-udo, n'ezie. Aghọtahiela mgbe ana-ekwu "tụkwasi obi na Chukwu".

Adala mba, Ekwela ka ntụkwasi obi gi ghọọ ihe ima n'ọnya nye igba ume inwere n'ime onwe gi. Alakwala azụ n'okwukwe, kama, gaa n'iru iluzu ọlụ inwere okwukwe n'ime ya.

Okwukwe bụ ihe nwụrụ anwụ ma-ọbụrụ na ọlụ adighi ya. Nwee okwukwe na *"Enwerem ike ime ya"*. Ọbụrụ na Maazi Tọm nwere ike ime ya, Maazi Dik nwekwara ike ime otu ihe ahụ. Ọtụtụ mgbe, mmadụ ga-enwe ihe ọdachi na ụzọ ya. Nke a na-eme ka ọsụa ude, kwue "ihie m kwa". N'oge ụfọdụ, ihe ọdachi ndi ahụ na-ama ya aka mgba di egwu n'ọlụ onwere, na-enwekwa oke ańụri n'ime ya.

N'otu oge, ma-ọbụ mgbe ọzọ, aka mgba ahụ ga-erukwa na ọga-eti "mmakwara" n'ọlụ ahụ nke onwereri ańụri n'ime ya. Ma onye ọbụla nke dara ada, emesia, o wee bilie, bụ nwoke n'ezie.

Ọbụ naani ndi kwenyere na "enweghi m ike ya" na-ada, n'ọdụ n'ala, bụrụkwa ogbenye rue ọnwụ. Dike ga-ada ugboro asaa, ma biliekwa. Osimiri bụrụ nsogbu onwere, owue akwa mmiri gafee. Aka-mgba ya nwee ọnọdụ dika mmiri ozuzo, oweputa mbọrọla ya, malite ije ya.

Ọbụrụ oke osimiri na-achọ igbochi ije ya, owue ụgbọ mmiri. Ọbụrụ anwụ otiti, owuputa ntụ-oyi. Mmadụ Chineke kere aghaghi inwe aka mgba n'ụzọ ya. Jisọsi, ọkpara Chineke meriri, wee rapụrụ Igbo okwu igba ume.

Chineke kere ndi Igbo, chọọ ha mma. Ma ọdighi mma ka ndi okere n'oyiyi ya rapụ inwe akụ na ụba ri nne. N'ihi nke a, ọrọputara mmadụ ụfọdụ nye ha akụ na ụba karia, ka ha bụrụ ihe nlere anya nye ndi ọzọ.

Dika akwụkwọ nsọ kwuru, *"Ọbụghi n'efu ka ana-ebu mma agha".* Okwu Chineke dika mma agha. Adighi eweputa ya n'efu. Mma agha nwere ọlụ diri ya. Otu aka ahụ, ndi mere ọgaranya n'ebe ego di bụ ndi arọputara ka ha bụrụ ihe nlera-anya nye ndi ọzọ. Chi weputara ha emeghi ihe ọjọọ. Amamihe Chineke di elu karia.

Tulee dimkpa dika Maazi Luuwisi Ojukwu, nna Ọdumegwu, Eze-Igbo-gburugburu, Ikemba nke Nnewi. Tulekwa Maazi Nnanna Kalụ, Aatọ Nzeribe, na ndi ọzọ Chukwu-Ndi-Igbo rọputara, ka ha bụrụ ihe nlere-anya nye Ndi-Igbo.

Ego, n'ezie, ego bụ ihe di mma nye mmadụ. Onye nwere

ya bụ onye agọziri agọzi.

> "Ego, ego, ego ego eme
> enyi amaghi enyi ya.
> Ego, ego, ego ego eme
> nwanne amaghi nwanne ya".
> [Kristie Essien Igbokwe. (AKPINOR)].

Onye mara ihe adighi ekwe ka otinye ego ya n'aka enyi di nzuzu. Ọzọ, onye nwere ezi uche adighi ekwe ka nwanne di ume-ngwu dabere na ya mgbe niile. Otu kobo nke onye nzuzu mefuru, na-eme ọsisọ banye n'akpa onye mara ihe.

Ndi mmadụ na-ekwu si: "Ego bụ ọbia, ka osi bata, ka osi agbapụ". Ndi mmadụ di otu ahụ ka ego na-agbọ ụfụfụ n'aka. Ha nweta otu naira ma-ọbụ abuọ n'ụbọchi taa, tutu ụtụtụ-echi abiarue, ha emefuela ego ndi ahụ niile.

Ha adighi ekwe ka ego n'ọdụ ha n'aka. Ihe ha ma bụ mefue, mefue ha niile ozigbo. Ijee n'ụlọ ha, ọtụtụ ngwongwo di iche iche jupụtara n'ime ha. Ndi bara uru, na ndi n'abaghi uru. Ihe kpatara nke a bụ na ndi di otu ahụ achọghi ka ego zue ike n'aka ha.

Onwere echiche banyere gi n'isi? Mee ka ọgbọwa. Ekwela ka ọtakọrọ n'ite dika mmiri. Chi kere Igbo adighi atụdara ha nri site n'igwe. Kama, ọna-enye ha ezi uche ka ha chepụta ihe di mma site n'akọ na uche ha. Okwe di mma gbaa n'ime obi, ahapụla imezu ya. Kama, mee ka okwe ahụ gbazue.

Onye nwe anyi kwuru si, "Ihe ọbụla aka gi na-achọ ime, were ike gi dum mee ya". Ya bụ, okwe gi gbaa, mee ka ọgbazue. Echela oge, n'ihi na iche oge bụ imebi akụ na ụba.

Ọbụrụ na mmadụ hụrụ ndụ ya n'anya, ma kpọọ oge ya asi, onye ahụ bụ onye kwesiri imere ebere n'ezie. Mmadụ di otu a echezọwo na oge bụ ndụ. Ndụ bụkwa oge.

Ma, otu ihe di, bụ ihe kwesiri ncheta mgbe mmadụ na-eme nke a: Ọbụghi ihe ọma niile kwesiri ka mmadụ were ọsọ gbaba n'ime ya. Ihe ọma ụfọdụ di bụ ndi okwesiri ka mmadụ were naani nwayọọ nwayọọ jekwuru.

Ka ụbọchi niile nke mmadụ ekere eke na-agafe, ụkwụ ya abụọ ana-ejeru nso n'ọnụ ili ya. Ma, site n'ụbọchi amụrụ ya rue n'ụbọchi ọga-alakwuru Chi ya, ọghaghi inwe mkpa di iche iche.

Ọbụ oge ka ọga-ewere gboo ụfọdụ n'ime mkpa ndi ahụ niile. Mmadụ apụghi igbo mkpa ya niile. Ebe ọdi otu ahụ, okwesiri ka mmadụ were oge ya dika ihe kachasi oke ọnụ ahia na ndụ ya. Otu abụ kwuru si:

"Buru ụzọ chọta ala eze nke

Chineke nke igwe.
Echela nwanne, echela nwanna.....

N'akụkụ nke ọzọ, abụ ahụ ekwue:
Ọbibia nke Jisọs nwekwara ezi ụgwọ- ọlụ.
Iga anata ya. Iga-ajụkwa ya……?
Ka ọna-eru na ọgwụgwụ ya, okwue:
"Mkpebi nke a diri gi"

Biko nwanne m, Onye Igbo. Echela oge. Etufukwala ya. Ọdi mkpa nke ukwuu. Amataram na imara nke ahụ nke ọma, n'ihi na ibu Onye Igbo.

Onwere otu nwoke chọrọ ka ya kuziere ọkpara ya ụzọ ikpado ego. Nwa ya nwoke ntakiri ahụ nwere amamihe ri nne. Nna ya wee kpọrọ ya, kwa ụbọchi, pụa ilụ ọlụ. Mgbe ha lọtara, owere kobo ise nye ya, gwa ya ka ọmụbaa ya. Nwata nwoke a malitere chewa echiche ihe ọ ga-eme. Otu ihe banyere ya n'ụbụrụ, ochefughi ya. Nne ya na-ere ahia. Nna ya bụ di-ọlụ-ugbo.

Orue ụbọchi ọzọ, nna ya ebilie ka ojee ọlụ. Nwata ahụ e wee mee ọsisọ, kwadobe isoro ya jee. Mgbe ha lụchara ọlụ, lọta n'ụlọ, nna ya wee nyekwa ya kobo ise ọzọ.Ma, nwata nwoke ahu jụrụ inara ya. Na mgbagwuju anya, nna ya hụrụ na iru gbarụrụ nwa ya. Ọjụa ya si:, "Ọbụ gini?".

Owee kwue na ụgwọ ọlụ ya kariri kobo ise. Nna ya etinye ya otu kobo ọzọ nye ya. Ma nwata ahụ anaraghi ego ahụ n'oge, n'ihi n'ime obi ya, ometụrụ ya na nna ya na aghọgbu ya.

Ojekwuru nne ya, rịọ ka owere ego ahụ tinye n'ibu ahia ya. Ọzọ, o mere ka nne ya kwenye na ọga n'etinyere ya otu kobo, kwa izu, nye kobo iri ọbụla n'ime ego ya.

Okwu nwata ahụ edoghi nne ya anya nke ọma. Ma, okwenyere ya n'iru ọchi, n'ihi na nwata ahụ bụ nwa ya. Nwata ahụ wee malite na-agbakọ ego ahụ niile.

Kwa izu, owere ego niile nna ya nyere ya, nye nne ya ka otinye n'ibu ahia ya. Mgbe otu arọ gasiri, nwata wee kpọọ nne ya maka ngụzi. Ọgbagwojuru nne ya anya na ego nwata ahụ na mwa-ego ya emeela ahata-aha nye ibu ahia ya.

Ọzọ, onwere ihe febara n'ite akọ na uche gi? Biko, mee ya ka ọgbọwa. Ekwela ka ofepụ. Ekwela ka ọtakọrọ n'ite dika mmiri. Onwere otu akụkọ ọzọ. Otu nwa Igbo jere obodo oyibo igụ akwụkwọ.

Mgbe orutere, nwa-agbọghọ bekee jere makụa ya ka ọlụa ya. Obi tọrọ ha abụọ ụtọ. Orue otu ụbọchi, nwa-agbọghọ ahụ wee kpọrọ ya jegharia obodo ya gburu-gburu.

Mgbe ha rutere n'ulọ ihe oriri, ha wee kwusi ụgbọ-ala ha,

wee banye. Mgbe ha na-echere ka ndi oje-ozi lebara ha anya, ha wee malite akụkọ. Na mgberede, otu nwoke mara mma gafere ha.

N'ihi na nwa-agbọghọ ahụ matara nwoke ahụ na-agafe, omume ya wee gbanwee: N'ezie, ọsa ahụ na-enweghi uche wee malite ihapụ mkpụrụ akwụ ọkpụ n'ọnụ.

Mgbe nke ahu na-eme, Onye-Igbo ahụ wee n'ọdụ na-ele naani anya. Otu ihe banyere ya n'ime obi, okwekwaghi ka ọtakọrọ. Okpebiri na ya ga-ele ya ule. Ọdaa, ọdapụ.

Emesia, ha ebido ilaghachi n'ụlọ akwụkwọ ha. Mgbe ha nọ n'ụzọ, nwa-agbọghọ ahu jụrụ ya mgbe ọga-alụ nwanyi. Ma, ọzaghachiri ya, na nwata nwanyi ọbụla ya ga-alụ aghaghi ina-akpọ isi-ala nye nne na nna ya.

N'ihi na nwata nwanyi ahụ enweghi ezi akọ na uche, otiri mkpu si:

"Onweghi onye-ọcha pụrụ ime nke a".

Ma Onye-Igbo ahụ gbachiri ya nkiti, rapụkwa ya. Emesia, agbọghọ ahụ ariọ elu, riọ ala, bekue Chi ya, ma Onye Igbo jụrụ ajụ, n'ihi na onye-isii hapụrụ ụdara ọzọtara n'ụkwụ bụ onye nzuzu n'ezie.

Nwa agbọghọ ahụ n'ọgidekwara n'ichọ di, ụgbọ wee hapụ ya, dika ụgbọghọrọ ahapụrụ n'ahia. Onwekwara ọtụtụ mmadụ na-ejekwuru uru, na akụ na ụba, ma n'ihi aganga, ha wee ghara inweta ha.

Mmadụ di otu ahụ dika udele iri azụ na-agụ agụụ. Ma n'ihi ume ngwụ, ọnọdụrụ naani n'akụkụ mmiri, na-ele naani anya. Ofebaghi na mmiri igụ azụ dika okwori.

Mmadụ di otu ahụ dika nwanyi bekee ahụ akọrọ n'akụkọ. Ọchọrọ ilụ Onye Igbo, ma ọchọghi inwe nrube isi n'ebe nne na nna ya nọ. Ọchọrọ naani ezi ọnọdụ, ma ọ chọghi ikwu ụgwọ ọnọdụ ahụ.

Onye nzuzu, ụgbọ ahapụwo ya. Ndi Igbo matara na onye ọbụla mmefu ya na-akari mnweta ya na aridaru ndagwurugwu ibu ogbenye, ri nne. Ọbụrụ na mnweta gi akaria mmefu gi, n'ezie, ụba ga-ezoro gi dika mmiri.

Nwata ahụ akọrọ n'akụkọ mere nke a. Ndanda mekwara otu ahụ mgbe ọkpala na-egwuri egwu n'oge ọkọchi. Eze amamihe bụ Onye-Nkpọkọta nyere ndanda otito ri nne, n'ihi inwe mkpado banyere oge udu mmiri. Onwere ihe febara n'ite akọ na uche gi? Kwee ka ọgbọwa.

Nne m mere ka m mata na mmadụ ibido na nwata mụta

ikpado ego na-enye aka ime ka ọbụrụ ọgaranya mgbe otoruru dimkpa. Owere ọkpara nne ya mee ka ọghọrọ m ihe ima atụ.

Otu nwoke na nwa ya jere ikwusa okwu Chineke. Mgbe nwoke ahụ kwuchara, ndi ụka ahụ wepụtara ewu, ọkụkọ abụọ, na ọtụtụ unere-Igbo na unere-beeke, nye nwoke ahu na nwa ya. Ha tinyekwara onyinye ndia nile n'ime ụgbọ ala ha. Nwoke ahụ wee kelee ha si: *"Atụghim anya nkea".*

Mgbe ha na-ala n'ụzọ, nna ya kwuru na ha ga-ewere ihe ndi ahụ niile mee ọnụ mụrii mụrii.

Ma nwa ya siri: "Mba", na ha ga-edote ha, tụmadụ nne ewu, na nnekwu ọkụkọ ndi a, ka ha mụara ha ụmụ. Nna ya wee lee ya anya, chia ọchi n'ime obi ya.

Onwekwara ihe banyere n'ime ite akọ na uche gi? Mee ka ọgbọwa. Mgbe m pụtara n'ụlọ-akwụkwọ ana-akpọ Sekọndiri, ejerem mụ na ada-nne nne m ebiri.

N'ebe ahụ ka m mụtara ihe karia banyere mmadụ ikwe ka ihe mnweta ya karia mmefu ya. Kwa ụbọchi, ọna-ezigam izụta mmanụ ọkụ ana-akpọ kerozini.

Ezigbo nwanyi ahụ na-ere azụ, ayiya, na ihe ndi ọzọ di iche iche eji eme ka ofe di ụtọ. Otu ihe na-atọ m ụtọ karia bụ na ọna-esirim ofe ụkazi, nke etinyere egusi, anụ na okporoko dikwa n'ime ya. Ima ihe merenu?

Ọbụ ezie na ọna-azụta ụkazi ndi ahụ n'ahia, ma, mgbe m na-atule ya n'uche nke akam, onweghi ego ọbụla ọna-emefu maka ha.

Mgbe ọbụla obiliri maka ije ahia, ọna-etinyekwa akwụkwọ nri dika ụgụ, ańara, na olugbu, bụ nke ọna-eweta n'ubi di n'ụlọ obibi ya gburu gburu. Orute ahia eke, ahia nkwọ, ahia orie, ma-ọbụ ahia afọ, orechaa akwụkwọ ofe ndi ahụ niile, owee were ụfọdụ n'ime ego ndia zụta ụkazi.

Mgbe ọna-ahapụ ije ahia, ọna-eweputa egusi, ka mụ na nwunye nwa ya dozie maka ofe. N'ezie, amụtaram nnukwu ihe site n'aka ya.

Onwere okwe banyere n'ite akọ na uche gi? Kwee ka ọgbaa. Otu ụbọchi, ejere m nleta n'ụlọ Maazi Ọsọndụ Nwosu, bụ ọkpara nne nnem.

Tutu ezigbo nwoke ahụ ahapụ ụwa, amatara ya dika dimkpa. Kam rutere, ọkpọkọtara ụmụ ntakiri niile di na ezi na ụlọ ya, mgbe mmiri na-ezo.

Oweputara ibe gbam gbam nta, weputakwa nke di ukwuu.

Owee malite ikuziri anyi ihe banyere mmadu ikpado ego. "Lee anya" ka nwoke ahu malitere, "Umum, geenum nti, Oburu na unu choro ka mmiri gbajue udu mmiri ndia niile n'oduru na ihu-ulom osiso, were ibe gbam gbam nkena di ukwuu tinye n'akuku nkea, werekwa gbam gbam nkena di nta tinye n'akuku nke ozo.

Mmiri gbata obena, ogbata ebe nke ozo, ya agbajue udu-mmiri, na-egbughi oge. Nwoke ahu wee jee n'iru kowara anyi: "Otu nwoke adighi eje otu olu. E, umum. Onwere ike buru onye ubiri ahia, burukwa onye na-alu olu oyibo. Ya weta na nkena, owetakwa na nke ozo, akpa ya eju.

Obughi naani otu uzo ka eji enweta ego". Okwu ndi ahu niile bu okwu di ndu. Obughi naani otu uzo ka mmadu kwesiri iji chusoo ego. Mmadu nwere ike buru onye nkuzi, burukwa onye na-ere ahia.

Onwere otu n'ime ndi nkuzim mgbem no n'ulo akwukwo nke nta, bu nke ana-akpo elementiri. Nwoke ahu nwere nchekwube nye ezi na ulo ya. Obughi naani na ona-akuzi nkuzi, omalitere rewe azu ndu. Ka ona-eme nkea, ufodu mmadu wee na-achi ya ochi.

Ufodu mmadu wee malite na-akpo ya "ticha azu ndu". Ma ogbachiri ha nkiti na-eme ihe ona-eme. Nwoke ahu di ike n'olu.

Onwetakwara uru buru ibu site n'ire azụ ndụ ya.

N'oge n'adighi anya, ego buru ibu wee banye n'aka ya. Na-egbughi oge, nwoke ahụ hapụrụ ikụzi nkụzi, mepee nnukwu ụlọ-ahia, bụ ebe otinyere ndi mmadụ n'ọlụ, ka ha na-ere azụ ndụ ya.

Ọmatakwara na ndụ mmadụ chọrọ "gawa ọlụ, gawa ọlụ", mgbe niile. Owee tinye ule maka imuwanye akwụkwọ. Okwe wee gbazue. Ya alafere. Ma ndi ahụ niile n'ọdụrụ na-akwa ya emo n'ọkwa.

Ma ọbụghi mgbe mmiri zoro ka ọna-abanye n'ime ala.

Otu nwoke biliri ichọ nwanyi ọga-alụ, ndi mmadụ wee na-enye ya ndụmọdụ di iche iche. Ụfọdụ agwa ya ka ọgaa na ezi na ụlọ ụmụ-ogbenye ebe okwu na ụka n'adighi.

Ndi ọzọ enye ya ndụmọdụ ka ọ ghara ilụ nwa-agbọghọ nwanyi maka ego. Nwoke a wee chee echiche banyere ọnọdụ ya. Ọbụ okorọbia. Onwere ego, ma onweghi ya ebe ọdi ukwuu.

Ọtụtụ ụmụ agbọghọ na-ewepụrụ ya aka n'ihi omume ya. Ọdighi achọ okwu. Onwekwaghi onye na-apụta kwue na ya na nwoke ahụ nwere esemokwu.

N'ezie, nwoke a matara na ọbụ edote onye ọgụ n'iru ọgụ,

o were aka ya dozie onwe ya. Ọzọ, na okwesiri ka mmadụ tulee n'uche nke aka ya tutu onwe mkpebi mgbe ojesiri nara ndụmọdụ. Nwa-okorọbia ahụ chọrọ iba ụba dika ndi agbụrụ ya.

Owee kpebie na ya ga-alụ nwa-agbọghọ nwanyi nke nwere, ọ bụghi naani ego, kama, nke nwekwara ezi akọ na uche.

Owee gbue ikpere n'ala, jekwuru Chi kere ya n'ekpere, wee bilie pụa n'otu ụbọchi ichọ onye inye aka kwesiri ya. Ima ihe mere? Ka ọna-apụ, na-ama, obi ya amalite inye ya ndụmọdụ ka ojee lụa nwa-agbọghọ ahụ nke bi n'obodo di obodo ya nso.

Onwere otu nwa-agbọghọ nne na nna ya nwere akụ ri nne. Ọbụkwa naani ya ka ha mụtara. Ha zụpụtakwara ya n'ụzọ isọpụrụ mmadụ na itụ egwu Chineke. Ha mụtakwara ya mgbe ha na-eme agadi, ya mere na ha gụrụ ya Chiawọlam.

Chi ha chetara ha mgbe ha mere agadi, wee nye ha onyinye nwa nke ha. Nwa-okorọbia ahụ wee chegide echiche banyere nwa-agbọghọ ahụ rue otu izu ụka. Ọmatakwara na okwesighi ka mmadụ mee ka ndi ọzọ mata obi ya mgbe niile, n'ihi na mmadụ niile abụghi mma ana-ami wororo.

Owee kpebie n'ime obi ya na ya ga-eje maa ya aka mgba. Nwa-agbọghọ ahụ wee kwe. Ojegidere na-azụtakwara ya ihe site n'oge rue n'oge. Emesia, owee lụa ya.

Anaghi anọdụ n'ime ụlọ egbu anụmanụ, bụ nke Chi ya chọrọ ka ọkwatue. Ighaghi ichiri ụta na akụ gi, chọọ ya. Mgbe ina-eme nkea, ighaghi ichọta ya.

Ikwesi ntụkwasi obi so na ihe na-eme ka mmadụ baa ụba n'ezie. "Gosi onwe gi onye kwesiri ntụkwasi obi, mga-enye gi okpu eze bụ mmeri". Ntụkwasi obi, ikwesi ntụkwasi obi bụ ihe eji amata mmadụ ka nwoke. Onye ọbụla nke kwesiri ntụkwasi obi n'ọlụ, ma-ọbụ n'okwu na-anata nsọpụru ri nne.

Ziga nri gi n'akpụkpọ mmiri mgbe ọtụtụ ụbọchi gasiri, ighaghi inweta ya. Tinye ego n'ụlọ ahia mgbe oge na-agafe, ọga-na-amụrụ gi nwa. Nwa ya ga-na-amụkwa.

Ego na-eyi akwa, bụokwa ụmụ, ma-ọbụrụ na mmadụ etinye ya n'ụlọ akụ. Ọna-amụkwa ụmụ, ma-ọbụrụ na etinye ya n'ibu ahia. Onye ọbụla nke mara ihe anaghi ekwe ka ego gbaa ya ufufu n'aka dika ncha. Kama, ọna-agba mbọ mee ka ego ya niile bara ya uru.

Mgbe ụfọdụ, ndi mmadụ na aghọtahie amamihe di mkpa, dikwa ụtọ, n'ichedo ego nke ọma.

Mmadụ ọbụla kwesiri inwe ezi nlekọta anya n'ebe ego ya di. Onye ọbụla mara ihe adighi emefu ego ya ma-ọbụrụ na ọmataghi uru mmefu ahụ ga-abara ya.

N'ezie, ego ọbụla nke na-esi n'aka onye ego na-agbọ ufufu n'aka dapụ, na-eme ọsisọ banye n'akpa nchedo nke onye mara ihe. Onye nwere akọ na-uche na-egbochi ọnọdụ di otua ahụ karia, site n'ihe ojiri mụa akọ. Ihe ejiri mụa akọ bụkwa ihe ana-enweta mgbe ihe ana-achọ na-arapụ onye-chọrọ ya dika ụgbọ.

18

MGBAGWOJU ANYA IGBO N'OKPUKPERE CHI

Okpukpere Chi di iche iche di n'elu ụwa n'ụbọchi ndi a. Ha nwekwara ntọ ala di iche iche. Na mbu, n'ala Igbo, nnanna anyi fere Chi-na-eke ofufe site n'ichụ aja, kwa arọ nye ya.

Ha debere iwu obodo ha, biekwa ogologo ndụ n'elu ụwa n'oge gara aga. Ma ugbua, okpukpere Chi di iche iche abatawo n'ala Igbo. Ndi mba ọzọ wetara ha.

Omume di iche, na amamihe dikwa iche sokwa okwukwe ọhụrụ ndi ahụ wee bata. Ọtụtụ ihe mgbagwuju anya di iche iche dikwa n'ime okpukpere Chi ndi ahụ, bụ nke ndi ọcha webatara n'ala Igbo. Ma ajụjụ ole na ole dikwa, bụ nke Ndi-Igbo na-atụghari uche n'ime ha.

Ọbụ ezie na okpukpere Chi ndi-ọcha webatara n'ala Igbo

di mma karia ụzọ okpukpere Chi nke nna-nna anyi ha si fee ofufe n'oge gara aga? Eduhiere ndi Igbo eduhie, ka ọbụ ezi-okwu ka agwara ha?

Ọbụ ezie na Chi-na-eke hụrụ okpukpere Chi ọhụrụ ahụ n'anya, ma kpọọ nke nna-nna anyi ha kpere asi? Igbo, ọna-eso omenala ndi-ọcha, ka ọ bụ ezie na ha na-efe ọbasi di n'elu dika osi chọọ?

Gini mere na Igbo hapụrụ ụzọ okpukpere Chi ha, wee so nke ndi mba ọzọ wetara ha? Ọbụ ezie na Igbo ga-enwe ụgwọ ọlụ n'ofufe ndia, ka ọbụ na ha na-efe ha na nkiti?

Mkwa ekwere ụmụ Chineke, bụ ndụ ebighi-ebi, olee mgbe ọga-abụ? Ajụjụ ndi a ka Igbo na-ajụ onwe ha ọtụtụ oge.

Ndi ọcha wetara ụzọ okpukpere Chi di iche n'ala Igbo. Ha sitere n'ofe mmiri bata na Kaalaba. Ha wee site n'ọnụ mmiri Kaalaba banye n'ime ala ndi agbata obi ndi-Igbo ana-akpọ Ibibio, wee gbasaa, rute n'ala Ndi-Igbo. Ha webatara ụka, ma-ọbụ chọọchi n'ala Igbo.

Enyere ha ezi nnabata n'ihi na ndi Igbo bụ agbụrụ nwere obi ghere oghe inabata ndi ọbia. Ha wee kuziere Igbo ụzọ na omenala ọhụrụ ha.

Ha mekwara ka Igbo kwenye, ọbụghi naani na ụzọ ọlọrọ

ọhụrụ ndia bụ ụzọ zuru oke, zie ezie n'okpukpere Chi, kama, ha mekwara ka ọtụtụ ndi Igbo kwenye na ụzọ niile ha, na nna-nna ha si fee ofufe, bụ ikpere arụsi.

Na mbu, ụfọdụ mmadụ n'ala Igbo gbakutere okwukwe ọhụrụ ahụ azụ. Ma mgbe oge na-agafe, ha wee na echighari, na ekwenyekwa na ihe ndi ọcha kwuru bụ ezi okwu.

Ọbụ ihe itụ n'anya na ha ewezugawo ihụ-nanya ha nwere n'ebe arụsi nna-nna ha di, kpọọkwa ya asi, wee gbakutekwa ya azụ. Ha echeghariwo [dika akwụkwọ okpukpere Chi ahụ ndi-ọcha wetara kwuru] ma "chighariakwa". Igbo ewerewo ụzọ okpukpere Chi nna-nna ha ochie ka ihe mgbe ochie. Ha arapụwo ya, wee gbakwutekwa ya azụ.

Ajụjụ abụọ fọdụrụ bụ ndi atụlere uche n'ime ha. Olee mgbe ọga-abụ, bụ nkwa ndụ ebighi-ebi, bụ nke ekwere ụmụ Chineke? Olee ka ọga-adi, bụ ndụ ebighi-ebi ahụ ekwere ụmụ Chineke na nkwa?

Ọga-adi ka ọgbụgba ndụ n'ime ọnwụ, ma-ọbụ ọnwụ n'ime ndụ, onweghi onye mara. Ọga-abụ ezi ndụ n'ime ndụ, ndụ ọhụrụ n'ime ọnwụ, ọnwụ n'ime ndụ, ndụ n'ime ọnwụ, onweghi onye pụrụ ikọ.

Akwụkwọ-nsọ ekwuwo na ụbọchi onye-nwe-anyi ga-adi

ka mgbe mmadụ na-agbapụ site n'aka ọdụm ozutere n'ụzọ, ma mgbe ọna-eme ọsisọ ka odinarue ala n'ime ụlọ ya, agwọ wee ridakwuru ya, tagbue ya n'ime akwa ndina ya.

Eleghi anya, olile anya ụmụ Chineke ga-adika ụbọchi onye nwe anyi.

Ọga-abụ ihe mnwute, Ee, n'ezie, ọga-abụ ihe obi ilọ mmiri, ma-ọbụrụ na Onye-nwe-ụwa ga-enye ezi ụmụ ya nkwụghachi ụgwọ di otu a.

Dika a jụrụ na mbụ, ka ajụghachi ya ọzọ: Olee mgbe ọ ga-abụ, bụ nkwa ndụ ebighi-ebi, bụ nke ekwere ụmụ Chineke? Ajụjụ a emeela ka ọtụtụ ajụjụ ndi ọzọ wee rigopụta.

Igbo anaghi ere ahia ha na-adighi enwe uru n'ime ya. Ọbụ ezie na onwere olile anya ukwuu di n'elu, bụ nke aga-enye ndi niile na-efe Chi ahụ ofufe, bụ nke ana-adighi ahụ anya?

Ọbụrụ na nkwa di ụtọ di otua di, bụrụkwa ihe aga-emezu, gini mere na ọtụtụ ụmụ mmadụ bụ ndi na-atụ egwu Chineke, na-ata ahụhụ karia? Chi bi n'igwe, ọkpọrọ ndi n'ekpere ya asi, hapụ ha ka ha wee na-ahụsi anya, ka-ọbụ na ọrọpụtara oge ahụhụ ndia ka ha bụrụ oge mnwapụta okwukwe ha?

Ọbụrụ na ọdi otua, gini ga-abụ ihe ngosi nke ihụ-nanya ya, na nkwa ya, n'ebe ezi ụmụ ya nọ, bụ ndi na-efe ya ofufe mgbe niile? Akwụkwọ nsọ ekwuwo na oge na mgbe Jisọs, Ọkpara Chineke ga-abia bụ n'oge onye ọ bụla na-amataghi.

Owee jee n'iru wee kwue na ya onwe ya amataghi mgbe nna ya nke bi n'igwe ga-ezipụ ya iwere ụwa dika ihe ubi. Igbo nụrụ ihe ndia niile wee kwere. Ma ajụjụ ụmụ Igbo, bụ ndi gafere ofe mmiri igụ-akwụkwọ na-ajụ onwe ha bụ: Ọbụ ezie na okpukpere Chi ahụ ndi bekee wetara bụ ezi okwu? Gini mere na ihe na-esote chọọchi ha na-azụ bụ mmegbu, aghụghọ, na ire-ahia?

Ha na-ewere chọọchi amaghari ụmụ-mmadụ anya, wee webata ibu ahia ha, ka ọ bụ na ihe ha bụ n'uche bia bụ iwebata ụzọ okpukpere Chi nke ha? Ka ụmụ Igbo na-ahụ ụmụ-nna ha bụ ndi erefuru n'ohu ka ajụjụ ndia na abanye ha n'obi karia.

Ka ụmụ-Igbo na-agụ, na anụkwa ahụhụ ndi ojiji tara n'ala ndi ọcha ka obi ọma-iko na-eme ha. Ka ha na atụghari ihe ndi ahụ n'obi, ka ha na elebakwa anya ichọpụta ma ndi ọcha na-edebekwa ụkpụrụ okpukpere Chi ahụ dika ụzọ okpukpere Chi ọlọrọ ọhụrụ ahụ si di.

Ọbụghi naani nkwa ebighi-ebi ahụ na-eme ka ndi Igbo tụgharia uche, kama, ha na-enwekwa mgbagwoju-anya na ntụghari-uche ha banyere nkewa di iche iche dikwa n'okpukpere-chi ahụ ndi mba ọzọ webatara n'ala Igbo. Nzukọ ụka di iche iche di. N'ezie, ha di ọtụtụ.

Ndi ọcha wetara ha ji naani otu akwụkwọ nsọ. Ha kwenyekwara na otu Chineke di. Ha mekwara ka ndi-Igbo kwenye na otu mmụọ-nsọ di. Ha kuzikwara ndi-Igbo na otu ọkpara nna-anyi, bụ Onye-nzọpụta ụwa, bi n'elu-igwe, bụ ebe ojere ikwadoro ndi kwere na ya, ezigbo ụlọ mara mma. Ma, Igbo na-ajụ ajụjụ si: *"Gini mere na ọtụtụ nkewa di iche iche jupụtara n'okpukpere-chi ahụ, bụ nke ndi bekee webatara n'ala-Igbo?"*

Ọbụ ezie na ha webatara ndi-Igbo ọgba aghara ha site n'okpukpere Chi? Ka ọbụ na nna nke okpukpere-chi ahụ bụ onye ọgba aghara? Ihe ndia na-eme ka ndi-igbo tulee uche ha, ri nne.

Ọzọ, ndi Igbo bụ ndi ihe na-agara nke ọma karia. Ha kwenyere na ọ bụrụ na Chi onye akwatụghi ya, na ọghaghi imezu ihe niile obu n'uche. Ma, ajụjụ ọzọ ha na-ajụ bụ: *"Gini mere na ndi na-ekpere Chineke na–ata ahụhụ karia?*

Ọbụ ezie na Chi ha kpọrọ ha asi? Ka ọbụ na ọna-anwa ha ọnwụnwa? Ọchọrọ imata okwukwe ndi n'ekpere ya, ka ọbụ na ọchọghi ọganiru ndi na-efe ya ofufe?

Onwere otu mgbe, ndi ụka ana-akpọ ama-Jihova nke si Ikọt-Ekpene na-eje Ugwu-Ọcha, igbasa ozi ọma n'afọ nke onye nwe anyi bụ otu puku, narii iteghete, iri asaa, na asaa.

Ha bụ ọtụtụ ihe oriri di iche-iche dika ji, raisi, ma-ọbụ osikapa, anụ, azụ, na ihe ndi ọzọ. Ha banyere n'ime otu ụgbọ-ala ana-akpọ gwon-gworo ma-ọ bụ lọọri, n'asụsụ bekee. Ka ha na-eru, na-arigo site na ndagwurugwu ogwugwu ugwu di nta di n'Ọhanze, n'okporo ụzọ si Ikọt-Ekpene rue Aba ma lee, ihe mgberede biakwutere ha.

Ụfọdụ n'ime ndi ije ndi a merụrụ nnukwu ahụ. Ụfọdụ zutere ebighi-ebi ha n'ebe ahụ. Otu agadi nwanyi n'ime ha ka ọnwụ n'apụrụ naani otu nwa nwoke onwere n'ike.

Nwanyi ahụ wee bee elu, tie ala, bekwue Chi ya, na ọgara adi mma karia, asi na ya onwe ya nwụrụ n'ọnọdụ otu mkpụrụ akwụ ahụ ọsa kpụ n'ọnụ.

Onwekwara otu akụkọ ọzọ: Otu nwa okorọbia di. Onwere mmụọ inụ ọkụ n'ikpere Chineke. Ndụ ya na omume ya na-egosi itụ egwu ihe kere ụwa.

Owekwara Onye Okike dika ihe mbụ n'ime ndụ ya. Ọdighi arapụ ije ikpere Chineke kwa ụbọchi mbụ n'izu ụbọchi asaa. Ọlụ ọma ya na-atọkwa mmadụ niile ụtọ.

Ọbụkwa otu n'ime ndi na-abụ abụ iwuli nzukọ ụka ha elu. Mgbe ụfọdụ, ọna-arapụ ọlụ ya wee jee ọgbakọ ndi okpukpere

Chi ha kpọrọ.

Otu ụbọchi, nwoke ahụ rapụkwara ọlụ ya maka olili ozu nke onye chọọchi ha nke nwụrụ n'obodo ana-akpọ Ọwọ-ahiafọ. Ka ha lichara ozu nwanyi ahụ, owee bilie, gbara igwe ọgba tim tim ya na-alaghachi n'ụlọ ọlụ ya nke di na Aba. Ka ọna-erute na Ugwu Ọgbọ, ogwu-ụkwụ-ọjọọ mara ya aka-mgba. Ihe mgberede a mere ka omefue nnukwu ego.

Ka ọnọ n'ime iri uju di otua, ọriọrọ Chineke na abụ nke ọmalitere si:

"Chineke edebela ọnụ gi duu
Agbala nkiti, alala azụ.
N'ihi na ndi-iro gbaram gburu-gburu.
Ha di ọtụtụ, ha ebiliwo.
Kwalite mmụọ anyi, kasie anyi obi.
N'ime ahụhụ, n'ime nsogbu nke ụwa.
Zọpụta mkpụrụ obi m na mma agha.

Korọsi:

Zam, Jihova zam.
Ekwela, ka ihere me m,
Biko za m, ka ha wee
daa n'ala si: Jihova, ya onwe ya bụ Chineke m

n'ezie, jihova, ya onwe ya bụ Chineke".

Abụ di otu a gosiri mnwute o nwere n'ime mmụọ ya, n'ihi na ihe dapụtara ya na ihe mgberede ahụ abụghi ihe ọ mara ụma mee. Ndi ụmụ-nna ya n'okpukpere Chi ha nwere mnwute ri nne.

Ụfọdụ n'ime ha zitekwara ya ihe nkasi obi. N'agbanyeghi ọnwụnwa niile, nwoke a n'ọgidesikwara ike n'okwukwe ya. N'ezie, nwoke a dika Job bụ onye nwere ntachi obi ri nne n'oge ọnwụnwa ya.

Onye ọzọ n'ime ọgbakọ ahụ bụ nwoke si Akanụ-Ngwa pụta. Aha ya bụ Maazi Simiọni Nwakanma. Ọlụ ya n'igbasa ozi ọma dika nke Pọọli onye ozi nke Chineke.

Nezie, dika Pọọli, ọkụnyere ọtụtụ nzukọ n'obodo Ugwu-ọcha, bụ obodo-Igbo nke ndi-ọcha na-akpọ Pọtụ-Hakọọti, na-asụsụ ha; ọghakwara okwu Chineke dika nkpụrụ n'obodo Ọnisha, na niime ọtụtụ obodo ndi-ọzọ di iche iche, nke di n'ime nnukwuu ala anyi.

Ọzụlitere ụmụ ya n'ọnọdụ itụ-egwu Chineke dika Job. Nwunye ya dika Sera n'ileta ndi ọbia anya nke ọma. Ọlụ ha n'igbasa ozi ọma abụghi naani ihe amazuru nke ọma n'ala Nayijiriya, kama, amatakwara ọlụ ọma ha na-Mba Abiliini, nke di n'obodo Amerika. Nwoke ahụ bụ dike na dimkpa, n'ezie.

Ọbụrụ na agụnyeghi ehi na ọgụgụ anụmanụ, amara na ọ gụgụ ahụ ezughi oke. Ndi otu ụka ana-akpọ Seventi Dey Adventisti, ma-ọbụ Sabaati n'olu bekee nwekwara otu n'ime ndi amara aha ha bụ onye okwesikwara ka akọwatụrụ ihe banyere ya n'okpukpere-chi.

Nwoke ahụ na-eme ezi omume dika Banabas bụ onye na-akwado ọlụ ọbụla nke na-eweta ọganiru. Nwoke ahụ kpara ike mgbe ndi otu ụka ha na-ewu ụlọ ụka ọhụrụ ha.

Ọbụghi naani nkea, omekwara ihe di itụ-nanya mgbe ụmụ nna ya, n'Ọhanze-Isiahia gbakọrọ itụ-ego iwu ụlọ akwụkwọ nke Sekọndiri nime Ọhanze.

Ọbụghi naani na obodo Nayijiriya ka amara ezi nwoke ahụ, kama, amakwara ezi ọlụ Maazi Jọni Ọńụmadụ tụmadụ n'ikpere Chineke n'obodo oyibo. Kedụ ndi aga-akpọ, kedụ aha ndi aga-ahapụ? Ọbụghi naani na Igbo na-ata ahụhụ site n'okpukpere Chi, kama, ha na-enwe obi inụ ọkụ n'ikwado ya.

Igbo na-elebakwara okwu ahụ bụ imụ-mmadụ-ọzọ, site na ọwụwụ mmiri. Nkewa di iche-iche dikwa n'ime nzukọ ụka di iche iche banyere okwu ahụ. Ụfọdụ na-ekwu na ọwụwụ mmiri bụ ifesa onye ana-awụ mmiri efesa.

Ndi ọzọ na akụzi ka akaa ha akara nke obe. Nzukọ ụfọdụ

na-eme ka amata na ọbụ olili, mbilite na ọnwụ site n'imikpu onye ahụ ana-awụ mmiri n'ime osimiri dika ihe iribe ama.

Ekwenyeghi ekwenye di iche iche ejupụtala n'okwu ahụ, bụ ọwụwụ mmiri. Otu ụfọdụ na-eje n'iru wee kwue na ọbụ mgbanwe nke mmụọ, na ọbụghi itụpụ unyi nke anụ arụ.

Nkọwa di iche-iche ndia na apụta site n'ụzọ mmadụ di iche iche si ghọta ya. Ụfọdụ mmadụ na-ajụ ajụjụ si "Gini mere na okpukpere Chi nke ndi otu ụka Mọsilem si di n'otu, bụ okpukpere Chi ndi chọọchi na eleda anya dika okwukwe na-ezighi ezi?"

Gini mere na onye-isi Mọsilem bara ụba, mee ọgaranya, wee were akụ-na-ụba na idi-ike-nke-mma-agha gbasaa ozi ọma ya? Ma, onye-ndụ nke otu ụka chọọchi, bụ naani ogbenye si n'obodo Galili.

Onweghi ego, eledara ya anya dika onye na-ejeghi akwụkwọ. Amụkwara ya n'ọnọdụ di ala. Onweghi ebe obibi mgbe obiri ndụ n'elu ụwa.

Amụrụ ya n'ihe ana-etinyere anụ ụlọ nri bụ nke ariọtara ariọta, wee liekwa ya n'ime ili nke n'abụghi nke aka ya.

Ojighi ike gbasaa ozi ya, kama, owere nwayọọ, nwayọọ, wee zisaa ya. Ọbụ ezie na ojeghariri na-ime ihe ọma, ma ọtụtụmmadụ kpọrọ ya asi.

Ndi Igbo na-achọkwa imata ihe mere na ndi mmadụ na-enwe osi-agụgọ di iche iche mgbe ndi ụka di iche iche zukọtara maka itụghari uche n'okwu Chineke.

Okwesighi ka ha niile di n'otu dika nwoke Galili ahụ kwuru na ya na nna ya di n'otu? Ọga-abụ ezie na Chi-kere-ụwa anwụwo dika Dibia J.J. Alitiza, nke ụlọ akwụkwọ Emọri yunivasiti di na Atilanta, Jiọjiiya, n'ime nnukwu obodo Amerika kwenyere?

Nwoke ahụ, oduhiere ndi obodo ya eduhie, ka ọbụ onye-amụma kwesiri ntụkwasi obi? Eleghi anya, ọga-abụkwa na onwere oge Chineke na-adighi tutu ya na ọnwụ alụọ ọgụ ikpe-azụ ya. Ma akwụkwọ nsọ ekwuwo na Onye Okike adiwo tutu ebighi-ebi.

Nke kachasi, ụfọdụ nzukọ ndi ahụ di iche iche na ekwenye, na emekwa ka ndi ọzọ kwenye, na naani ndi otu-nzukọ ha ga-enwe nketa nke igwe. Nkea emewo ka ụfọdụ mmadụ nwee mgbagwoju-anya pụrụ iche banyere nzukọ nke kwesiri ka ha tinye aka ha n'ime ya.

Mgbagwoju-anya nke ahụ dika ọnọdụ di n'etiti okwu ntabi-ire ahụ, bụ: "Otu ụbọchi, nwa-okoro na-amaghi nwanyi wee zute otu nwa-agbọghọ na-amaghi nwoke". N'ezie, akụkọ-ife di otua adabaghi adaba, ma-ọli.

Okwu ntabi-ire ndi ahụ niile jupụtara n'okpukpere-chi agwụla ụmụ mmadụ ike. Okwu ndi ahụ yiri ibe ha, ndi ahụ, adighi ewepụ ọnọdụ ha na mgbe ụmụ mmadụ na-enwe ntụghari uche n'ime mgbagwoju-anya banyere ụzọ na nzukọ kwesiri ka ha fee onye nwe ha ofufe n'ime ya.

Nrọpụta ndi a niile di n'okpukpere Chi. Ma ụmụ mmadụ, ha na-abanye n'aka ndi kpọrọ ha asi, ma-ọbụ n'ụkwụ ndi hụrụ ha n'anya, bụ ihe kwesiri ka atụgharia uche n'ime ya.

Mgbe ụfọdụ, okwukwe ụmụ mmadụ dika ọnọdụ di n'etiti ndi isi isii jere n'usoro wee jekwuru enyi mmiri. Otu n'ime ha wee jide ogologo imi ya aka, bụ nke buliri ya elu, buda, na-atuli ya elu, na-atụdakwa ya dika ogwe. Owee kwenye na Chineke bụ ihe n'ekwesighi ka mmadụ tụkwasi ya obi ma-ọli.

Onye ọzọ n'ime ha wee metụ nti ya aka, bụ ihe di obosara dikwa jụụ dika akwa ndina. Owee nwee nkwenye nke ya na Onye Okike bụ onye kwesiri ka mmadụ dabere na ya.

Onye nke atọ wee metụ mkpiri ụkwụ ya aka bụ ebe ọkpụkpụ ya di ri nne. Owee kwenye na Onye-nwe ụwa jọrọ njọ, nweekwa obi kpọrọ nkụ na ọnụma di egwu n'ebe ndi okere n'oyiyi ya nọ.

Onye nke anọ wee jekwuru afọ enyi ahụ bụ ebe aka ya na-enyere ọnụ ya aka site na mmiri ara enyi ahụ, owee nwee obi ańụri kwenyekwa na itụkwasi Chi ya obi bụ oriri na ọńụńụ.

Ọzọ, onye isi nke ise wee rụte n'elu ukwu ya buru ibu, bụ ebe aka ya na-eme ka okwenye na anụmanụ ahụ bụ naani uru. N'ikpe azụ, onye nke isii n'ime ha wee metụ ọdụdụ enyi ahụ aka bụ ebe ajiji ya na-eme ka owezuga aka ya ọsisọ, nke mere ka owee kwere na ogwu na uke ka ọ bụ, bụ mmadụ itinye okwukwe ya n'ebe Onye-okike di.

Ọbụghi nzube onye na-ede akwụkwọ nke a ka gi onwe gi, onye na-agụ ya wee dapụ n'okwukwe; kama, ka anyi nwewanye ntụghari uche banyere ihe anyi kwere na okwu ntabi-ire di iche iche, bụ nke di n'ime ya.

Eleghi anya, okwukwe ndia niile di n'okpukpere-Chi dabere na nghọta di iche iche, dika nke onye ọbụla si di. Ụfọdụ mmadụ ghọtara ya dika oriri na ọńụńụ. Ndi ọzọ, dika ibu agha na ibu iro.

Mma iru abụọ ndi a niile na-ewetara ụfọdụ ndi oke-akwụkwọ isụ-ngọngọ n'obi. Ma otu ọdi, Igbo bụ eze, ọbụ ezie na onwere mgbagwoju anya n'okpukpere Chi ndi ọcha wetara ya.

NDỌRỌ-NDỌRỌ ỌCHICHI DI N'OKPUKPERE CHI. Ụfọdụ

mmadụ kwenyere na Chineke kere mmadụ ka owere ya mee ihe ngwuri-egwu. Nkwenye di otua emewo ka ọtụtụ mmadụ n'obodo Hiburu gbakute Ihe-kere-ụwa azụ.

Ọbụrụ na ọdi otua, ọbụ ihe mnwute na Chineke were ụfọdụ ndi tụkwasiri ya obi mee ihe iberibe. Dika ihe ima atụ, Onye-amụma ana-akpọ Jeremaya, nke anyi gụrụ ihe banyere ya n'akwụkwọ nsọ tara ahụhụ di egwu, n'ihi ikpere Ihe di n'elu.

Ita ahụhụ na ọnụma jupụtara n'ogologo ụbọchi niile nke ndụ ya. Ụfọdụ n'ime ọlụ Onye kere-mmadụ nyere ya ka ọlụa abụghi ihe eji ọnụ ekwu. Ọlụ onye-amụma n'oge agba ochie dika ọlụ onye-ndụ.

Onye-ndụ bụkwa onye-isi ma-ọbụ onye na-achi achi. Ndi mmadụ chiri ya ọchi. Ọbasi di n'elu takwasiri ya ahụhụ.

Ọbụ ezie na ebuliri aha ya elu n'akwụkwọ nsọ, ma naani mmadụ ole na ole n'oge ugbu a ga-ekwenye iwere ọnọdụ ya n'ahụhụ.

Onye ọbụla ndụ ya na-atọ ụtọ na-ewepụ aka ya site n'okpukpere-chi na ndọrọ-ndọrọ ọchichi. N'ezie, n'ezie, nkea bụ ezi-okwu. Ọtụtụ mmadụ ka anapụrụ ndụ ha n'ihi ihe abụọ ndia.

Ụfọdụ mmadụ adighi ike; ụfọdụ nwere ọnụma n'obi n'ebe mmadụ ibe ha nọ; ụfọdụ na eribe mmadụ ibe ha ama jọrọ njọ;

ụfọdụ nwere nkewa n'obi; ụfọdụ nwere obi di ilu; ụfọdụ nwere ibu-iro n'obi; ụfọdụ adighi ekwukọrita ibe ha okwu, n'ihi ndọrọ ndọrọ ọchichi na okpukpere-chi.

Ọchi-agha Agụiyi Ironsi nwụrụ ọnwụ di ilụ n'ihi ichi ọchichi. Jisọsi, nwa Josefu, n'obodo Galili, ka akwụgburu n'obe n'ihi okpukpere-chi. Maazi Kwame Nkuruma, ezi Onye-ọchichi n'obodo Gana, nwụrụ ọnwụ, n'ihi ndọrọ ndọrọ ọchichi.

Mohameedi, nwa Amena, onye-isi otu ụka Isilamu, nwere ndi iro di iche iche, n'elu ụwa nkea, tutu ọnwụa n'ihi okpukpere-chi. Maazi Patiriki Lumumba, onye Kongo ka adọkapụrụ ndụ ya n'ike, n'ihi ndọrọ ndọrọ ọchichi.

Maazi Sitivini, onye na-eso ụzọ nwoke Galili ahụ, ka atụgburu na nkume, n'ihi okpukpere-chi. Maazi Juliọsi Siizaa, eze ndi Romu, ka aghọpụrụ ndụ ya dika ọkwọrọ, n'ihi ndọrọ ndọrọ ọchichi.

N'obodo anyi, ọgba-aghara di egwu na ọtụtụ ikwafu ọbara dapụtara n'ugwu Hawụsa, n'oge Alahaji Shehu Shagari nọ n'ọchichi. N'ezie, nkea mere n'ihi okpukpere-chi. Ezi nwa amadi ahụ, na ndi niile ya na ha soro chia ọchichi, ka ndi-agha chụpụrụ n'ọchichi.

Ụfọdụ niime ha ka ndi-agha, n'obodo anyi, tinyekwara

niime ụlọ-nkpọrọ anakpọ Kirikiri, n'ihi ichi ọchichi.

Ọbụ ihe mwute na ụfọdụ ndi okpukpere-chi, n'ala Igbo, nwere nkwenye na ndi ọcha bụ ihe nlere anya n'ebe nzube okpukpere-chi ha di n'oge gara aga. Anya mmiri juru ụmụ mmadụ anya; ọzọ, ọńụ jupụtakwara ndi ọcha obi, mgbe ha mere ka Igbo kwenye na akọ na uche gbagọrọ agbagọ di otu ahụ bụ ezi-okwu.

Ọbụkwa ihe obi ilu, na ha gosipụtara nkwenye ha n'ọlụ, n'okwu, nnabata, na n'omume ha n'ebe ndi-ọcha nọ. Onye ọbụla nwere ezi akọ na uche matara na omume di otu ahụ emere na mgbe ochie bụ ihe arụ, bụrụkwa ihe ikwa emo n'ebe aha Onye Igbo ọbụla n'oge ahụ nọ.

Igbo ugbu a buzi Igbo chia onwe ya n'ụzọ niile nke ndụ ya. Oge agafewo mgbe ndi Igbo were ndi ọcha dika ndi di Chineke nso karia, n'ihi na ha nwere nkwenye di otu a na-amaghi ama.

Ndọrọ ndọrọ ọchichi di egwu dapụtara n'etiti Maazi Jona na Chineke. Jona chọrọ ka ọchia onwe ya. Ma Chineke chọrọ ka ọńaa naani nti n'iwu ya. Chineke chọrọ ka ojee gbasaa ozi ya n'obodo Neniva, ma Jona jụrụ ajụ n'ihi na ndi obodo ahụ bụ ndi mmebi iwu.

Ọzọ, Mosisi bụ onye jụrụ na mmalite ińa nti n'olu Chineke. Ma, Chineke mere ka okwenye na okwesiri ekwesi ka ọńaa nti n'olu ya.

Mgbe Mosisi na-ejezu ozi ya niile, ukwu ọjọọ kpọrọ ya, nke mere na ojehiere ije n'iwu onye kere ụwa. Ọbụ ihe mnwute na Chineke sitere n'ihi naani otu ndahie ikpe azụ nwoke ahụ hapụ inye ya ụgwọ ọlụ kwesiri ya, bụ ibanye n'ime ala ahụ na ndụ, bụ ala ahụ okwere ha na nkwa.

N'okike ụwa, Chineke kwuru na ya ga-enye nwoke ahụ onye inye aka kwesiri ya. Ma ọbụ ihe mnwute na Chineke anabataghi mmehie omehiere n'onyinye onyere nwoke ahụ bụ nwanyi na-ekwesighi nwoke ahụ okere n'oyiyi ya.

Ọbụna mgbe nwoke ahụ na-agọpụrụ onwe ya, Chineke jere n'iru wee bụa ya ọnụ buru ibu karia ndahie ya. Ụfọdụ mmadụ ga-ekwu na Chineke nwere obi ọkụ, n'ezie; ụfọdụ ga-ekwu na ọbụ onye ezi-omume, n'uzọ niile. Ma dika ezi-okwu si di, Ihe-kere-mmadụ ekpeghi-ikpe ziri ezi n'ebe Adam nọ, ma-ọli.

Ọzọ, akwụkwọ-nsọ kwuru na aha nwanyi ahụ Chineke kere site n'agiriga akụkụ nwoke ahụ bụ Ivu, ma ndi mmụọ ọjọọ kwenyere na nwunye Adamu nke mbu bụ nwanyi ana-akpọ Lilit.

Hosuwa bụ onye ọzọ ihe kere mmadụ were mee ihe ikwa

emo. Na mbu, Chineke kwenyere ndi ya ka ha gbaa alụkwaghị m site n'aka di ma-ọbụ nwanyi nke na-akwa iko. Ma, Chineke rugidere onye amụma ahụ, bụ Maazi Hosụwa, ka ọnọgidesie ike na inabata Gooma, bụ nwanyi na-akwa iko, ri-nne.

Ndi obodo ana-akpọ India kwenyere na ilọ-ụwa. N'ezie, n'ezie, ha kwenyere na nkea, kwesiekwa ya ike; ma, ụfọdụ ndi okpukpere-chi ụka kwenyere na okwukwe di otu ahụ bụ okwu ụgha.

Mgbe Chineke kwenyere ka Ekwensu were Maazi Joobu mee ihe ngwuri egwu, mmesọ ọjọọ di otu ahụ wutere Maazi Joobu n'obi, n'ihi na ọmatara na ya onwe ya bụ onye ezi omume n'ezie.

N'ikpe azụ, ọmalitere ijụ Onye-nwe-ụwa ajụjụ banyere mmesọ di otu ahụ. Dika ezi-okwu si di, Chineke matara na ikpe amaghi Joobu. ma-ọlị. N'akụkụ nke ọzọ, Onye-kere-mmadụ achọghi inabata ikpe ọmụma di na ajọọ omume di otu a, bụ nke emesoro oru ya.

Ima ihe Ọbasi di n'elu mere? Ọmalitere ijụ Joobu ajụjụ ndi na-enweghi isi na ọdụdụ. n'ebe mmesọ di otu ahụ di:

"Kedụ ebe inọ mgbe mụ na-eke elu-igwe na ihe niile di n'ime ya?".

"Ebee ka ino mgbe mu onwe m toro nto-ala uwa?"

Obu ezie na Chineke kere uwa, tookwa nto-ala ya, ma dika ezi-okwu si di, ajuju ndi a n'oziza ajuju Joobu adabaghi adaba ma-oli.

Chineke matara na egwu onwu na-atu mmadu ri nne. Ma obiliri were oyi-egwu a mee ka mkpuru obi daba Maazi Hezekaya n'afo.

Chineke mere ka onye-amuma a jikere, kwadobe maka onwu, n'ihi na oge ya eruwo. Ozi-onwu di otua wutere ya n'obi. Anya mmiri pukwara ya n'anya. Ima ihe Hezekaya mere? Obiliri jekwuru Onye kere ya n'ekpere, rio ya ka ochetakwa ofufe niile ya fere ya. N'ikpe-azu, Chineke wee mere ya ebere, tukwasiri ya afo iri na ise n'ime ndu ya.

Ndi otu di iche n'okpukpere Chi nke Hindu nwere nkwenye dikwa iche iche. Na mbu, ufodu nwere nkwenye n'olu onye-ozi bu Vedanta Desika. Ezi-onye-ndu ahu kowara na ihe okike na Chi ya kwesiri inwe mnweko.

Ojekwara n'iru kowaa onodu di otua dika oputara ihe n'etiti nne-enwe na nwa ya.

Ndi "ulo akwukwo enwe" bukwa aha ana-akpo ndi ozi ya.

Ndi okpukpere-Chi kwenyere na ọńụ di n'ime Karayisti; ma, ndi Hindu kwuru na "onye ọbụla mara ihe na ewezuga onwe ya site n'ọńụ na iri ujụ".

N'akwụkwọ-nsọ, anyi gụrụ na Chineke aghaghi ikpe ụmụ-mmadụ ikpe dika ọlụ ha si di, n'oge ikpe-azụ. N'oge ndi Juu nọ n'ọzara, Ihe kere ụwa kpọkwuru ugwu, bekue osimiri ka ha ńaa nti n'ikpe di n'etiti ndi ya, na ya onwe ya.

Ugbua, anyi di ndụ, anyi atụlewo omume Onye kere anyi n'ikpe. Ọbụrụ na nke a megidere ntọ-ala nzọpụta ya, anyi na-ariọkwa ka Onye-okike tinye njehie di otu a n'oke-osimiri nke mgbaghara mmehie, n'abatakwa anyi dika ezi ụmụ ya.

Ita ahụhụ buru ibu di n'okpukpere Chi; onye ọbụla chọpụtara ọńụ okpukpere-Chi matara na nke a bụ ezi-okwu.

"Achọrọ m ka ińaa nti n'okwu m
Nke kachasi okwu nile, bụ
okwu nzuzo nke mkpụrụ obi m.
Ahụrụ m gi n'anya, ya mere
achọrọ m ka imata ima mma gi".

Onye ọ bụla nke matara onwe ya apụwo n'oru nke iri ujụ. Mmadụ nke nwere onwe ya bụ onye ewezugara iche site na ọńụ na arụ ụfụ. Mmụọ na-adi ndụ site na mnwuli elu onwere na ihe ojiri mua ako.

Ihe obula nke di ugbu a bu mnwaputa nke aka-mgba chere ihe na-adi adi n'iru; ma mmuo bu nkowa nke ihe ejiri mua ako, ihe-oma, ma-obu ihe-ojoo. Oburu na iri-uju biara ileta mkpuru-obi dika obia nke na-abia n'oge n'ekwesighi, olila ya anaghi egosi na nkea bu obibia ikpe-azu ya.

Onye obula na-egosi ihe ima-atu n'oge obula na ndu ya. Ee, obuna mgbe ona-ezu ike, Ee, obuna mgbe ona-araru ura, obu ihe atu nye ndi ozo.

Ihe obula nwere mgbanwe dika oge ya si di; obu naani mgbanwe bu ihe n'adighi agbanwe ma-oli. Agha di n'etili ihe oma na ihe ojoo mgbe niile. Mgbe ufodu, ogu ahu ga-esi ike nke ga-eme ka obi-etiti na ima jijiji di. Emesia, mmeri aghaghi ibinyere ihe oma.

Ndi okwukwe uka kwenyere na olulu di na nwunye adighi n'elu-igwe; ma, ndi okpukpere-Chi Mosilem azaa ha si, "Mba", na n'ime paradayisi, bu nke ana-akwadoro ndi okpukpere-chi ha, na otutu umu nwanyi mara mma ka Eze-nke-elu-igwe na-akwadoro nwoke obula ka ha lua.

Otutu ndi oka-mmuta ekwenyewo na mmadu sitere na owuwu-nke-mbilite dika Maazi Chaali R. Dowini dere n'akwukwo.

Dika nkwenye di otu a si di: mmadụ sitere n'ihe di nta nke anaghi ahụ anya malite.

Ihe mmalite a were oge malite buwa ibu, obugidere ibu rute na ihe ana-ahụ anya. Owuwu-nke-mmalite ahu jere n'iru rue na anụmanụ ana-akpọ enwe.

Site n'amamihe di iche nke di n'ime ihe ahụ pụrụ iche, owee buekwa ibu, nweekwa akọ na uche nke buliri ya elu n'ọnọdụ mmadụ. Ma, n'ebe ndi okpukpere-chi ụka di, nkwenye di otu ahụ bụ naani nnukwu ụgha. Ha kwenyere na mmadụ bụ ihe ekere eke n'oyiyi nke onye- Okike-nke-uwa- na-igwe.

RASTAFERAI.

Okwukwe ọhụrụ apụtawo n'elu ụwa. Nna okwukwe ahụ bụ otu n'ime ndi eze nke Afirika, n'oge gara aga.

Akụkọ dikwa banyere mmalite okwukwe nke ahụ: Otu mgbe, dika akụkọ ahụ si di, Maazi Heli Silesi, bụ onye-ọchichi ndi-obodo Etiyopia, jere nleta n'obodo Jamayika.

N'oge ahụ ka oke-ụnwụ dakwasiri ha n'ihi na elu igwe jụrụ izitere ihe ọkụkụ ubi ha mmiri nke igwe. Ihe iribe-ama pụrụ iche, bụ na mgbe Eze Heli Silesi malitere ikpe ekpere, n'oge ahụ ọnọ n'ije ya, oke mmiri ozuzu wee malite, zokwasi obodo

Jamayika.

Mmadụ niile, n'obodo ahụ, wee ńuria, kwenye na Eze ndi Etiyopia, Maazi Heli Silesi, bụ JAA n'ezie. Mbuli elu ya n'obodo ahụ niile abụghi ihe eji ọnụ ekwu.

"Dika Jisọsi bụ nna agbara okwukwe ndi ọcha, otua ka Eze Silesi bụ JAA nke ndi Ojiji n'ụwa niile".

Nkwenye di otua riri nne, bamiekwa ntiwa ụmi-ọkpụkpụ nke ndi-obodo ahụ niile. Rastaferai bụkwa aha ya. Otu n'ime ihe ana-anụ n'ekpere ha bụ nkea:

"Otito diri JAA n'ebe kachasi elu.

Rastaferai bụ aha ya".

Ndi okwukwe a na-amalite site na inwe nkwenye na Onye-Okike. Ọzọ, ha na-ekwenye ri nne na ha bụ mkpụrụ nke Deevidi. Onye na-eso ụzọ rastai bụ onye na-ebi ndụ ziri ezi n'elu ụwa.

Onye di ọcha n'obi, n'omume ya. Onye hụrụ idi n'otu n'anya. Na onye inwe mnwekọ di ụtọ na atọ ụtọ. Ha kwenyere na mgbe ha si n'ọlụ ha n'elu ụwa gwụsia, ha ga-alakwuru. JAA, bụ onye lara n'oge gara aga ikwadobere ha ebe.

Ha kwenyere na irapụ ibi ndụ nke akpiri akụ na ụba nke

ụwa na-akpọ nkụ; inwe ndụ di ume ala bụ otu n'ime okwukwe ha; irapụ agiri isi ha ka ha too ogologo dika nke Samsini, bụ dike agụrụ ihe banyere ya n'akwụkwọ nsọ; ụfọdụ n'ime ha adighi eri anụ ma-ọli; ụfọdụ na-eri, ma ha adighi edetụ anụ ezi ọnụ, Ndi ọzọ na-eri nani akwụkwọ ọkụkụ nke ubi.

Ha ekwenyeghi na ọwụwụ mmiri dika ndi okwukwe ụka nwere. Dika Chineke bụ Onye-okike n'ebe ndi na-eje ụka di; otu a ka JAA bụ Onye-okike ha.

"Anyi ekwenyeghi; kama, anyi matara JAA" ka Maazi Bọbu Maali kwuru n'otu oge. Ndi na-ekpere JAA adighi enwe nzukọta dika ndi chọọchi na nzukọ Mọsilem na-enwe, kwa mgbe. Ha adighi ezukọ nke ha na ekewa. Mmadụ imata onwe ya bụ naani ụzọ nnabata n'ime okwukwe ahụ.

Olile anya di ukwuu di, nke ndi otu ahụ nwere. Ha nwere inụ-ọkụ n'obi, iwezuga onwe ha site na Baabilọni nkea, bụ ebe ihe ọjọọ di iche iche jupụtara.

Ha nwekwara olile anya inwe nnabata n'ugwu Zaayọni, bụ ebe kachasi elu.Zaayọni bụkwa ebe udo, ọńụ, na idi n'otu bara ụba.

Mwepụ ewepụrụ Eze Heli Silesi n'ọchichi wutere ndi okwukwe ahụ n'ebe niile, n'ụwa niile. Ha kwenyere na oke ụnwụ nke dakwasiri Etiyopia ugbu a bụ ihe ngosi nke oke iwe JAA n'ebe ha nọ.

Ala eze *"Ọdụm nke Juuda"* bụ ihe atọrọ ntọ ala ya n'ezi omume. Ala eze ya bụkwa Babilọni nke ọgbụgba ndụ ọhụụ. Dika ewezugara Jisọsi, kwugbue ya n'obe, otua ka achụpụrụ Eze Silesi site n'oche eze edoro nsọ.

URU NA AHỤHỤ DI N'OKPUKPERE CHI.

Ọbụ ihe itụ n'anya na uru di iche iche na nsogbu buru ibu jupụtara n'elu ụwa n'ihi nkwenye di iche iche ụmụ mmadụ nwere. Ọbụkwa ihe mnwute na ụfọdụ mmadụ na-esite n'okpukpere-chi, tinye ọgba-aghara di egwu n'ime ezi-na-ụlọ.

Ha na-esitekwa na ya akwụghachi ndi mehiere ha ụgwọ, dika ọlụ ha si di. Mgbe ụfọdụ, omume ndi na-eje ụka na-eme ka ndi na-ekpere arụsi tụa egwu n'itinye aka ha n'okpukpere-chi di otu ahụ.

Mmadụ ndi di otu a ka omume ha na-akpọ ndi iru abụọ. Ha adighi eje ije dika nkwupụta ha si di. Mgbe ụfọdụ, ha na-ewere akwụkwọ-nsọ dika ihe nkpuchi-iru, wee were aghụghọ mee mmadụ ibe ha arụ.

N'oge ụfọdụ, tụmadụ mgbe ejidere ndi aghụghọ di otu a,

ha na-emekwa ọsisọ iwere otu akwụkwọ-nsọ ahụ gọpụrụ onwe ha dika aga-asị na ụkpụrụ akwụkwọ-nsọ bụ mma iru abụọ.

Mgbe ụfọdụ, ha na esite nani ihe nta mee ka ọlụ nzọpụta rie uju. Dika iru-abụọ pụtara ihe n'omume onye amamihe bụ Eze Solomọn, mgbe ọna-ekwu "nwoke ọ bụla nke na-akwa iko bụ onye nzuzu n'ezie" n'oge ya onwe ya nwere narii ndi-inyom atọ, bụ ndi ya onwe ya na-akwaso iko. Otua ka ọtụtụ ndi-okpukpere-chi di iche-iche na-eme.

N'obodo di iche-iche, nsogbu di iche-iche na apụta n'ihi okpukpere Chi. Agha di iche iche nke ụmụ mmadụ buru, na-ebukwa, abụghi ole na ole. N'obodo Lebaanọni, ọtụtụ ikwafu ọbara di n'etiti ndi ụka Mọsilem na ndi ụka nke Karayisiti.

Na mba Arabu, ọtụtụ iwu di iche-iche di n'ihi okpukpere Chi. N'obodo Saudi Arabia, ụgwọ ọlụ nke onye zuru ori bụ aka ya. Ọbụkwa ndụ nwanyi kwara iko ka ọga-enye dika ụgwọ ọlụ.

Ụfọdụ mmadụ n'obodo ahụ ka anapụrụ otu mkpụrụ anya ha dika nkwụghachi ụgwọ nke ajọọ omume ha. Okpukpere-chi na-eme ka ụfọdụ mmadụ kpue isi n'ebe ọganiru di. Nkea pụtara ihe n'okwu Maazi Izikeeli Nwakwue: *"Jisọs, Ọkpara ọbasi di n'elu kwuru"* na *"Ọga adi nfe ọgaranya ibanye n'ime ala eze elu-igwe n'ihi na ya onwe ya emeghi ọgaranya"*. Ọzọ, *"ọga-erukwa, na ọbụrụ na iwere akwụkwọ-nsọ dika ụkpụrụ nzọpụta ọganiru gi, na iga-arapụ nzube ọma gi niile, n'ihi na ha na agba-mgba megide ụkpụrụ niile nke akwụkwọ nsọ".*

Ita ahụhụ buru ibu di n'okpukpere-chi; onye ọ bụla chọpụtara ọñụ okpukpere-Chi matara na nke a bụ ezi okwu.

N'ebe ụfọdụ, okpukpere-chi na ejide ụmụ-mmadụ dika ndi oru ya. N'obodo ndi di otu ahụ, ndi mmadụ na-atụ egwu n'idebezu iwu okwukwe ha niile.

Nkwenye ha na-enwe ezi ọnọdụ n'ọlụ ha, n'okwu ha, mkparita ha, na n'ofufe ha. Ụfọdụ na-ewere ndụ ha chụa aja n'ihi ihe ha kwenyere; kama anya ha ga-ahụ nti ha n'ebe enyere ihe ofufe ha ntụpọ.

"*Ụtọ bu nlema*" bụ mgbọrọgwụ ana-adighi eropụ n'obi ndi ofufe ha siri-ike n'okpukpere-chi ha.

Mmadụ ndi di otu ahụ na ewezuga onwe ha site n'ebe ndi enyi nọ, n'ebe ndi agbata obi nọ, na n'ebe ndi ikwu na ibe ha nọ, bụ ndi n'enweghi nkwenye n'ime okpukpere-chi nke ha.

Mmekọrita nke ezi na ụlọ ka ha kpọrọ asi n'ihi na nke a ga-eme ka ha ma n'ọnya. Ihe ọbụla nke megidere okwukwe ha bụ ihe arụ n'ebe ha nọ.

Onye ọbụla nke na-ekwujọ ofufe ha ka ha na-ewere dika

onye na-ekweghi ekwe. Iwu obodo nke megidere ụkpụrụ nke okwukwe ha ka ha na enupu isi ha site na ya, ọtụtụ oge.

Mgbe ụfọdụ, ndi mmadụ na-achi ha ọchi n'ihi omume ha bụ nke ha na-akpọ "omume di nzuzu"nke ha na-eme. N'ezi na ụlọ, ebe enwere ọgbọ mmadụ abụọ ndi a, otu n'ime nkata aga-anụ aghaghi idi ka ndia:

"Rapụ ha, ha bụ ndi ezi omume.
Ezi-omume ha ga-eduru ha
jee igwe tutu ụbọchi ọnwụ ha.
Mgbe niile, ha na-enye ụmụ-mmadụ
nsọpụrụ banyere okpukpere Chi.
Ikpọnye egwu, ọnụma ejupụta
ha obi. Iyọba egwu, ha etiena
iga-ala ọkụ mmụọ. Isoro enyi gi
nwanyi jee oriri na nkwari, ha etie na
ikpafuwo. O nweghi ihe imere ga-eju
ha afọ. Mgbe ụfọdụ, omume ha na-egosi
na mkpụrụ obi gi bụ ụgwọ iji ha.
Rapụ ha, ha bụ ndi ezi-omume".

Ndi Juu na ndi Araabu nwere nghọtahie di egwu n'ihi okpukpere-chi. Ndi nzukọ Katọliki na ndi okwukwe na-emegide ha nwere ọnụma di ukwuu n'obi n'obodo ugwu nke Ayilandi.

N'abali iri, n'ọnwa iteghete, n'arọ otu puku, narii itolu, iri asaa, na iteghete, ọgba aghara di egwu dapụtara n'etiti ndi Iraani na obodo Amerika n'ihi okpukpere-chi. Ụfọdụ ndi obodo Amerika ka ejidere tinye ha n'ụlọ mkpọrọ n'ihi na ha jehiere ije n'iwu okpukpere-chi nke obodo Iraani. Iri mmadụ ise na atọ ndi a n'ọgidere n'ụlọ mkpọrọ rue narii ụbọchi anọ, iri anọ, na anọ.

Ọgba aghara nke dapụtakwara n'otu obodo ahụ sitekwara n'okpukpere Chi. Mwepụ nke ewepụrụ ndi ọchichi ha, bụkwa ọlụ nke ndi bụ "akwaa, akwụru" n'ebe okpukpere-chi ha di.

Mmadụ aghaghi itule ihe ole na ole di mkpa n'okpukpere-chi. Ụtaba-ike bụ otu n'ihe amara nke ọma n'oge gara aga. Ọbụ ihe ebuliri elu n'okpukpere Chi; ka ndi na-eri ya nwee mmụọ pụrụ iche na mmekọrita ha onwe ha na ụwa n'okpukpere-chi ha. Na mgbe gboo, ndi obodo Inka were ya dika ihe-oriri kwesiri naani ndi ọnụ na-eru n'okwu: dika ndi na-achi achi; na ndi bụ ọkaa, omee, n'okpukpere-chi ha.

Akwụkwọ ya ka ha jiri chụa aja. Ọbụ ya ka ha na-ata mgbe ha na-ekpere agbara-okwukwe ha. Ọbụkwa ya ka ha na-etinye n'ọnụ onye nwụrụ anwụ, ka owee nwee nnabata zuru oke n'obodo ahụ, bụ ebe ikwa akwa, na ichi-ọchi na-adighi.

N'obodo India, ndi Hindu were ehi dika ihe di nsọ. N'obodo ụfọdụ, ha na-ewere oke-ọhia dika ebe agbara-okwukwe ha bi. Ndi ụka nke Karayisiti were njikọta osisi abụọ nke ana-akpọ "obe" dika ọkọlọtọ okwukwe ha. Ọtụtụ aha di iche iche ka enyere ihe ọ bụla mmadụ na-efe ofufe dika Chi.

Ụfọdụ na-akpọ ya: Onye nwe ọnwụ, onye na-enye ndụ. Ụfọdụ na-akpọ nke ha Alla; ndi ọzọ, Yaawee; ndi fọdụrụ, Chineke. Omenala di iche iche ka ana-edebezu n'oge okpukpere-chi ndi ahụ niile.

Ndi-okwukwe ụfọdụ na-ewere inụ-mmanya na-aba n'anya, ite-egwu, ikwa-iko, inụ-ọgwụ, dika ihe rụrụ arụ. Ma, n'ebe ndi okwukwe ọzọ nọ, ụfọdụ n'ime ihe ndia bụ ihe ana-achọsi-ike; bụrụkwa ihe ana-anabata n'okpukpere-chi ha. Ọbụkwa ihe itụ-n'anya ka ụmụ-mmadụ si nwee idi n'otu di ukwuu n'ihi obere omenala di iche iche, bụ nke ha na-eme, kwa-mgbe, n'oge ọbụla ha zukọrọ n'ihi okpukpere-chi ha.

Mgbe ụfọdụ, ọna-agba ụmụ-mmadụ gharii dika okpukpere-chi di iche iche dika: Hindu, Kọnfusia, Tawọsi, ndi okwukwe Juu, ndi Mọsilem, ndi otu ụka Kraist, ndi kwere na Shintọ, ndi nwere nkwenye na Zọrasi, na ndi na-akpọ isi ala nye Budda si jupụta n'elu ụwa.

Ndi okpukpere-chi ndi a niile nwere ide na ntọ ala di iche iche, nwekwa olile anya di iche iche, bụ nke jikọrọ ha n'otu n'ọlụ okwukwe ha. Ụfọdụ ndi okpukpere-chi ndia kwenyere na ọbụ ọlụ diri ha, bu ime ka ndi ọzọ kwenye n'ihe ha kwenyere.

Ụfọdụ kwenyere na okwukwe ha bụ onyinye pụrụ iche, bụ nke enyere naani ha, na naani agbụrụ ha. Nke kachasi, ụfọdụ mmadụ na-ewere okpukpere-chi chọọ uru nke aka ha.

Ụfọdụ na-ewere ya dika ngwa ọlụ, ime ka ndi uche ha di ala ńaa nti n'ọlụ ha. Aghaghi ime ka ụmụ-mmadụ mata na okpukpere-chi ndi ahụ niile, ma ha bụ ụzọ ziri ezi, ma-ọbụ na ha bụ ụzọ na-ekwesighi ekwesi, na otu ihe di: *Ya bụ na okwesighi ka mkpụrụ nke amamihe chefue akọ na uche ya, tụmadụ, n'oge ọna-anara ndụmọdụ n'aka mkpụrụ nke aghụghọ.*

Ọzọ, ka ndi-Igbo ghara ichefu, na mbu, na ndi-ọcha were aghụghọ were naani mmanya na nsi-egbe mee ka Igbo refue ụmụ nna ya n'oru. Mkpụrụ nke aghụghọ adighi arapụ omume ya n'ihi na nke a bụ ide, na ntọ ala ya.

Ya mere ka Igbo lezie anya, na mbata, mkparita, na onyinye ọbụla mkpụrụ ahụ na-enye ya. Nwa akọ adighi ekwe ka ihe mere nna ya mee ya. Ma onye ilughulu, ma-ọbụ onye apiri kwenyere na ihe gburu nna ya, gbue nna-nna ya, bụ onye nwe agbụrụ ya.

Ọzọ-emela bụ aha na-eme ka Igbo cheta ụkwụ ọjọọ kpọrọ ha n'oge gara aga. Ee, oge eruwo, ka ndi Igbo gwa mkpụrụ nke aghụghọ na ebe ahụ ọ bụ mmanya na-eje, na oriri na ọńụńụ adighi ya.

Mgbe akwụkwọ Maazi Chinụa Achebe na-ekwu "ka ha laa" n'ọlụ oyibo, ọ bụghi n'efu ka okwu ahụ na-ebu mma-agha n'ihi na mmegbu, aghụghọ, na ọchichi aka ike nke ndi-ọcha webatara n'ala anyi n'ụzọ di iche iche n'oge gara aga jọrọ njọ karia udele.

Ee, Igbo adighi echefu ụkwụ ọjọọ kpọrọ ha na mbu. Onye ichi onwe ya na-atọ ụtọ na-eche ndụ ya nche mgbe niile. Imụrụ anya n'obi bụkwa aja dimkpa na-achụ banyere idi ike ya.

ỌNWỤ DI N'OKPUKPERE CHI:

Oge bụ onyinyo nke ebighi-ebi. Ebighi ebi bụkwa ala-eze nke ọnwụ. N'ezie, ọnwụ di ire, dikwa ụfụ. Iro di ukwuu di n'etiti ndụ na ọnwụ.

Ọnwụ di ụtọ ri nne. Ọdi ilụ. Onye erighi ọnwụ. Ọnwụ na-atọ ndi mere agadi ụtọ ri nne, ime ngwa ka ha ridarue ebighi-ebi ha, bụ ebe ndi ha n'oge ochie n'ọdụrụ na-ezuru ike site na ndọgbu niile ha dọgbuworo onwe ha n'ọlụ.

Ọnwụ di ilu n'ebe ndi agbata obi nọ mgbe nwa-okoro ma-ọ bụ nwa-agbọghọ na-arapụ ha dika ajọọ ifufe na-eme ka abaka osisi kwọkapụ n'ike site n'ọnọdụ ya.

Ihe di egwu ka ọbụ, n'ihi na onweghi mmadụ di ugbua, bụ onye ridaruru n'ala mmụọ, lọghachi, wee kọrọ ndi di ndụ tinti-na-mbọrinbọ di n'ala mmụọ.

Ụmụ-mmadụ ndi ume ndụ jupụtara na-atụ egwu ya, n'ihi na mmadụ na-atụ egwu ihe n'edoghi ya anya ma-ọlị.

Nkọwa di iche iche di banyere okwu ahụ ana-akpọ "ọnwụ". Ụfọdụ na-akpọ ya nsọtụ nke ebili mmiri. Ndi ọzọ, iku ume ọhụrụ. Akwụkwọ-nsọ na-akpọ ọnwụ ụgbọ ngabiga.

Ọna-alụ ọlụ ya n'otu ntabi anya. Ụfọdụ ndi na-ejere ya

ozi bụ ọria, ihe mgberede, ụkwụ-ọjọọ, ebili mmiri, na agha.

Ọbụkwa ihe omimi gbagwojuru mmadụ nile anya. Ọna-eme ka ndi ọka-mmụta tụa egwu ihe di n'elu. Ọlụ ya n'elu ụwa bụ iwepụ iku-ume nke ihe di ndụ, ka ọtọgbọrọ n'efu.

Ihe ọbụla ọlụrụ ọlụ na arụ ya ka ndi di ndụ ga-amalite kpọwa "ozu". Nkwenye di iche-iche di, bụ nke ndi okwukwe di iche iche nwere n'ebe ọnọ, na n'ebe onye ọlụrụ ọlụ na arụ ya di.

Ọbụkwa site na ya ka ihe di ndụ na-ejeru ebighi-ebi ya.

OKPUKPERE-CHI BỤ IHE NLERE ANYA NKE IWU:

Mmadụ imata mkpa ya bụ mmalite ogbugbo ya. Okpukpere-chi dika iwu, ya na ọganiru na-agba mgba megide ibe ha.

Ọna-eme ka ndi na-erubere ya isi bụrụ oru, ya n'ụzọ niile. Dika *'nwa-nnụnụ bụ mgwere ebuliri elu'*, otu ahụ ka iwu na-eme ka njehie ghọọ mmehie. Ọna-eme ka mmadụ mata, ọtụtụ mgbe, naani ụzọ n'ekwesighi ka ojee-ije n'ime ya.

Mgbe ụfọdụ, ọna-akpọgide akọ-na-uche oru ya n'obe, tụmadụ, n'oge ojehiere ije ozi ya, werekwa oru ya di otu a dika onye nnupu isi. Ọna-enwe nkwuwa okwu mgbe ọna-achọpụta njehie nke oru ya.

Mgbe ụfọdụ, ọna-eme ka oru ya nke n'adighi ejezi ije dika ụkpụrụ na nrọpụta ya si di, kwenye na ya bụ onye mmebi iwu. N'oge ụfọdụ, ọna-achọ ka oru di otua ree ihere ya, s'ite n'ikwupụta adighi-ike ya, n'ebe igwe mmadụ nọ.

Gini ka anyi ga-ekwu? Gini ga-abụ uru, mgbe ndi n'ekpere agbara-okwukwe ha jesiri ozi ha niile? Iwu ọbụla edere n'akwụkwọ okpukpere-chi niile na-eme ka ndi n'eso ụzọ ya mata mmehie ha.

Ọna-ekwe ha nkwa ndụ, ma zitere ha ọnwụ dika ụgwọ ọlụ. Ọna-eme ka ha nwee ntụkwasi obi na ya.

Ọnaghi enwe mgbaghara njehie mgbe oru ya jehiere ozi n'ọlụ ofufe ha na-alụrụ ya na nkiti. Nke kachasi, ọna-arapụkwa ha dika ụgbọ mgbe ha jesiri ya ozi, naani ebe ozutere ha.

19

AKA MGBA CHERE IGBO NA MBA.

Onwere ọtụtụ aka-mgba chere Igbo na mba. Otu n'ime ha bụ aka-mgba ha n'oge ha na-chọ ka ndi nwe ala mata ha. Ọzọ, nsogbu ha mgbe ndi nwe obodo ndi ahụ na-aghọtahie obi ọma ndi Igbo.

Nke ọzọ bụ aka-mgba ha mgbe Igbo na-enye ha obi ekele. Tụkwasi aka-mgba ndia bụ aka mgba Igbo mgbe ha n'egosipụta amamihe ha. Nke kachasi bụ nsogbu ha n'ebe ụmụ nwanyi mba ọzọ nọ.

Na mbu, onye Igbo chọrọ ka amata ya n'ebe ọ bụla ọnọ, dika ebe ana-ere ahia, ebe ana-agụ akwụkwọ, ebe ana-egwuri egwu, na ebe ana ekpere Chineke.

Onye Igbo adighi ezotu onwe ya dika ejula ma-ọ bụ

mbekwụ na-ezoba onwe ya n'okpokoro ya. Onye Igbo na-apụta dika ọnwa ọhụrụ si apụta n'ebe ọbụla ọnọ. Nkea pụtara ihe na ndụ ndi Igbo niile.

Dika anyanwụ, ọnaghi ekwe ka igwe-ojii kpuchie iru ya; kama, ọna-etipụta, wee were ezi ihe ya mụkwasi ọchichiri, ebe niile agbaa kọrọ kọrọ dika n'oge ọkọchi; ihe wee jupụta n'ebe niile di ya gburu gburu.

Ihe ahụ na-agba ama n'ebe ọbụla Onye Igbo nọ. Otua ka ọdi na ndụ onye Igbo ọbụla. Adighi ekpudo ya n'okpokoro.

Naani mbata ya n'ebe igwe mmadụ nọ n'egosi na ọbụ onye pụrụ iche. Chi ya chọrọ ya, mere ka ọdi iche, chọkwara ya mma. N'ihi ọnọdụ di otu ahụ, Chi kere Onye-Igbo, mere na mgbe ọbụla Onye-Igbo jere mba, na ihe mbu ọna-eme bụ ime ka ndi ebe ọbiara obodo ha wee mata ya.

N'akụkụ nke ọzọ, ọbụ ihe mnwute na ezi ụkpụrụ ndi Igbo a na-ewetara ha aka-mgba, n'oge ụfọdụ. Dika ihe atụ, onwere otu nwa Igbo na-eje akwụkwọ n'obodo oyibo.

Mgbe ụlọ-akwụkwọ ha mechiri maka ila izu ike, okpebiri ije biri n'ụlọ di n'ụlọ akwụkwọ ha nso. Ka ọna-akwaba n'ụlọ ọhụrụ ahụ, ọhụrụ otu agadi nwanyi bi n'otu ọnụ ụlọ nke dikwa n'ụlọ ukwuu ahụ.

Dika onye Igbo matara na onye agbata obi mmadụ bụ nwanne ya, omere ọsisọ jee kụa aka n'ọnụ ụzọ nke ọzọ, ka ọkọwaa onwe ya. Ihe ana-eleghi anya ya dapụtara na nleta ahụ. Ima ihe mere? Ka ọna-akụ aka n'ọnụ ụzọ dika ọbụ omenala, agadi nwanyi ahụ zaghachiri n'ime ụlọ na ya achọghi onye nkọwa ọbụla. Ma dika nsọpụrụ Igbo si di, nwokoro a were nwayọọ riọ ya ka omee ka ya mata ma-ọbụrụ na ọchọrọ onye ga-enyere ya aka n'oge a ya bụ onye agbata obi ya. Agadi nwanyi ahụ gbarụrụ iru, chapụrụ ya anya, na ya achọghi inye aka ya.

Emesia, mgbe izu ole na ole gasiri, agadi nwanyi ahu wee bia kụọ aka n'ọnụ ụzọ onye Igbo ahụ ọjụrụ ajụ. Ka ọna-emepere ya ụzọ, ọriọ ya ka ọbia nyere ya aka ibubanye ibu ya n'ime ụgbọ-ala, n'ihi na ya na-akwapụ akwapụ.

Onye Igbo ahụ wee nwee ọma iko na-arụ ya. Ọhapụkwara akwụkwọ ọna-agụ, soro agadi nwanyi ahụ bue ibu ya, bunye n'ime ụgbọ-ala ya. Agadi nwanyi ahụ enyeghi aka n'ibu ibu ahụ niile.

Ima ihe omere? Ọnọdụrụ ala, na-egosi nwa-Igbo ahụ ka ọga-esi wee bubanye ibu ndi ahụ n'ime ụgbọ ala ya. Ọlụ ya n'oge ahu dika aga-asi na onye inye aka ahụ bụ oru ya.

Ndi Igbo bụ ndi amara nke ọma n'ileta ndi ọbia anya nke

ọma. Akwụkwọ-nsọ kwuru: "Zulite nwata dika ụzọ ya si di. Ọbụna mgbe omere agadi, ọgaghi esi n'ụzọ ya pụa".

Igbo adighi ahapụ ezi omume ha mgbe ha jere mba. Ome-na-ala ndi-Igbo ka ọbụ, bụ inabata ndi ọbia. Ọbụ ihe na-enye obi ańụri, bụrụkwa ihe ana-achọsi-ike, bụ ndi ọbia ina-abia, kwa mgbe, ileta ha.

Mgbe ụfọdụ, ha na-akpọkọta ndi agbata obi ha maka oriri na ọńụńụ. Mgbe ụfọdụ, ha na-ariọ ndi enyi ha ụfọdụ, ndi si obodo ọzọ, ka ha bia leta ha. Ụfọdụ n'ime ndi akpọrọ oku na-abia leta ha; ndi ụfọdụ na-ajụ ajụ. N'ezie, ọjụjụ ha mgbe ụfọdụ na-esite na nghọtahie ha na-enwe n'ebe ndi Igbo nọ.

Otu mgbe, ụmụ Igbo abụọ bikọrọ n'otu ụlọ n'obodo oyibo, ebe ha jere maka igụ-akwụkwọ. Otu ụbọchi, ha wee kpọọ ụmụ akwụkwọ enyi ha maka oriri na ọńụńụ n'ụlọ ha.

Mgbe ha mesiri nke ahụ, ndi enyi ha wee laghachi n'ụlọ ha. Ka izu ole na ole gasiri, ụmụ akwụkwọ abụọ ahụ wee kpọọ otu nwanyi oyibo ka ọbia leta ha. Ma nwanyi ahụ jụrụ ajụ.

Ụmụ Igbo ahụ wee lee ya anya n'iru chọpụta na o nwere ihe mere ka ọjụ ọkpụkpọ oku ha kpọrọ ya. Ha wee rụgide ya ka okwue ezi okwu. Ọzara si na ha na-achọ ka ya na ha nwee mmekọ nwoke na nwanyi.

Okwu ahụ wutere ha ri nne. Ha wee malite kọwara ya na-ọ bụghi ihe ha bu n'uche, kama, dika omenala ha si di, agbụrụ na-anabata ndi ọbia, nwoke ma-ọ bụ nwanyi.

Ụmụ Igbo ọzọ, ndi nọ n'otu ụlọ-akwụkwọ ahụ ka otu akụkọ ahụ ruru nti. Ha niile wee malite ikpachapụ anya na izere onwe ha ndụ site na nghọtahie di otu ahụ. Ha ribekwara okwu nwa-agbọghọ ahụ ama.

N'ikpe azụ, ha chọpụtara na ndi obodo oyibo na-atụ egwu ije nleta na ndi mmadụ ibia leta ha, n'ihi ihe mgberede nke pụrụ idapụta n'etiti ha.

Ndụ ndi Igbo di iche. Ha kwenyere na ọbia adighi abiagbu onye nwe ụlọ. Ọlawa, okwesighi ka mkpumkpu pụa ya n'azụ.

Amamihe Igbo na-amụwanye n'ebe ọbụla ha nọ. Dika anyanwụ ụtụtụ, iru ya na enwupụta na idi nma. Eze-ọchi nke onye Igbo na-achapụ, dika kpakpando. Iru-ọcha ya n'egosi obi ọma ya n'ihi na Igbo kwuru na iru mmadụ n'egosi obi ya. Mgbe ụfọdụ, iru mmadụ ụfọdụ bụ naani ọchi-eze. Onwekwara ndi bụ elewe iru abataghi ụlọ.

Iru ndi mmadụ di otu a abụghi ezi-enyo nke obi ha. Ma otu ọdi, Igbo kwenyere na ana-ele iru mmadụ tutu anara ya onyinye oji n'aka. N'ihi ihe Igbo kwenyere, na iru mmadụ n'egosi obi ya, ha na-agbali ime ka aghara ighọtahie ha.

Omume di otu a emewo ka Oje-mba nwee nsogbu ri nne n'obodo ndi ọzọ. Mgbe ụfọdụ, iru ọchi ndi ahụ na-anata mgbarụ iru, nkọcha, na ikpọ asi dika ụgwọ ọlụ n'ihi nghọtahie ana-enwe n'ebe Oje-mba nọ.

Nkpari ndi a abụghi ihe ana-akọcha n'ihi na dike adighi akọzu ihe niile ọ hụrụ n'ọgbọ agha. Ihe na-adiri Oje-mba njọ karisia bu mgbe ụmụ-agbọghọ ndi mba ọzọ na-amalite isogbu ya. Aka mgba nkea emewo ka ụmụ Igbo ụfọdụ were ezi ụbụrụ Chineke nyere Igbo na-emebi ha n'obodo ndi ọzọ.

Mgbe ụfọdụ, ọbụ ihe itụ na-anya na ndi Igbo, ndi nọ n'ụlọ, na-ekwenye na ihe ụtọ, akụ na ụba, ndụ jupụtara n'oriri na ọñụñụ na-eme ka Oje mba rapụ ilọta. Nkwenye di otu a abụghi ezi okwu.

Dika ezi okwu si di, ihe ji nkita ọnwụ bụ na ndi nwe obodo na-arapụ omenala, wee mewe omenelu. Agbọghọ bekee na-ewere onwe ha tụhia n'arụ ụmụ okorọbia ụmụ Igbo, bụ ndi bụ oko-okporo, na-esogbu ha. Nsogbu ụmụ-agbọghọ ndi a na-eme ka oje mba wee lụa ọtụtụ n'ime ha.

Ọchọrọ akụkọ ọgụ, jụa onye na-agbapụta site n'ọgbọ

agha. Ọzọ, ụfọdụ n'ime ụmụ-agbọghọ ndia wee kpebie iwere ụbụrụ ndi Juu ha dọtara n'agha mee ka obodo ha baa ụba karia.

Nke kachasi, ha na-ewere tinti-mbọrimbọ di n'obodo ha tụgharia akọ na uche ndi ha dọtara n'agha. Nkea mere na ụfọdụ n'ime Oje-mba adighi alọghachi. Ma lee, ọtụtụ ụlọ-ọgwụ ha, ụlọ ahia ha, na ụba ha niile bụ nke ana-ahapụ n'obodo ndi ọzọ.

N'ezie, n'ezie, ihe di otu ahụ bụ ihe arụ, ọbụghi nani na-anya Onye-Igbo ọbụla; kama, ma n'iru Chineke kere ya.

Igbo na-ewere okwu ndi egwu "Oriental" eme ihe: "Iche na mmadụ bụ ewu?". Ndi Igbo bụ ndi enyere ụbụrụ bara uru, ri nne. Ọlu aka ha, ụme ha, na iche-echiche ha na-egosi amamihe.

Onye Igbo ọbụla jikere ilụpụta ihe ya na ezi na ụlọ ya ga-eri. Onwekwara njikere inabata onye ọbia, mgbe niile. Ndụ ya na-egosi ihụ-nanya na iru-ọma onwere n'ebe ndi ọzọ nọ.

Tulee ka ndi Igbo si wee n'abata ozi-ọma. Ee, tuleekwa ka ha si rapụ, ma gbaakwa ọtụtụ arụsi nke agba-ochie ọkụ. Ha mere nkea igosi ihụ-nanya, bụ nke ha nwere, n'ebe Chi kere ha di.

Onye Igbo ọ bụla nwere ihe obu n'uche, ime ka ala Igbo maa mma karia. Nye Onye Igbo igba ume, ọga-emepụta igwe na-ekwu okwu di mma karia nke ndi bekee mere.

Ọga-enwekwa ike iwupụta ụgbọ-ala, ụgbọ mmiri, na ụgbọ elu. Dika ihe atụ, otu nwa igbo nọ n'ụlọ akwụkwọ Sikọndiri lụpụtara igwe na-ekwu okwu n'arọ ole na ole gara aga.

Ọzọ, lee n'oge agha, alụrụ n'obodo anyi. Lee ka ụmụ Igbo siri kpụpụta otu n'ime ngwa-agha bụ nke obodo niile siri ike, n'ime ụwa n'aka-enweghi ike ikpụpụta.

Ọbụ ihe mgbagwoju anya na aka-mgba, nye, bụ oyi egwu ahụ, bụ nke akpụpụtara n'oge agha. Aha ya bụkwa Ogbunigwe. Ndi ọcha matara ihe ndi Igbo pụrụ ime, ya mere na ha na-ebuso akọ na uche ndi-Igbo agha-nke-akọ-na-uche.

Igbo bụ Ori-ọna nke Mba-Afirika. Ndi-mmegbu biara ka ha bukọrọ onyinye-oma niile Chukwu jiri gọzie Mba-Afirika matara na nkea bụ ezi-okwu. N'ezie, n'ezie, nleta Ogbu-azu-di-aghụghọ jere ileta Oke-Osimiri di njọ karia mma. N'ezie, Mmụọ-Osimiri matara, ghọtakwa na nkea bụ ezi-okwu.

N'ezie, ọbụ ihe ańụri, bụrụkwa ihe eji akpa-nganga, na aga-akpọ otu onye n'ime igwe mmadụ aha ahụ, nke n'egosi amamihe, ihụ-nanya, ntụkwasi obi, idi-n'otu, iwa-anya, idi-ọcha, irube isi, idi ike, idi ume ala n'obi, inye nsọpụrụ, bụrụkwa aha nke tọkarisiri aha niile, ya bụ ONYE IGBO.

www.ingramcontent.com/pod-product-compliance
Lightning Source LLC
LaVergne TN
LVHW020423070526
838199LV00003B/252